SMART CITY

Future City Defined by Intelligent Connections

智能城市

智能化定义未来之城

广州杰赛科技股份有限公司◎编著

人 民 邮 电 出 版 社
北 京

图书在版编目（CIP）数据

智能城市 ：智能化定义未来之城 / 广州杰赛科技股份有限公司编著. -- 北京 ：人民邮电出版社，2020.10
ISBN 978-7-115-54352-3

Ⅰ. ①智… Ⅱ. ①广… Ⅲ. ①互联网络－应用－现代化城市－城市建设－研究 Ⅳ. ①C912.81-39

中国版本图书馆CIP数据核字(2020)第114905号

内 容 提 要

本书系统地阐述了智能城市的发展背景、发展历程，结合以往不同阶段的城市信息化形态，对比、分析并归纳出智能城市的内涵、特征和主要价值。在智能城市定义和内涵的基础上，本书系统地运用体系工程方法论，将智能城市这个研究对象进行多视角、多层次的分解，从宏观、微观多角度展现智能城市复杂系统的逻辑构成、系统关联、运行逻辑等。

本书适合从事CT（通信技术）、IT（信息技术）、OT（运营技术）等各个领域的信息化人员，包括政府和企业信息化管理部门、信息化支撑部门、信息化业务部门的人员阅读。

◆ 编　　著 广州杰赛科技股份有限公司
责任编辑 李　强
责任印制 彭志环
◆ 人民邮电出版社出版发行　　北京市丰台区成寿寺路 11 号
邮编 100164　电子邮件 315@ptpress.com.cn
网址 https://www.ptpress.com.cn
北京市艺辉印刷有限公司印刷
◆ 开本：787×1092 1/16
印张：14.75　　2020 年 10 月第 1 版
字数：210 千字　　2020 年 10 月北京第 1 次印刷

定价：79.00 元

读者服务热线：(010)81055493 印装质量热线：(010)81055316
反盗版热线：(010)81055315
广告经营许可证：京东市监广登字20170147号

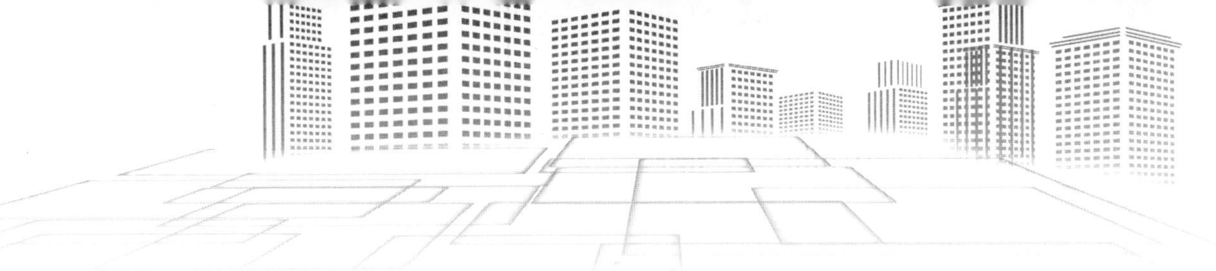

编辑委员会

前言

随着智能城市从顶层概念、试点探索、建设落地逐级推进，智能技术群的融合与叠加持续推动技术创新、商业模式创新，新基建即将撬动新一轮的新型基础设施建设热潮，以城市甚至城市群为载体的智能城市将成为上述多重因素的共振综合点，引领未来城市发展新方向。但是目前智能城市的概念层出不穷，研究成果派系众多，建设实践千篇一律，产生效果未达期望。为进一步明确智能城市建设的应用目标、技术架构、信息基础设施等内容，以及相应建设内容之间的衔接关系。本书结合雄安新区在引领智能城市建设发展实践中形成的一些核心思路和关键成果，对智能城市建设的顶层设计方面进行规划，为正在参与或对该领域感兴趣的读者提供思想的启蒙。

本书基于作者参与的智能城市城市级、区域级、园区级的实际规划设计经验和国内外成熟的智能城市解决方案、技术发展、研究报告、白皮书等进行综合锤炼。在此基础上构思并搭建整体写作框架，总体上从智能城市的全面综合认识、框架结构设计和建设运营保障 3 个维度展开。首先以智能城市产生的背景作为开篇，前瞻性地提出未来几年技术发展的主旋律及当前智能城市发展的瓶颈和未来的发展需求，同时给出笔者对智能城市的认识。然后结合体系工程论的方法对智能城市进行解构分析，从不同视角阐述智能城市的构成和逻辑，进一步围绕智能城市建设重点进行细化分析。最后围绕智能城市的建设运营配套保障体系进行阐述，力争整个智能城市的建设运营形成良好生态、可持续推进，推动整个产业经济蓬勃发展、整个社会高效运作。

智慧城市的概念由来已久，且被大众广泛熟知，当前已有很多关于智慧城市的研究和实践。本书认为智慧城市是一个持续发展的过程，更加侧重创造、创新的环境，注重将技术、业务等融合起来制订相关的规则或框架，推动城市按照相应的机制持续发展。在本书中，数字城市、智能城市均为智慧城市发展到某个阶段的状态，而本书的重点是智能城市，智能城市正是在当前5G、人工智能、区块链等技术大力发展的情况下城市向智能化系统方向演进的一种状态。本书前3章围绕智慧城市这个大众普遍熟知的概念进行阐述，从第4章开始则以智能城市为核心，对智能城市的核心概念和内涵加以解析，并在后续重点围绕智能城市的核心内容和构建逻辑进行阐述。

全书共分为12章，由广州杰赛科技股份有限公司的吕聪敏、熊珊、孙广波、谭云婷、熊伟、程敏、马占军等共同编著。吕聪敏负责编写第1、2、3、4、8、11、12章并对全书进行统稿；谭云婷负责第5、7、10章的框架编制和制定。程敏、孙广波、马占军负责第6章关于智能设施的编制和优化调整。熊伟、熊珊负责第9章安全体系的框架构建和内容编制。

在本书的编写过程中得到了公司运营商事业部总经理沈文明、副总经理孟新予的大力支持，还得到了雄安新区雄安集团下属数字城市公司总经理王臻、解决方案部经理魏勇等的大力支持。同时本书的许多理论创新成果受益于中国电子科技集团首席科学家郑爱民的言传身教以及雄安新区智能城市的理念和实践启发。

本书相关内容和素材除了引自参考文献以外，均为实际项目经验总结，对读者更好地将理论与实际工作相结合有一定的引导作用，便于读者在较短时间内了解智能城市的核心要义、架构设计思路以及认识新技术、新理念。

由于编者水平有限，编写时间仓促，加之技术发展和业务应用创新的日新月异，书中难免有疏漏、不妥之处，敬请广大读者批评指正。

目录

Smart City

第 1 章

城市化发展演进趋势

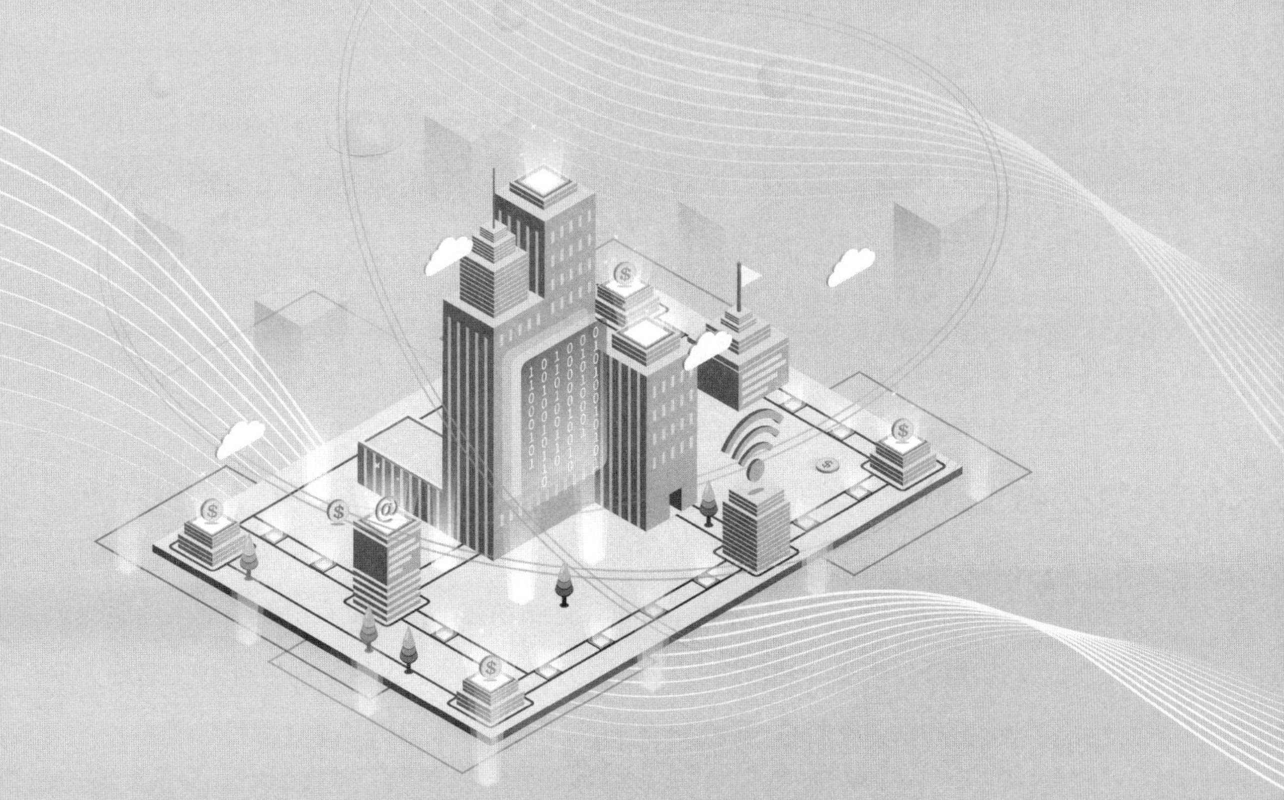

1.1 “城市病”亟待解决

全球城市化进程持续加速，不可避免地产生了对城市资源的密集占用，大气污染、能源紧缺、交通拥挤、住房紧张等“城市病”频繁出现，导致城市发展失衡。

全球城市化进程中，欧美拥有先发优势，城镇化居于全球前列。中国在政府多年系统性城镇化战略大力推动下，急起直追，成为全球城市化率增长最快的国家，后续成长空间广阔。中国近 10 年的城市化复合增长率超过 1%，城市化进程加快。城市化的进程对城市经济、资源利用、生活质量、时间成本以及可持续发展等多方面产生不同程度的影响，而随着城镇化加快以及人口不断增加，全球各地城市管理者面临日益严峻的挑战。

截止到 2019 年，我国总人口数突破 14 亿，城镇常住人口数达到 8.48 亿。超过 75% 的人处于亚健康状态，到 2020 年底生活不能自理而需要医疗养老服务的老年人将突破 2 000 万。城市交通拥堵，时间成本高。大城市平均通勤时间在 30 min 以上，北上广三大城市平均通勤距离在 15 km 以上。我国城市垃圾累计侵占土地超过 5 亿立方米，每年经济损失高达 300 亿元。空气治理问题严重，绝大多数地区 PM 2.5 超标，另外城市噪声污染严重影响市民居住质量。

为了应对城市化所带来的挑战，截止到 2019 年，国内有超过 700 个城市正在规划和建设智慧城市，无论是特大型的一线城市，还是中小型城市，均有智慧城市项目落地，并且形成了几个大型智慧城市群，分布在东部沿海以及中西部地区。据测算，2019 年我国智慧城市市场规模达到 10 万亿元，未来 5 年年均复合增长率约为 33.38%，2022 年市场规模将达到 25 万亿元。

尽管智慧城市发展态势良好，然而传统的智慧城市并不能称作真正意义上的“智慧”城市，从战略、设计建设、运营、维护等多角度来看，都拥有诸多挑战。这些挑战主要集中在以下几个方面：战略目标不明、“数据孤岛”普遍、缺乏长期总体发展蓝图和持续性推进、资金缺口问题突出、运营模式不佳、法规监管不全等。

政府意识到这些关键问题和缺失，“十三五”期间又进一步提出建设“新型智慧城市”的新要求和目标，落实国家新型城镇化规划、建设富有中国特色、体现新型政策机制和创新发展模式的智慧城市。在“新型智慧城市”建设过程中将更加注重数据的融合与共享、充分利用人工智能和数据，依赖于智能决策，减少人工干预，推动城市更加融合与一体化，实现价值最大化。

1.2 智慧社会蒸蒸日上

1.2.1 智慧社会蓝图呈现

2017 年 10 月 18 日，十九大报告提出了在建设现代化经济体系中“网络强国、数字中国、智慧社会”的发展战略。“智慧社会”是在“网络强国、数字中国”基础上的再次跃迁，其概念的提出引发了社会各界的关注。智慧社会是一个开放性命题，“智慧 + 社会”隐含了一种科技创新与社会变革的交融演进形态，决策者、学者围绕此命题展开分析、研究，智慧社会的蓝图也越来越明晰。2018 年 4 月，“中国智慧社会发展与展望论坛”（以下简称“论坛”）在首届数字中国建设峰会期间开幕，论坛将智慧社会定义为继农业社会、工业社会、信息社会之后一种更为高级的社会形态，智能是智慧社会的关键生产要素。智慧社会呈现 8 种发展特征：一是标志性技术向智能化演进；二是重要基础设施从物理世界进入虚拟空间；三是主要生产特征出现全定制、柔性化、实时协同、主体多元的新趋势；四是生产力三要素从自然禀赋发展到比特禀赋；五是社会关系越来越多地打破空间和时间限制；六是人与自然走向共生共融；七是社会治理方式向着透明化的多元协同进步；八是文化体系愈加鼓励寻找生命个体的乐趣和意义。

上海社会科学院信息研究所与社会科学文献出版社共同发布的《全球信息社会发展报告（2019—2020）——拥抱智能时代 迈向智慧社会》（以下简称《报告》）根据智慧设施、智慧政府、智慧经济、智慧生活、智慧治理5个方面共31个指标测算100多个国家或地区的智慧社会评价得分并排名，中国在智慧社会发展的全球排名为第40位，在智慧治理和智慧经济方面有比较优势，而在智慧生活及智慧设施方面仍有提升空间。在未来的一段时间内，我国智慧社会发展仍将在技术、产业和社会治理应用等方面进行探索。

1.2.2 新基建推动社会变革

2020年4月，国家发展和改革委员会提出新基建概念，新型基础设施是以新发展理念为引领，以技术创新为驱动，以信息网络为基础，面向高质量发展需要，提供数字转型、智能升级、融合创新等服务的基础设施体系。加速新基建，有利于全国基础设施的整体优化与协同融合。而统筹存量和增量、传统和新型基础设施发展，打造集约高效、经济适用、智能绿色、安全可靠的现代化基础设施体系，也是建设现代化经济体系的重要环节。以5G、人工智能、数据中心等为代表的信息基础设施作为新基建的重要组成部分将为“大连接”扫清障碍。

以5G、物联网、人工智能等技术为代表的智能技术群落将迅速成熟，从万物互联到万物智能、从连接到赋能的“智能+”浪潮即将开启。5G、物联网、人工智能、数字孪生、云计算、边缘计算等智能技术群的“核聚变”在不断地融合、叠加、迭代中将为智能经济提供高经济性、高可用性、高可靠性的智能技术底座，推动人类社会进入一个全面感知、可靠传输、智能处理、精准决策的万物智能时代。

智能技术群的融合与叠加是技术创新、商业模式创新、投资的沃土，将全面更新现有技术基础设施，重新定义商业模式，重塑未来的经济图景。

1.2.3 智能渗透三体空间

一直以来，城市运行空间聚焦在物理空间与社会空间的二元结构上，在智能化演进过程中，数据、信息持续膨胀，数字空间逐步完善，产生了一个与现实世界一致的虚拟世界，二元结构发生变化，产生了由物理、社会、数字构成的三元空间。数字化完成了物理世界的镜像映射，积累了海量数据；网络化实现了数据的价值流动，积累了海量信息；智能化积累了海量的知识，状态感知、实时分析、自主决策、精准执行以及贯穿始终的自我学习和自我提升能力。自我学习、自我提升是一个知识维度的运行范式，是智能化的核心能力，其关键资源是知识，知识源于数据、信息，同时也在融合创新中产生新的知识，是一种可持续的价值资源。

在数据连接型社会体系中，逐渐面向三元世界的计算过程不再局限于使用计算机和网络的硬件、软件和服务，而是综合利用物理世界的空间、赛博数字空间、人类社会的资源，通过人、机、物融合协作完成任务。超数据时代，人、机、物三元融合使数字科技沉浸式地渗透到实体经济和社会服务活动中，通过人、机、物闭环协作交互过程提升生产生活的智能化水平。

以大数据、机器学习、深度学习为代表的智能技术已在语音识别、图像识别、用户画像等方面得到应用，在算法、模型、架构方面取得了较大的进展，智能技术也已在制造、电力、金融、交通、医疗、水务、物流、公共安全等行业开始应用，对智能技术提出了新的需求与挑战。行业智能时代已经来临。

1.2.4 云脑开启数字文明

新的科技革命与产业变革汹涌而至，大数据、云计算、人工智能日新月异，世界变成一个更加开放、更加复杂的巨系统，不确定性和不可预知性使一切事物均处在不断变化中。

人脑时代，知识是力量；计算机时代，信息是能量；云脑时代，数据是变量。数据、计算和场景的深度交叠深刻改变着人们的生产、生活方式，革新着人们的世界观、价值观和方法论。人机合作逐渐成为驱动人类解决复杂问题和创造一个更井然有序的时代的中坚力量。数字文明时代，数据将成为人类关系构建、社会结构演进的新视角。大数据时代，万物皆数据，世界万物皆可表征为数据，一切皆可量化，数据与物质、能量一起构成世界的三要素。大数据意味着所有小数据联通成一个整体，不仅使社会和自然界实现了数据化，还使人类实现了数据化。

云脑时代，数字文明是驱动经济发展的新动能，大数据是一种生产要素、一种创新资源、一种组织方式、一种权利类型。对数权的保护成为数字文明的重要象征，逐步形成一种以新的数权法为主流价值观的社会秩序。从数据到数权，是人类迈向数据文明时代的产物与必然趋势。大数据无法回避技术的"双刃剑"属性带来的负效应，大数据时代的隐私保护受到前所未有的冲击就是佐证。

1.2.5 IT、DT到AT的跃迁

20 世纪 80 年代，IT（Information Technology）时代开启。以个人计算机、软件、传统电信网络为代表的 IT 技术帮助企业运营中的信息获取、战略决策、设计生产、市场营销以及财务核算等实现了真正意义上的全球化，跨国公司实现了在全球范围内的最优资源配置。IT 时代以信息流为核心，将物理世界的流程在信息化流程中再走一遍，也就是流程驱动的业务映射。传统的信息化即传统的企业运营模式是工业化生产的理念，流程化的管理在标准化的基础上，整个价值链分解成一个个流程节点，然后将一个节点对应到一个小的组织，由这个组织来负责这个节点的工作。这样，整个价值链可以并行运转，然后通过流程把工作串起来。这在过去的工业化时代，的确提高了企业的管理效率，带来了规模化的生产。

20 世纪 90 年代，"互联网 +"浪潮开启。大大推动了 IT 时代向 DT（Data Technology）时代跨越。DT 时代以数据创新、激发生产力的技术为主。短短十几年间，信息传播方式完全被改变，传统纸质媒体大部分被互联网数字化媒体取代。2000—2010 年为大数据奠基的 10 年，2012 年，全球数据量从 TB 级别上升到 PB、EB、ZB 级别。随着网络和信息技术的不断普及，人类产出的数据量成指数级增长，大约每两年翻一番，据国际数据公司预测，到 2020 年底全球数据总量将达到 40 ZB。以"5V"

为特征的大数据改变了人类认识世界、改造世界的方式，数据逐步向资源化、资产化和资本化的趋势转变。

深度学习驱动人工智能开启第三次浪潮的智能时代（AT，Artificial Technology）是近几年及未来的主旋律。2016 年作为人工智能发展的一个重要拐点，得益于算力的发达和海量数据的支持，算法迅速演化，人工智能正在从专有人工智能向通用人工智能发展过渡，由互联网技术群（数据 / 算法 / 计算）和应用场景互为推动，协同发展，自我演进。人工智能已不再局限于模拟人的行为结果，而拓展到“泛智能”应用，即更好地解决问题、有创意地解决问题和解决更复杂的问题。同时，人类未来对数据的处理，也将更多地模仿人脑对数据的处理方式，人脑就是世界上最好的“量子计算机”。

1.3 全球布局数字战略

1.3.1 全球城市发展战略

1. 美国

美国发布的人工智能政策有《国家人工智能研究和发展战略规划》（*The National Artificial Intelligence Research and Development Strategic Plan*）、《人工智能、自动化和经济》（*Artificial Intelligence, Automation, and the Economy*）、《为人工智能的未来做准备》（*Preparing for the Future of Artificial Intelligence*）、《人工智能白皮书》（*Artificial Intelligence White Paper*）等。

与此同时，美国也积极推进智慧城市建设，自 2009 年 IBM 向奥巴马政府提出“智慧星球”（Smart Planet）计划，建议在全国投资建设新一代智能型信息基础设施。随后 IBM 与迪比克（Dubuque）合作建设全美国第一个智慧城市（Smarter Sustainable Dubuque），新构思包括将全市公共资源和服务数字化通过网络连接起来，同时为住户和商户安装数控水电计量器，收集和整合数据并进行分析，以了解整个城市的资源使用情况，实现节能减排，提升市民和企业对可持续发展的意识和责任感。

纽约。纽约市政府与 Cisco IBSG 合作推行“Smart Screen City 24/7”计划，通过流动网络发放经整合的公私营机构信息，将旧式收费电话亭改装成备有触碰和影音功能的智能屏幕（Smart Screen），以便市民随时查阅信息，并同时作为 Wi-Fi 热点，以发展成全国最大的城市 Wi-Fi 网络。

西雅图。西雅图市政府与微软（Microsoft）合作启动了“高效能屋宇计划”（High-Performance Building Program），推动智能大厦（Smart Buildings）技术的发展，实时监测楼宇能源效益，通过调节高峰期能量消耗等方法控制开支和减少碳排放。

圣荷西（加州）。圣荷西市政府与英特尔（Intel）合作，推动了“Smart Cities USA”计划，作为首个试点，推动该市“绿色愿景”（Green Vision）策略，在全市建立“可持续性透视镜”（Sustainability Lens），即空气、声音和微气候传感器网络，量度空气颗粒、噪声、运输流量等，协助改善交通、环境、健康和能源效益，同时创造 25 000 个 Clean Tech 职位，以实现推动经济、改善环境和提升生活质量三大目标。

2. 欧盟

1999 年，欧盟提出“e-Europe”行动计划，以提升互联网普及率为主要目标，2005 年，欧盟推出全面信息社会战略“i2010”，战略期为 2005—2010 年，旨在促进欧盟内部信息经济的发展。

2010 年 5 月，欧盟委员会出台《欧洲 2020 年战略》，提出了“以发展知识经济为主的智能型增长”战略重点以及面向数字社会的“欧洲数字化议程”计划，旨在通过 ICT 的深度应用和广泛普及，取得稳定、持续和全面经济增长。

2011 年 6 月 21 日，欧盟能源委员会公布《欧盟新智慧城市与社区行动》（*EU's new Smart Cities and Communities Initiative*），指出，现在是建设智慧城市与社区的最好时机。无论城市还是工业部门，都希望找到综合的、可持续的解决方案，以便为居民提供清洁、安全与价格合理的能源。

2012 年 7 月 10 日，欧盟委员会启动了“欧洲智慧城市和社区创新伙伴关系”（EIP-SCC，European Innovation Partnership on Smart Cities and Communities）项目。

此项目旨在促进欧洲智慧城市技术的大力发展——通过对能源、交通和ICT的集聚化调研，集成欧洲在新能源、智能交通和信息通信（如物联网）等领域的先进技术，在特定城市开展示范项目，内容涵盖能源、交通和信息通信技术。在这一智慧城市伙伴行动框架下，欧盟将助力在上述产业间建立战略伙伴关系，并促进欧洲各城市更好地开展未来城市体系和基础设施的建设。当前欧洲智慧城市建设试点成效较为突出的城市有荷兰的阿姆斯特丹、瑞典的斯德哥尔摩、卢森堡的首都卢森堡和俄罗斯的斯科尔斯沃等。

2020年2月19日，欧盟委员会公布一系列数字化转型规划，包括《欧洲数据战略》（*A European Strategy for data*）、《人工智能白皮书》两份文件，聚焦3个目标：让技术为人服务，公平和有竞争力的经济环境以及开放、可持续发展的社会。《欧洲数据战略》的目标是确保欧盟成为"数据赋能"社会的榜样和领导者。为实现这些目标，欧盟计划建立统一的数据市场，解锁尚未得到利用的数据，使数据能够在欧盟内部流动，实现产业、学术、政府等部门共享。《人工智能白皮书》构想了一个卓越的、可信赖的人工智能体系框架，其目标是通过公私部门合作调动整个产业链资源，建立正确的激励机制，以加快人工智能部署。在人工智能方面，欧盟曾发布《2014—2020年欧洲机器人技术战略研究计划》（*Strategic Research Agenda for Robotics in Europe 2014—2020*）、《地平线2020战略——机器人多年度发展战略图》（*Robotics 2020 Multi-Annual Roadmap*）、《衡量欧洲研究与创新的未来》（*Gauging the Future of EU Research & Innovation*）、《对欧盟机器人民事法律规则委员会的建议草案》（*Draft Report with Recommendations to the Commission on Civil Law Rules on Robotics*）、《欧盟机器人民事法律规则》（*European Civil Law Rules on Robotics*）等政策或计划。

3. 新加坡

新加坡自2006年6月推出为期10年的信息通信产业发展蓝图"智慧国2015（2006—2015年）"计划以来，一直努力建设以资讯通信驱动的智能化国度和全球化都市，并最终成为全球资讯通信业最为发达的国家之一，提升了各个公共与经济领域的生产力和效率。

新加坡“智慧国家 2025”（2015—2025 年）计划是在“智慧国家 2015”（2006—2015 年）计划各项目标全部提前或超额完成基础上发布的智慧城市升级版，“智慧国 2025（2015—2025 年）”强调要通过数据共享等方式，尽力发挥人的主观能动性，帮助人们实现更为科学的决策。其基于“以人为本”的连接、收集和理解三大理念，提出要通过覆盖全岛的数据收集、连接和分析基础设施平台，根据所获数据预测公民需求，以提供更好的公共服务。

以“智慧国”作为国家发展目标，新加坡在 2017 年推出“国家人工智能核心”（AISG）计划，旨在凝聚政府、科研机构与产业界三大领域的核心力量，促进人工智能发展和应用，以提升新加坡在人工智能领域的竞争实力。

1.3.2 我国城市发展战略

1. 政策指引

我国的“十三五”规划中提到牢牢把握信息技术变革趋势，实施“网络强国”战略，加快建设“数字中国”，推动信息技术与经济社会发展深度融合，加快推动信息经济发展壮大。

2016 年 4 月 19 日的网信工作会议上提到：党的十八届五中全会、“十三五”规划都对实施“网络强国”战略、“互联网 +”行动计划、大数据战略等做了部署，要切实贯彻落实好，着力推动互联网和实体经济深度融合发展，以信息流带动技术流、资金流、人才流、物资流，促进资源配置优化，促进全要素生产率提升，为推动创新发展、转变经济发展方式、调整经济结构发挥积极作用。

2017 年召开党的十九大，制定了新时代中国特色社会主义的行动纲领和发展蓝图，提出要建设“网络强国、数字中国、智慧社会”，推动互联网、大数据、人工智能和实体经济深度融合，发展数字经济、共享经济，培育新增长点、形成新动能，中国数字经济发展进入快车道。

2018 年 4 月 20 日的网信工作会议强调“要发展数字经济，加快推动数字产业化，依靠信息技术创新驱动，不断催生新产业、新业态、新模式，用新动能推动新发展。

要推动产业数字化，利用互联网新技术、新应用对传统产业进行全方位、全角度、全链条的改造，提高全要素生产率，释放数字对经济发展的放大、叠加、倍增作用。要推动互联网、大数据、人工智能和实体经济深度融合，加快制造业、农业、服务业数字化，网络化，智能化”。

2019 年，政府工作报告首次提出了“智能 +”重要战略，将“打造工业互联网，拓展‘智能 +’为制造业转型升级赋能”。

从以上国家层面近几年的规划重点中我们梳理出几个关键词，包括数字化、网络化、智能化、数字经济、网络强国、数字中国、智慧社会。政府工作报告的表述也逐步从“互联网 +”走向“智能 +”，这是我国社会生产和生活方式的又一次升级迭代，也是技术发展的必然结果，体现了人工智能、大数据、云计算、物联网、5G 等新兴技术对社会生产生活的全新赋能。

2. 核心规划

2012 年 12 月《国家智慧城市试点暂行管理办法》规定了申报国家智慧城市试点应具备的条件，开始试点城市申报。

2013 年 1 月，经过地方城市申报、省级住房城乡建设主管部门初审、专家综合评审等程序，住房和城乡建设部公布首批国家智慧城市试点共 90 个。

2013 年 8 月，住房和城乡建设部再度公布 103 个城市（区、县、镇）为第二批国家智慧城市试点，加上首批 90 个试点，国家智慧城市试点总数达 193 个。

2015 年 4 月，住房和城乡建设部和科学技术部公布了第三批国家智慧城市试点名单，确定 84 个城市（区、县、镇）为国家智慧城市。国家智慧城市试点达 300 个。

2016 年 7 月中共中央办公厅、国务院办公厅印发了《国家信息化发展战略纲要》，要求“加强顶层设计，提高城市基础设施、运行管理、公共服务和产业发展的信息化水平，分级分类推进新型智慧城市建设”。

2016 年 8 月，国家发展和改革委员会、中共中央网络安全和信息化委员会办公室联合印发了《新型智慧城市建设部际协调工作组 2016—2018 年任务分工》，对 2016—2018 年我国新型智慧城市建设进行了总体部署，并明确提出在“十三五”期间，将“分

3年组织100个不同类型、不同规模、不同层级的城市开展新型智慧城市建设”，并同时开展智慧城市建设效果评价工作，做到“以评促建，树立标杆，引导方向”。

2016年12月，国务院正式发布《“十三五”国家信息化规划》，其中确定了新型智慧城市的建设行动目标：“到2018年，分级分类建设100个新型示范性智慧城市；到2020年，新型智慧城市建设取得显著成效，形成无处不在的惠民服务、透明高效的在线政府、融合创新的信息经济、精准精细的城市治理、安全可靠的运行体系。”

3. 相关规划

（1）“互联网+”。

自2015年起，“互联网+”在政府工作报告中连续5年被提及，“互联网+”给社会生产、生活方式带来了极大的影响，也重塑了商业模式和经济结构。

2015年7月，国务院印发《国务院关于积极推进“互联网+”行动的指导意见》（以下简称《指导意见》），《指导意见》提出：我国已具备加快推进“互联网+”发展的坚实基础，但存在传统企业运用互联网的意识和能力不足、互联网企业对传统产业理解不够深入、新业态发展面临体制机制障碍、跨界融合型人才严重匮乏等问题，这些问题亟待解决。为了加快推进“互联网+”发展，重塑创新体系、激发创新活力、培育新兴业态和创新公共服务模式，打造大众创业、万众创新和增加公共产品、公共服务“双引擎”，主动适应和引领经济发展新常态，形成经济发展新动能。

《指导意见》还提出坚持“开放共享、融合创新、变革转型、引领跨越、安全有序”原则，制定了到2018年、2025年分阶段的目标。其中，2018年的目标围绕经济发展进一步提质增效、社会服务进一步便捷普惠、基础支撑进一步夯实提升、发展环境进一步开放包容。2025年的目标则围绕网络化、智能化、服务化、协同化的“互联网+”产业生态体系基本完善，初步形成“互联网+”新经济形态，促进“互联网+”成为经济社会创新发展的重要驱动力量。

围绕分阶段的目标制定了11项具体行动，包括创业创新、协同制造、现代农业、智慧能源、普惠金融、益民服务、高效物流、电子商务、便捷交通、绿色生态和人工智能。这11项具体行动为未来10年内“互联网+”重点行动指明了方向和发展思路。

围绕这11项具体行动，在具体保障支撑和落实方面也提出了要求，包括夯实发展基础（在网络基础、应用基础、产业基础等方面）、强化创新驱动（创新能力建设、标准制订、知识产权战略强化、开源社区发展）、营造宽松环境、拓展海外合作、加强智力建设、加强引导支持、做好组织实施等全方位的支撑保障体系。《指导意见》下发后，全国多数地方政府均制订了相应的实施意见或行动计划，如工业和信息化部关于贯彻落实《国务院关于积极推进“互联网+”行动的指导意见》行动计划（2015—2018年）、人力资源和社会保障部印发了《“互联网+人社”2020行动计划》、国家发展和改革委员会办公厅制订了《“互联网+”绿色生态三年行动实施方案》、广东省制订了《“互联网+”行动计划（2015—2020年）》等。

2016年，国务院发布了《加快推进“互联网+政务服务”工作的指导意见》，加快推进“互联网+政务服务”工作，切实提高政务服务质量与实效，围绕建设法治政府、创新政府、廉洁政府和服务型政府的要求，优化服务流程，创新服务方式，推进数据共享，打通信息孤岛，推行公开透明服务，降低制度性交易成本，持续改善营商环境，深入推进大众创业、万众创新，最大程度利企便民，让企业和群众少跑腿、好办事、不添堵，共享“互联网+政务服务”发展成果作为指导思想，制定了到2017年、2020年两个时间段的具体目标。后续国务院有关部门、各省（区、市）政府也根据此意见制定了工作方案并开展各项工作。

（2）人工智能。

国家发展和改革委员会、科学技术部、工业和信息化部、中共中央网络安全和信息化委员会办公厅于2016年5月18日印发《“互联网+”人工智能三年行动实施方案》，该实施方案围绕落实《关于积极推进“互联网+”行动的指导意见》中的人工智能专项行动进行细化，该实施方案提出到2018年的目标：打造人工智能基础资源与创新平台，人工智能产业体系、创新服务体系、标准化体系基本建立，基础核心技术有所突破，总体技术和产业发展与国际同步，应用及系统级技术局部领先。在重点领域培育若干全球领先的人工智能骨干企业，初步建成基础坚实、创新活跃、开放协作、绿色安全的人工智能产业生态，形成千亿级的人工智能市场应用规模。围绕该目标从三大方面（发展人工智能新兴产业、推进重点领域智能产品创新、提升终端产品智能化水平）、九大工程进行了部署安排。

2017 年 7 月 20 日，国务院印发《新一代人工智能发展规划》（以下简称《规划》），其对新一代人工智能规划做了翔实的规划，人工智能发展顶层设计规划清晰。《规划》围绕建设创新型国家和“科技强国”的战略目标，是在对人工智能发展的现实基础和战略态势充分认识的基础上提出来的，确定了“三步走”的战略目标，最终实现人工智能理论、技术与应用总体达到世界领先水平，成为世界主要人工智能创新中心，智能经济、智能社会取得明显成效，为跻身创新型国家前列和经济强国奠定重要基础。围绕这 3 个阶段目标，按照“构建一个体系、把握双重属性、坚持三位一体、强化四大支撑”进行布局，形成人工智能健康持续发展的战略路径。《规划》围绕战略目标和战略路径，最终确定了 6 项任务，分别为构建开放协同的人工智能科技创新体系、培育高端高效的智能经济、建设安全便捷的智能社会、加强人工智能领域军民融合、构建泛在安全高效的智能化基础设施体系、前瞻布局新一代人工智能重大科技项目。

科学技术部 2019 年 8 月发布了《国家新一代人工智能开放创新平台建设工作指引》，是为了深入贯彻落实《国务院关于印发新一代人工智能发展规划的通知》（国发〔2017〕35 号），充分发挥人工智能行业领军企业、研究机构的引领示范作用，促进人工智能与实体经济的深度融合，进一步推进国家新一代人工智能开放创新平台建设，推动我国人工智能技术创新和产业发展，从更快落地和创新平台建设的实际操作角度提供了指引，截至 2020 年，人工智能“国家队”从 5 家扩充到 15 家，将引领实体经济应用人工智能技术，实现新旧动能转换。百度、阿里云、腾讯、科大讯飞、商汤集团 5 家公司为第一批入选的企业。在 2019 年 8 月 29 日的世界人工智能大会上第二批入选的 10 家企业包括依图、明略科技、华为、中国平安、海康威视、京东集团、旷视科技、360 安全科技、好未来、小米。科学技术部宣布，将依托依图公司建设视觉计算人工智能开放创新平台，依托明略科技建设营销智能人工智能开放创新平台，依托华为公司建设基础软硬件人工智能开放创新平台，依托中国平安建设普惠金融人工智能开放创新平台，依托海康威视建设视频感知人工智能开放创新平台，依托京东集团建设智能供应链人工智能开放创新平台，依托旷视科技建设图像感知人工智能开放创新平台，依托 360 安全科技公司建设安全大脑人工智能开放创新平台，依托好未来公司建设智慧教育人工智能开放创新平台，依托小米公司建设智能家居人工智能开放创新平台。

从地方政策来看，全国多地根据自身实际情况制定了人工智能发展规划。全国 34 个省（自治区、直辖市）中已有 19 个省市发布了人工智能规划，其中有 16 个制定了具体的产业规模发展目标，产业规模目标排名前五的省市分别为上海市、北京市、浙江省、广州市和四川省。其中以北上广深为代表的城市积极地制定了行之有效的政策，在人工智能产业的落地和发展方面发挥了较大的推动作用，成为中国人工智能行业的重要实践者和领头羊。以北京为例，北京已经发布了包括《关于促进中关村智能机器人产业创新发展的若干措施》《北京市加快科技创新培育人工智能产业的指导意见》等多项加快人工智能产业落地的政策，其规划目标与国家基本一致，领先于其他城市。

（3）“中国制造 2025”。

2015 年 5 月国务院发布了《中国制造 2025》，这是我国实施制造强国战略第一个十年的行动纲领。《中国制造 2025》明确提出我国要由制造大国走向制造强国的战略目标，确定了“三步走”的战略目标，分别为 2020 年、2025 年、2035 年的目标。

《中国制造 2025》提出 9 项战略任务，战略任务中非常重视信息化与工业化深度融合，加快推动新一代信息技术与制造技术融合发展，把智能制造作为两化深度融合的主攻方向；着力发展智能装备和智能产品，推进生产过程智能化，培育新型生产方式，全面提升企业研发、生产、管理和服务的智能化水平。其中对工业互联网基础设施建设提出了要求，也对重点制造领域关键环节、开展新一代信息技术与制造装备融合的集成创新和工程应用进行规划安排，要求依托优势企业，紧扣关键工序智能化、关键岗位机器人替代、生产过程智能优化控制、供应链优化，建设重点领域智能工厂/数字化车间。在基础条件好、需求迫切的重点地区、行业和企业中，分类实施流程制造、离散制造、智能装备和产品、新业态新模式、智能化管理、智能化服务等试点示范及应用推广。建立智能制造标准体系和信息安全保障系统，搭建智能制造网络系统平台。

Smart City

第 2 章

ICT 前沿技术发展

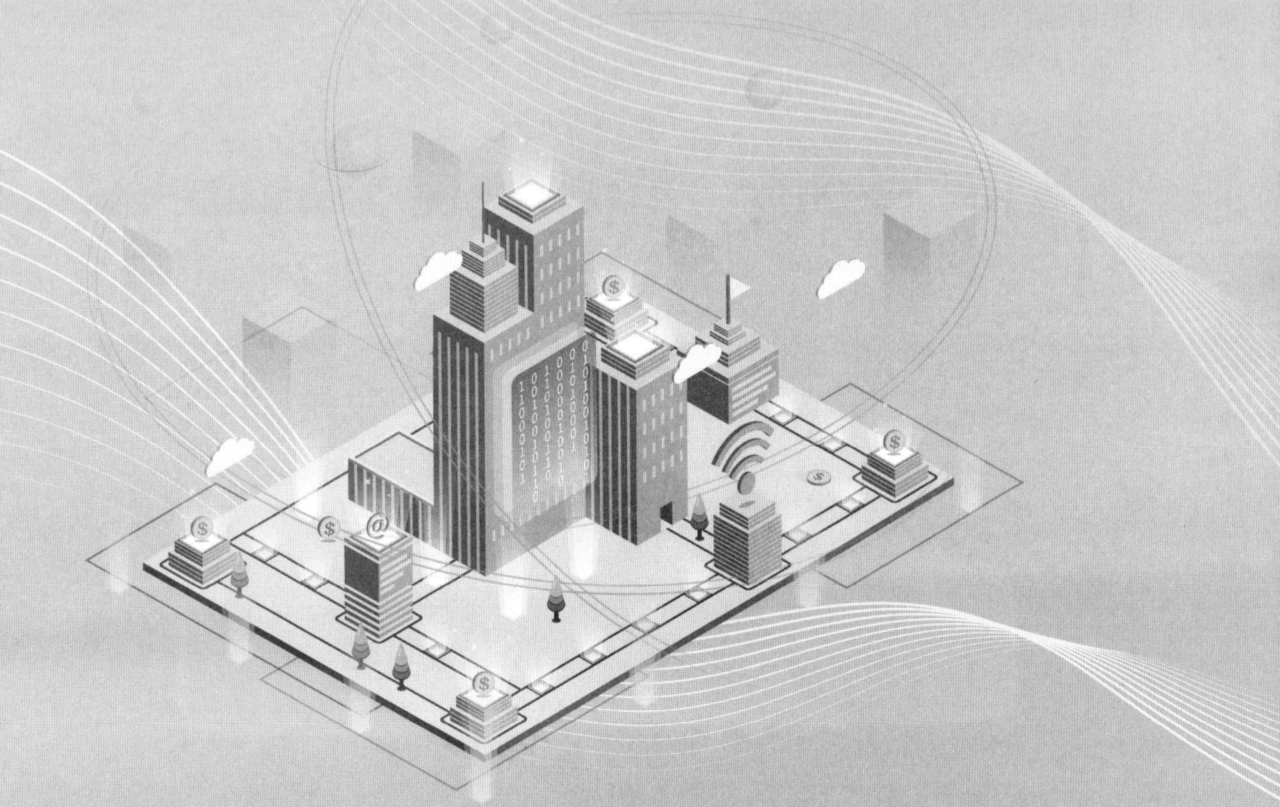

2.1 ICT前沿技术概览

世界知名咨询机构 Gartner 2017 年、2018 年、2019 年分别对未来 10 年的技术趋势进行了预测，其中提到智能、数字、网格三大领域的趋势是未来持续创新和战略的关键部分。Gartner 对 2019 年的科技预测主要以 3 条线为主：第一是智能，从自主化物件、增强型分析到人工智能（AI）驱动的开发，智能衍生出的多种解决方案可以帮助企业提高生产力或为企业提供更多动力；第二是数字化的能力，核心智能技术将带来数字化技术，即数字孪生、自主性的边缘和沉浸式体验；第三是网格技术，网格技术最重要的一点是“Interplay”，即将智能和数字化技术融合，在公司内部、公司和公司之间交互地使用和连接，达到“人、事、物”进一步整合。这是 2019 年十大战略科技重要的趋势。

总结来说，“十大技术趋势”是增强的智能、更融合的数字化技术、更广泛的网格，增强整个公司业务的洞察和生产力，从而提升灵活性，再配合数字道德和隐私尊重，以及量子计算对公司未来的影响。十大技术的持续发展将对智能城市的发展产生巨大的影响。Gartner 对 2017—2019 年十大战略性技术趋势预测如图 2-1 所示。

	2017年	2018年	2019年	
1	AI和高级机器学习	人工智能基础	自主设备	智能
2	智能应用	智能应用和分析	增强分析	
3	智能设备	智能设备	AI驱动的开发	

图 2-1　技术趋势预测

4	虚拟和增强现实	数字孪生	数字孪生	数字
5	数字孪生	云到边缘	赋权的边缘	
6	区块链	会话平台	沉浸式技术	
7	会话系统	沉浸式体验	区块链	网格
8	网状应用和服务架构	区块链	智能空间	
9	数字技术平台	事件驱动	数字道德和隐私	
10	自适应安全架构	数字风险与信任评估	量子计算	

图 2-1 技术趋势预测（续）

2.2 数字化相关技术趋势

2.2.1 数字孪生

1. 数字孪生的概念

数字孪生最早由密西根大学教授 Grieves 提出，后来 NASA 将数字孪生用于对飞行器的真实运行活动进行镜像仿真。数字孪生最先用于工业领域，尤其是大型装备制造业，通过搭建数字孪生生产系统，能够实现从产品设计、生产计划到制造执行的全过程数字化。据统计，全球 40% 的大型生产商都将应用虚拟仿真技术来为它们的生产过程进行建模。目前数字孪生广义的定义为基于传感器建立的某一物理实体的数字化模型，可模拟现实世界中的具体事物，对某一物理实体过去和目前的行为或流程进行动态呈现。数字孪生的意义在于能够在物理世界和数字世界之间全面建立准实时联系，实现物理世界与数字世界互联、互通、互操作。

随着感知、网络、大数据、AI、控制、建模等技术的集中爆发，尤其是传感器和低功耗广域网技术的发展，将物理世界的动态，通过传感器精准、实时地反馈到数字世界。数字孪生现象将作为数字化浪潮的必然趋势，是数字化的理想状态，数字孪生城市成为智慧城市建设发展的必经之路。

数字孪生城市是技术演进与需求升级驱动下新型智慧城市建设发展的一种新理念、新途径、新思路。虽然数字城市的提出由来已久，但全域数字化一直未能实现，这与技术发展的局限性和成熟度有关，如今数字孪生城市的理念才真正体现了数字城市意图达到的理想愿景。数字孪生城市虽然作为狭义数字城市的终点，却是智慧城市建设的起点，它是城市实现智慧的重要设施和基础能力，是城市信息化从量变走向质变的一个里程碑。数字孪生城市的本质是城市级数据闭环赋能体系，通过数据全域标识、状态精准感知、数据实时分析、模型科学决策、智能精准执行，实现城市模拟、监控、诊断、预测和控制，解决城市规划、设计、建设、管理、服务闭环过程中的复杂性和不确定性问题，全面提高城市物质资源、智力资源、信息资源配置效率，改善运转状态，实现智慧城市的内生发展动力。

2. 数字孪生的功能和价值

数字孪生首先对物理对象各类数据进行集成，是物理对象的真实映射。其次，数字孪生存在于物理对象的全生命周期，与其共同进化，并不断积累相关知识。最后，数字孪生不仅对物理对象进行描述，还能够基于模型优化物理对象，最终实现对物理世界的改造。

数字孪生不同于传统的CAD，也不仅仅是以传感器为基础的物联网解决方案。它的价值远远高于这两者。Gartner预测，到2020年底，互联传感器与端点将超过200亿个，数字孪生将服务于数十亿个物件。到2021年，全球50%的大型工业企业将使用数字孪生技术，效率提高达10%。各企业机构最初只是简单地实施数字孪生，但随着时间的推移将对其加以演化，提高其收集与可视化正确数据的能力，应用正确的分析与规则，并有效响应企业的业务目标。

数字孪生拓展到整个城市范畴，其将基于数字化标识、自动化感知、网络化连接、普惠化计算、智能化控制、平台化服务的信息技术体系和城市信息空间模型，在数字空间再造一个与物理城市匹配对应的数字城市，全息模拟、动态监控、实时诊断、精准预测城市物理实体在现实环境中的状态，推动城市全要素数字化和虚拟化、全状态实时化和可视化、城市运行管理协同化和智能化，实现物理城市与数字城市协同交互、平行运转。

3. 数字孪生的演进趋势

数字孪生目前正逐渐从孪生制造领域向各个领域（如建筑、医疗和整个城市级别应用）进行拓展。

针对孪生制造类的应用，将经历从碎片化到一体化、从局部到全局、从静态到动态的过程，逐渐涵盖研发设计、制造过程、服务运营的全流程。一是局部孪生制造阶段：虚拟设计、虚拟产品、虚拟工厂、虚拟工艺等伴随着设计、生产、管理软件及工具的出现而兴起，软件和信息系统散落在工业生产的各个环节，在虚拟空间中还未形成一个系统的整体，单机设备、单项环节、单一场景的虚拟化应用带来的是局部环节效率的提升，不同环节之间的整合还需要人为活动的介入和物理过程的实现。二是静态孪生制造阶段：随着虚拟化进程的不断深入，制造业产品、装备、工艺及制造过程各环节在赛博空间构建起数字孪生，实现虚拟映射，在虚拟环境下构建起与现实世界制造全流程对应的生产体系，在建立物理制造过程运行一个周期后，即可实现生产过程数据互联互通、流程衔接有序和资源高效配置，虚拟世界可以实现对物理世界运行规律的模拟、仿真并持续优化。三是动态孪生制造阶段：在静态孪生制造的基础上，人员、机器、物料、工艺、环境、产品等各种要素在虚实空间进一步实现完整、实时、动态对应，现实生产运行状况全部能够实时反映到虚拟空间，虚拟空间优化后的决策能够实时地反映到现实生产活动中。虚拟与现实已不是存在简单映射关系的“孪生体”，而是相互连接、相互作用的统一体。

与工业领域数字孪生体构建模式类似，数字孪生城市是在更大范围、更多场景下，整合全域感知、历史积累、运行监测等多元异构数据，集成多学科、多尺度的仿真过程，集成指挥调度、运行决策、民生服务等智慧应用，共同构建与现实城市同生共存、虚实交融的复杂巨系统，反映现实城市运行全过程。数字孪生城市，以全域数字化标识和一体化感知监测为数字孪生基础，以全域全量的数据资源（数据）、高性能的协同计算（算力）、深度学习的机器智能平台（算法）为城市信息中枢，以数字孪生模型平台为城市运行信息集成展示载体，操控城市治理、民生服务、产业发展等各系统协同运转，形成一种自我优化的智能运行模式，实现“全域立体感知、万物可信互联、泛在普惠计算、智能定义一切、数据驱动决策”。

4. 数字孪生面临的挑战

从单纯的应用于工业制造领域拓展到城市级别，数字孪生还有很长的路要走。当前数字孪生城市尚缺乏系统的基础理论研究：城市全要素建模方法、空间语义数据表达、全域的数字化标识规则、全域传感器的空间布设规则、城市多功能信息杆柱的设置规范、感知数据的采集规则与使用权限、城市边缘计算和信息节点的设置规范、边缘计算设备与物联网以及云计算的关系；动态信息，如城市事件如何在数字模型中实现语义化表达，政府和社会数据在城市信息模型中的展现规则，数据、软件和模型的关系，如何体现数字孪生模式下城市管理和服务的优势，如何根据静态和动态数据进行决策的仿真优化。此外，“由虚控实”实现城市智能控制的软硬件系统更是前所未有，缺乏相关研究。

数字孪生城市缺乏系统的建设方案，五大环节亟待深入探索。数字孪生城市几乎囊括了迄今为止所有的信息科技，这种前所未有的技术集成创新，不仅要能理解并体现非精确、模糊化的城市治理规则和运行机制，还要实现对物理城市的模拟、监控、诊断、预测和控制五大环节融合创新。第一个层次是模拟，即建立物理对象的虚拟映射。鉴于城市的复杂性和要素的多样性，其全量模拟的技术和标准还需要深入探索。第二个层次是监控，即在虚拟模型中反映物理对象的变化，物理对象数据的收集与传递离不开物联网，其编码、寻址、标准、安全等问题还有待解决。第三个层次是诊断，当城市发生异常，基于 AI 的多维数据复杂处理与异常分析，我国与发达国家相比仍存在差距。第四个层次是预测，即预测潜在风险，合理有效规划城市或对城市设备进行维护。城市预测需要众多技术融合集约，在灵活性和适应性方面存在巨大挑战。第五个层次是控制，需要庞大、复杂的软硬件系统支撑，尤其是通过软件实现对城市管理与服务的赋能，设施控制。

2.2.2 赋权的边缘

1. 边缘计算的概念

万物互联时代下，边缘设备的数据量较大，数据的实时性处理要求较高，在现有云计算架构下，数据处理在传输带宽、计算负载、数据隐私保护等方面提出新的挑战。

边缘计算是在靠近物或数据源头的网络边缘侧，融合网络、计算、存储、应用核心能力的分布式开放平台（架构），就近提供边缘智能服务，满足行业数字化在敏捷连接、实时业务、数据优化、应用智能、安全与隐私保护等方面的关键需求。边缘计算是指在网络边缘执行计算的一种新型计算模型，其边缘是指从数据源到云计算中心路径之间的任意资源和网络资源，即边缘计算是一个连续统（Continuum），除“云”之外皆是“边缘”；边缘计算更多地聚集在边缘设备本身，而雾计算则更多地关注基础设施，从作用范围角度讲，边缘计算包含雾计算，即雾计算是边缘计算的一部分；边缘计算的基本原理是将计算任务迁移到产生源数据的边缘设备上。

边缘计算是以云计算为核心，以现代通信网络为途径，以海量智能终端为前沿，通过优化资源配置，使计算、存储、传输、应用等服务更具智能，具备优势互补、深度协同的资源调度能力，是集云、网、端、智四位一体的新型计算模型，边缘计算是一种融合多种资源的协同计算模式。它可以作为连接物理和数字世界的桥梁，使能智能资产、智能网关、智能系统和智能服务。

2. 边缘计算的功能和价值

边缘计算将物纳入智能互联中，依托 OT 与 ICT 的深度融合，可显著提升行业自动化水平，满足用户侧对个性化产品和服务的需求，从而推动产品向服务运营全生命周期进行转型，引发产品服务和商业模式的创新，并为生产环境、供应链、价值链、生态系统带来深远的影响。

边缘计算具备 CROSS 的价值。

连接的海量与异构（Connection）。伴随连接设备数量的剧增，网络运维管理、灵活扩展和可靠性保障面临巨大挑战。同时，工业现场长期以来存在大量异构的总线连接，多种制式的工业以太网并存，如何兼容多种连接并且确保连接的实时可靠是必须要解决的现实问题。

业务的实时性（Real-time）。工业系统检测、控制、执行的实时性高，部分场景实时性要求在 10 ms 以内。如果数据分析和控制逻辑全部在云端实现，则难以满足业务的实时性要求。

数据的优化（Optimization）。当前工业现场存在大量的多样化异构数据，需要通过数据优化实现数据的聚合、数据的统一呈现与开放，以灵活高效地服务于边缘应用的智能。

应用的智能性（Smart）。业务流程优化、运维自动化与业务创新驱动应用走向智能，边缘侧智能能够带来显著的效率与成本优势。以预测性维护为代表的智能化应用场景正推动行业向新的服务模式与商业模式转型。

安全与隐私保护（Security）。安全跨越云计算和边缘计算之间的纵深，需要实施端到端防护。网络边缘侧由于更贴近万物互联的设备，访问控制与威胁防护的广度和难度因此大幅提升。边缘侧安全主要包含设备安全、网络安全、数据安全与应用安全。

3. 边缘计算的演进趋势

近年来，边缘计算愿景实现的过程逐步加快。2015 年 10 月，雾计算的支持者组成开放雾联盟。该联盟旨在通过汇集公司、高效科研机构、研究者个人等资源，加快雾计算技术的部署，促进雾计算生态系统的快速形成。2016 年，美国联邦政府、美国国家科学基金会和美国国家标准局分别把边缘计算列入了项目申请指南。此外，边缘计算相关国际会议也已兴起。2016 年 11 月 30 日，华为与中国信息通信研究院、沈阳自动化研究所，以及英特尔、ARM 和软通动力等多家公司联合推动成立了边缘计算产业联盟（ECC），旨在定义边缘计算的架构和标准，搭建边缘计算产业合作平台，推动 OT、ICT 产业开放协作。

从 2017 年开始，很多传统的公司已经开始将边缘计算作为其发展的主要战略目标，国际上，多数运营商已将多接入边缘计算（MEC，Multiple Edge Computing）作为 5G 时代的重要战略。美国 AT&T 宣布将对 65 000 个基站重构并将 5 000 个机房作为边缘数据中心，边缘计算开源项目也在 Linux 基金会创建。此外，Vodafone 也参与到 MEC 标准制订的工作中，并联合合作伙伴开展业务创新及场景验证，如企业安防、视频监控、云游戏等。国内三大电信运营商动作加快，中国联通已在 9 个城市完成全国首张规模 MEC 商用网络的建设，使能全省 MEC 业务接入，与全国十多个垂直行业的 400+ 个客户开展 MEC 边缘云合作，2020 年完成 MEC 平台商用，提供一体化解决方案。中国移动成立了边缘计算开放实验室，全面建立边缘计算生态，已在全国 10 个省 20 余个地市现网开展多种边缘计算应用试点。中国电信对边缘云逐步构建“2+31+*X*”的资源布局，打造边缘计算开放平台 ECOP，构建边缘云网融合的网络服务平台及应用使能环境，推进边缘业务应用创新发展。

在边缘计算技术体系发展过程中，早期探索围绕分布式数据库模型、P2P 模型、CDN 模型、移动边缘计算模型、雾计算模型以及海云计算等进行。国内比较有代表性的项目是海云计算系统，海云计算系统代表终端的大千世界的万物，是物理世界的物体之间的计算模式。海云计算系统的目的是通过整体系统结构、数据中心服务器、存储系统和芯片级别的创新，处理 ZB 级数据，使每瓦特的性能提高 1 000 倍。该系统包含 4 个部分：一个计算模型——REST 2.0，它将 Web 计算中的 REST 架构风格拓展到海云计算中；一个存储系统，能够处理 ZB 级别数据；一个高性能数据中心，能够运行数十亿级别线程；一个高效的弹性处理器，能够每瓦特每秒进行万亿次操作。

4. 边缘计算面临的挑战

（1）多源、异构、异地性。

边缘设备数量庞大、多样且分布广阔，因此，具有多源、异构、异地性，进而使其数据存储、数据处理能力也具备上述特性。因此，需要解决如何屏蔽多源、异构、异地差异，形成统一的接口规范、传输协议、时钟同步等问题，最终才能实现跨厂商、跨应用、跨地域的集成和交互。

（2）服务质量（QoS）保障。

边缘计算在一定场景中需要保证一定的服务质量要求才能发挥其优势，如高可靠、高吞吐量、低延迟。在云计算模型下，很多应用场景耗费大量的系统资源、网络带宽、处理时延，此时需要边缘计算来进行配合和动态调整策略。因此，在特定场景中，能够动态按照特定需求，完成满足一定服务质量的处理任务将是一项技术挑战。

（3）数据隐私及信息安全。

边缘计算和云计算、分布式计算、网格计算等模式一样，同样面临着数据安全等问题，尽管安全性有所提升。例如，数据依然会通过网络传输，而且会涉及跨网域、跨地域、跨应用的数据传送，并沿用传统的加密、解密算法，从根本上未改变。虽然有些数据可以放到本地的数据中心或靠近用户侧，但信息泄露的风险依然存在，因此，数据安全问题依然存在。

（4）分布式协同计算。

边缘计算涉及中心与边缘侧设备、中心云与边缘云、数据中心与基站等类似场景的协同，其协同计算能力依然是目前亟待解决的问题。协同计算涉及方方面面——哪些资源需要放在中心、哪些资源需要放到边缘等这些问题都需要全局考虑，而不是局部的最优。因此，分布式协同将是边缘计算面临的一大技术挑战。

（5）智能化情景感知能力。

边缘计算从诞生之初就是为了解决效率问题，从根本上讲是智能化，是通过改造原有的基础设施布局来取得全局最优，以便提供高性能、高带宽、高存储、低延迟的服务。而实现这些技术参数，首先需要解决的问题是如何使服务动态、自适应地去感知，而不是人为地慢慢尝试。因此，边缘计算需要借助基于无监督的机器学习机制来动态分配资源、配置资源、调配资源，以获得良好的用户体验，但目前来讲，边缘计算还未达到这样的智能，仍处于定性的分析和尝试阶段，具体提升性能、可度量的算法还未取得实质性的进展。

（6）统一开放平台。

边缘计算发展的一大诱因是物联网技术，纷繁多样的终端设备数量异常庞大，技术规范、参数指标、性能功能都千差万别，这些设备的互联互通需要统一、开放的接口和平台。而目前来讲，物联网技术方兴未艾，很难形成统一的技术标准，因此，需要各方统一接口规范来消除设备的异构，以便这些智能设备能够互联、互通、交换、处理、共享相关数据。边缘计算很大程度上依托这些边缘设备就近解决计算、存储、带宽等问题，满足用户侧的需求，因此，统一开放平台将是未来边缘计算待突破的关键技术之一。

2.2.3 沉浸式技术

1. 沉浸式技术的概念

沉浸式技术主要涉及虚拟现实（VR，Virtual Reality）、增强现实（AR，Augmented Reality）和混合现实（MR，Mixed Reality）技术。作为新一代人机交互平台，虚拟现实聚焦身临其境的沉浸体验，强调用户连接交互深度而非连接广度（数量）。虚拟现实由来已久，钱学森称其为“灵境技术”，指采用以计算机技术为核心的现代信息技术生成逼真的视、听、触觉一体化的一定范围的虚拟环境，用户可以借助必要的装备以自然的方式与虚拟环境中的物体进行交互作用、相互影响，从而获得身临其境的感受和体验。

在产业界，将虚拟现实定义为 3 类技术应用方式：VR、AR 和 MR。实际上，在学术界的划分中，MR 技术还分为增强现实和增强虚拟环境（AVE，Augmented Virtual Environment）两类。

VR 会把用户带入一个虚拟的世界，用户无法看到周围物质世界的内容，更无法和物质世界交互。AR（现实世界可见）会根据用户周围的真实环境添加附加信息，但是这些信息一般是以平面叠加和标注的形式呈现的。VR 通过隔绝式的音视频内容带来沉浸感体验，对显示画质要求较高，AR 强调虚拟信息与现实环境的“无缝”融合，对感知交互要求较高。单纯从虚拟成分及现实成分占比的角度，可以简单地认为 VR 呈现的是 100% 虚拟世界，是封闭的；而 AR 是基于现实环境，叠加虚拟物体或电子信息，把虚拟对象带入用户的物理世界中，通过听、看、触摸虚拟信息来增强对物理世界的感知，从而对现实达到“增强”的效果。MR（现实世界可见）理解用户所处的现实环境，根据环境渲染 3D 物品（准确地说是 HOLOGRAM，即全息投影），并融入用户所见的环境中。这些 3D 内容往往和现实世界类似，并且遵守物理规律，用户和它们互动的时候会感觉到它们是真实存在的。

2. 沉浸式技术的功能和价值

技术成熟、消费升级需求、产业升级需求、资本持续投入、政策推动五大因素促进虚拟现实产业快速发展，2019 年，虚拟现实全球市场规模超千亿元，国内市场规模超 500 亿元。VR 侧重于游戏、视频、直播与社交等大众市场。AR 侧重于工业、军事、医疗等垂直应用。

虚拟现实和 5G、AI、大数据、云计算等前沿技术不断融合、创新发展，进一步促进了虚拟现实的应用落地，催生了新的业态和服务。在应用创新方面，5G 和 VR 结合，在广播电视、医疗、教育、直播等领域已展开了应用。AI 与 AR 的结合将显著提高 AR 应用的交互能力和操作效率，满足个人感知、分析、判断与决策等实时信息需求，实现在工作、学习、生活、娱乐等不同场景下的流畅切换。VR/AR 和云计算、云渲染结合，将云端的显示输出、声音输出通过编码压缩后传输到用户的终端设备中，实现 VR/AR 业务的内容上云和渲染上云，能够对 VR/AR 业务进行快速处理。

虚拟现实目前广泛应用在制造、教育、文化、健康等领域。在制造业的应用主要包括虚拟研发、虚拟装配、设备维护检修等，在大型装备的制造中已经实现初步应用。在教育领域，中小学教育广泛引入虚拟现实沉浸式教学体验；职业教育则在各类实景实践中加入虚拟现实技术，实现由学生模拟动手操作，避免实训风险；在高等教育方面，多方面部署虚拟实验室、虚拟设计工坊等，推动虚拟现实技术在科研创新中应用。虚拟现实技术在文化领域的应用主要包括影视内容、直播、游戏、主题乐园、艺术创作、党建等，近几年非常火的直播即通过在广播电视采集制作过程中，采用全景摄像技术进行内容录制、虚拟内容创作、视频内容拼接和编解码等，并使内容呈现在设备上，让观众获得人与内容场景互动的体验。在健康领域，虚拟现实技术的应用主要包括医疗教育培训、康复护理、精神治疗、远程医疗等，通过建设虚拟手术培训平台，动态建模，虚拟人体对心脏、肺等器官进行手术操作。

3. 沉浸式技术的演进趋势

目前，沉浸式技术处于发展初期的部分沉浸体验阶段。完全沉浸虚拟现实是最理想的目标，实现的方式主要是戴上特制的头盔显示器、数据手套及身体部位跟踪器，通过听觉、触觉在虚拟场景中进行体验。未来虚拟现实技术的研究仍将延续“低成本、高性能”原则，从软件、硬件两方面展开，发展方向主要归纳如下。

（1）近眼显示技术。

近眼显示技术轨道呈现螺旋上升趋势，可变焦技术将成为下一代高端 VR 终端标配近眼显示技术，预计 2 ~ 5 年成为主流。焦面显示器技术结构复杂，所需的 SLM 较昂贵、图像分辨率较低、显示视场偏小等技术瓶颈尚需攻克，预计 5 ~ 10 年有望成为主流。针对 AR 应用的近眼显示技术主流发展方向倾向于图像元器件（OLEDoS、LCOS）和显示光学器件（如光波导、折返光学透镜、自由曲面棱镜）等。另外，业界在积极探索显示计算化，即近眼显示不仅可显示内容，同时还将计算用户状态。

（2）虚拟现实网络传输支撑技术。

对于虚拟现实带宽高、时延敏感等业务特性，要求优化适配各类网络传输技术，在接入网方面，Wi-Fi6、5G 将作为主要的接入网支撑技术。Wi-Fi 技术可实现虚拟终端的移动化（无绳化），同时技术相对成熟、应用成本低、网络改造小。基于 802.11ax 的 Wi-Fi6 技术引入新的特性，具备更优的抗干扰能力、传输速率与并发能力，可处理来自多个 VR 用户的不同类型的流量。5G 引入新空口（New Radio）、大规模天线等关键技术提供超大带宽（10 ~ 20 Gbit/s）、超低时延（1 ms）及超高移动性（500 km/h）等网络能力确保虚拟现实体验，2019 年，以云化虚拟现实为重点业务场景已实现 5G 首波市场商用。未来随着 5G 目标网的建设可为 VR/AR 业务提供极致体验。在承载网方面，简化传统网络架构、云网协同契合、FlexE、MEC 等技术需要适配 VR 业务的发展要求。在数据中心方面，主动拥塞控制、以应用需求为中心的拥塞控制策略亟待发展。

（3）精细化渲染成为渲染处理的发展趋势。

传统的算力堆叠这一粗放式的渲染方式难以在渲染质量、时延与成本间取得平衡，未来精细化渲染成为主攻方向。从渲染质量上看，精细化渲染趋势呈现为分辨率、帧率等静态画质的持续提升，以及虚拟现实用户对动态光影等更高视觉保真度的追求；从渲染性能上看，反映出对渲染负载的差异化处理，以及渲染时延与功耗的约束控制；从技术创新上看，表现为端云协同的混合渲染及软硬耦合的渲染优化。

（4）感知交互中多感官交互技术路径多元化。

感知交互技术在 VR/AR 领域的发展路线有所差异，就 VR 而言，感知交互侧重于多感觉通道交互；对于 AR 而言，感知交互侧重于基于机器视觉的环境理解。在感知领域，由内向外追踪定位、手势交互、机器视觉等有望在 5 年内成为虚拟现实的主流技术。在交互领域，沉浸声场、眼球追踪与虚拟行走等有望在 5 年内成为虚拟现实的主流技术。

（5）内容交互性不断提高，推动内容制作要求不断提高。

在内容采集环节，由于 360° 无死角拍摄，工作人员站位、观众视觉兴趣点引导、多相机同步控制等新问题为内容采集带来挑战；在内容编辑环节，多频间精准拼接缝合、虚拟化身等技术成为编辑技术热点；在内容播放环节，多面体投影成为发展方向；在内容处理与承载方面，3D 化与实时性成为操作系统技术面向虚拟现实创新的重要技术方向。

4. 沉浸式技术面临的挑战

当前，沉浸式技术相关的产业面临以下 4 个方面的挑战。

（1）软硬件技术的局限性。

相关设备普遍存在使用不方便、效果不佳等情况，难以达到虚拟现实系统的要求。硬件设备品种有待进一步扩展，在改进现有设备的同时，应该加快新设备的研制工作。虚拟现实系统应用的相关设备价格也比较高。

目前，大多数虚拟现实软件普遍存在语言专业性较强、通用性较差、易用性差等问题。同时，由于硬件设备的诸多局限性，软件开发费用也十分巨大，并且软件所能实现的效果受到时间和空间的影响较大。很多算法及相关理论也不成熟，如在新型传感和感知机理，几何与物理建模新方法，基于嗅觉、味觉的相关理论与技术，高性能计算，特别是高速图形图像处理，以及人工智能、心理学、社会学等方面都有许多挑战性的问题有待解决。

烦琐的三维建模技术有待进一步突破。给予图形的虚拟环境首先要解决的问题是三维造型。当图形渲染技术在向实现真实感迈进时，生成精确三维模型的过程相对困难，技术有待进一步突破。即使可通过三维激光扫描技术简化模型构建过程，大部分模型也需要高水平的专业人士人工绘制，使周期和成本都居高不下。

（2）兼容性、适配性标准体系尚需建立。

虚拟现实设备的标准体系不完善，虚拟现实技术、产品和系统评价指标体系尚不健全，虚拟现实产品的性能和质量没有标准规范，硬件、系统、内容之间的兼容性差。软件开发工具、数据接口、人体健康适用性等标准尚未明确。虚拟现实设备之间、设备和应用之间的标准尚未建立。行业级虚拟现实软硬件标准以及工业互联网设备、产品之间标识解析、数据交换、安全通信等标准尚未出台，行业应用方对大规模使用虚拟现实产品缺乏信任。

（3）内容供给生态和商业模式尚未形成。

虚拟现实内容数量依然偏少，缺乏高品质视频内容和高流行度游戏，杀手级应用尚未出现，不能满足消费者需求，尚未出现行业标杆级的作品。并且我国虚拟现实生态圈呈现各自为战、小而散的态势，协同化的产业格局尚未形成，集约化的平台能力有待提高，差异化、特色化的发展定位尚不明确。面向消费者的虚拟现实开发内容缺乏变现渠道，尚未形成良好的产业生态和正向循环。与 5G、工业互联网、新媒体等重大领域的融合创新程度还需要加强。

（4）应用落地尚未规模化，示范辐射能力较弱。

目前，部分虚拟现实应用示范停留在“看上去很美”的状态，即缺少规模化、产业级应用，内容雷同程度较高，用户体验以单机版、孤岛式为主。在“虚拟现实 + 行业应用”开发过程中，双方的需求对接困难，产业断点接续也较为困难，在行业中的实际应用和辐射能力尚未达到一定高度。

2.3 网络化相关技术趋势

2.3.1 区块链

1. 区块链的概念

区块链是一个“去中心化”的数据库，即一种按时间顺序将数据区块以顺序相连的方式组合成的一种链式数据结构，并以密码学的方式保证其不可篡改和不可伪造的分布式账本，具有“去中心化”、开放性、“自治性”、匿名性、信息不可篡改等特征。负责记账的每台计算机都是一个节点，每个节点都是中心。区块链通过竞争记账的方式解决了“去中心化”的记账系统的一致性问题以及互联网上的价值互认、重复支付等问题。

2. 区块链的功能和价值

互联网是大数据在虚拟空间的复杂互动和开放联系。这种复杂互动和开放联系是无界、无价和无序的。从人人传递信息，到人人交换价值，再到人人共享秩序，互联网也经历着从信息互联网到价值互联网再到秩序互联网的演进过程。这种从低级到高级、从简单到复杂的演进，正是把不可拷贝变成可拷贝的一种数据形态，本质上是以人为中心的数据流在虚拟空间中的表现状态。这种表现状态的无边界和可扩展使我们对数据流不可确权、不可定价、不可交易、不可追溯、不可监管。

区块链的诞生为互联网带来了曙光，区块链技术的应用打破了互联网无序、混沌、不安全的状态，并试图构建一个更加有序、安全、稳定的新世界。区块链通过超级账本技术、智能合约技术和跨链技术建立起一套共识和共治机制，这套机制通过编程和代码把时间、空间、瞬间多维叠加所形成的数据流加以固化，形成可记录、可追溯、可确权、可定价、可交易的技术约束力。

区块链最大的好处是解决信用危机和信用成本问题，最大限度地鼓励协作型文化。目前，区块链已在商品溯源、版权保护与交易、电子证据存证、财务管理、精准营销、大数据交易、工业、能源、医疗、数字身份、物联网、公益、电子政务等方面发挥重要的支撑作用，促进数据安全互联互通。

3. 区块链的演进趋势

区块链技术已经上升到国家科技战略层面。2016 年 12 月，国务院印发的《"十三五"国家信息化规划》中首次提及区块链，并将其与量子通信、AI、虚拟现实、大数据认知分析、无人驾驶等技术一起作为重点前沿技术，明确提出须加强区块链等新技术的创新、试验和应用，以实现抢占新一代信息技术主导权。其次，国内外相关行业也在加速制订解决区块链的关键技术问题的标准，促进区块链产业生态化发展。为把握区块链产业发展机遇，抢占区块链产业发展制高点，各地政府及时出台区块链技术和产业发展扶持政策，让区块链产业迎来一次新的爆发。

目前，各地政府积极从产业高度来定位区块链技术，把握技术升级带来的产业升级新机遇。例如，2018 年 3 月，河北省政府印发的《关于加快推进工业转型升级建设现代化工业体系的指导意见》，提出积极培育发展区块链等未来产业，打造世界级高端高新产业集群。2018 年 4 月，国务院批复了《河北雄安新区规划纲要》，强调重点发展信息技术产业，要求超前布局区块链、太赫兹、认知计算等技术研发及试验。

区块链作为"价值互联网"的重要基础设施，正在引领全球新一轮技术变革和产业变革，成为技术创新和模式创新的"策源地"。目前，区块链逐渐成为"价值互联网"的重要基础设施，很多国家都开始积极拥抱区块链技术，开辟国际产业竞争新赛道，抢占新一轮产业创新的制高点，以强化国际竞争力，在区块链这一"新赛道"争取先发优势。根据 IBM 区块链发展报告数据显示，全球九成的政府正在规划区块链投资，并在 2018 年进入实质性阶段。

目前，我国已经具备较好的区块链产业发展基础，拥有广泛的区块链技术应用落地场景。下一阶段将继续加快公链等"价值互联网"基础设施的建设进展，积极建设具有"中国特色"的区块链产业生态。目前区块链在供应链金融、征信、产品溯源、版权交易、数字身份、电子证据等领域快速应用，为构建现代化经济体系做出重要贡献。未来，区块链技术将加快在产业场景中的广泛应用，与实体经济产业深度融合，形成一批“产业区块链”项目，这将会成为区块链技术的应用趋势。区块链的不可篡改、可追溯、公开透明的特性，使其能提供一种通用技术和全球范围的解决方案，不再通过第三方建立信用和共享信息资源，将全面开启共享经济新时代。

4. 区块链面临的挑战

（1）“去中心化”与传统监管模式的本质矛盾。

目前对区块链的监管主要体现在货币系统和金融领域，这是因为其关系到一国的经济秩序和金融体系稳定。

虽然少数承认数字货币的国家和地区已基本出台了相应的监管政策和举措，但具体监管效果还不确定。另外，除了对明显违法行为的监管之外，还需要对技术规则本身进行规制。区块链的“去信任化”功能并不能克服技术设置本身的“不诚信”问题，以技术为包装的规则失衡因具有隐秘性而使监管更加困难。

对数字货币的监管和数字货币应用本身是一对矛盾的存在，传统的监管模式是集中化的、反匿名的，这无疑与区块链技术“去中心化”的本质特点相悖；更深层次的悖论则在于数字货币背后的科学技术与监管体系之间的价值追求并不相同，前者奉行“去监管”哲学，崇尚自由开源，而后者则强调风险防控与化解，追求效率、安全与公平的动态平衡。

（2）“去中心化”与“再中心化”的循环悖论。

“去中心化”是区块链区别于其他传统系统的主要特质，从某种意义上来说，其所有的革新意义也都源自于此，“去信任化”“自治性”是“去中心化”在技术规则赋权下意义的延伸。然而，区块链的“去中心化”并没有那么绝对。

（3）“智能合约”与现行法律制度的对接难题。

区块链应用除了面对监管系统缺位、监管规则空白的挑战外，还需要克服与现有法律系统的对接和协调问题，才能获得正式的合法性地位，这主要体现在智能合约的应用方面。目前，关于智能合约的论述大多集中于强调其如何实现可编程金融以及如何取代中介机构等方面，而忽略了智能合约与现有法律系统尤其与合同法的协调和兼容。

首先是关于语义解释和表达效力问题。在现实生活中，受限于语义表达多意性和客观情况的多变性，往往会出现法律未规定或双方未约定的情形，需要对法律规定或合同条款进行解释，且这种解释往往涉及复杂的利益权衡和价值判断，应依靠具有公信力的第三方从中裁决，但智能合约完全依靠计算机语言写就的程序在缔约方之间实现验证和执行，这必然会引发一个根本性问题，即程序代码是否能够精确地表达合同条款的语义以及合同条款是否能准确表达当事人的意思，如果不能表达，那么对于代码的语义应如何解释、由谁来解释，以及最为关键的一点——其是否属于被合同法所认可的有效合同形式？

其次，在智能合约执行过程中，一切均须按照事先设定好的代码执行，而不考虑缔约方当下的真实意愿。如果一方当事人某一操作失误或希望有其他选择，代码程序并未提供可修改的替代方案，则所谓的“智能”并不智能，以致合同法上的合同变更、撤销和解除等制度根本无从适用，而这不免让人担心“智能合约”在提高效率的同时可能也牺牲了一定的公平和自由。

“智能合约”虽然在某种程度上实现了技术与法律的协同，但还需要现行法律制度的进一步确认。

（4）“共识机制”下技术与现实的差距。

“共识机制”是区块链技术的重要部分，处于区块链技术架构的底层。区块链系统中的各节点能够在没有第三方信用机构存在的情况下对某一行为记录认可，原因即在于各节点自发地遵守一套事前设定好的规则，该规则可以直接判断行为记录的真实性并将判断结果为真的记录记入区块链中，这种判断规则就是“共识机制”，其是区块链应用得以实现的技术保障。

在现实中，个人行为往往具有很强的波动性，上述观点所主张的思想往往会打破治理主体与公众间原有的平衡，导致决策共识更难实现，以太坊的几次分叉充分说明了这一问题，因利益和价值观差异，社区内用户的主张不可能完全一致，如果再将其应用于整个社会，共识的难度可想而知。

2.3.2 5G

1. 5G的概念

为了应对未来移动数据流量爆炸性的增长、海量的设备连接、不断涌现的各类新业务和应用场景，第五代移动通信系统（5G）应运而生。IMT–2020(5G）推进组提出，5G 由标志性能力指标和一组关键技术来定义。其中，标志性能力指标指“Gbit/s 用户体验速率”，一组关键技术包括大规模天线阵列、超密集组网、新型多址、全频谱接入和新型网络构架。

5G 具备比 4G 更高的性能，支持 0.1 ~ 1 Gbit/s 的用户体验速率、每平方千米 100 万的连接数密度、毫秒级的端到端时延、每平方千米数十 Tbit/s 的流量密度、每小时 500 km 以上的移动性和数十 Gbit/s 的峰值速率。其中，用户体验速率、连接数密度和时延为 5G 最基本的性能指标。5G 还需要大幅提高网络部署和运营的效率，相比 4G，频谱效率提升 5 ~ 15 倍，能效和成本效率提升百倍以上。

2. 5G的功能和价值

4G 改变生活，5G 改变社会。2020 年，5G 网络商用将带我们进入“信息随心至，万物触手及”时代。5G 将使信息突破时空限制，提供极佳的交互体验，为用户带来身临其境的信息盛宴；5G 将拉近万物的距离，通过无缝融合的方式，便捷地实现人与万物的智能互联。5G 将为用户提供光纤般的接入速率，“零”时延的使用体验，千亿设备的连接能力，超高流量密度、超高连接数密度和超高移动性等多场景的一致服务，业务及用户感知的智能优化，同时将为网络带来超百倍的能效提升和超百倍的比特成本降低。

5G 网络包括 3 类典型场景。

（1）增强型移动宽带（eMBB，enhanced Mobile BroadBand）：主要场景包括随时随地的 3D/ 超高清视频直播和分享、虚拟现实、随时随地云存取、高速移动上网等大流量移动宽带业务，带宽体验从现有的 10 Mbit/s 量级提升到 1 Gbit/s 量级，要求承载网络提供超大带宽。

（2）高可靠低时延通信（uRLLC，ultra Reliable & Low Latency Communication）：主要场景包括无人驾驶汽车、工业互联及自动化等，要求极低时延和高可靠性，需要对现有网络的业务处理方式进行改进，使高可靠性业务的带宽、时延是可预期、可保证的，不会受到其他业务的冲击。

（3）大规模机器通信（mMTC，massive Machine Type Communication）：主要场景包括车联网、智能物流、智能资产管理等，要求提供多连接的承载通道，实现万物互联，为减少网络阻塞瓶颈，基站以及基站间的协作需要更高的时钟同步精度。

3. 5G的演进趋势

我国 5G 技术试验于 2016 年 1 月全面启动，由 IMT-2020（5G）推进组牵头，分为关键技术验证、技术方案验证和系统方案验证 3 个阶段推进实施。IMT-2020（5G）推进组设立了 MTNet 实验室，并设立了测试外场，邀请国内外主要运营、设备、芯片、仪表企业和研究机构共同参与。目前 3 个阶段测试均已完成。

2018 年 11 月，工业和信息化部确定向中国移动、中国联通以及中国电信三大电信运营商分配 5G 频谱。随着 5G 建设的逐渐推进，我国三大电信运营商也相继发力，各自确立了首批试点城市。三大电信运营商共计确立试点城市 18 个（包含雄安新区），随着试点的逐步推进，未来将进一步加快推进 5G 网络建设，并力争在 2020 年实现 5G 的大规模商用。

2019 年 6 月 6 日，工业和信息化部向中国电信、中国移动、中国联通和中国广电正式颁发 5G 牌照。这标志着我国正式进入 5G 商用元年。随后华为、中兴、OPPO、vivo、小米等各大厂商发布了 5G 手机，并在 2019—2020 年陆续面市。2019 年 9 月 9 日，中国电信与中国联通签署了《5G 网络共建共享框架合作协议书》（以下简称《合作协议书》）。根据《合作协议书》的内容，中国电信将与中国联通在全国范围内合作共建一张 5G 接入网络，共享 5G 频率资源，5G 核心网各自建设。

2020 年 6 月支持全业务的 R16 完整版本 5G 标准冻结，5G 模组也会于 2020 年上市。按照 2020 年 5G 正式商用推算，预计当年将带动约 4 840 亿元的直接产出，2025 年、2030 年将分别增长到 3.3 万亿元、6.3 万亿元，10 年间的年均复合增长率为 29%。在间接产出方面，2020 年、2025 年和 2030 年，5G 将分别带动 1.2 万亿元、6.3 万亿元和 10.6 万亿元的间接经济产出，年均复合增长率达到 24%。此外，预计 2030 年，5G 将带动超过 800 万人就业，主要来自于电信运营和互联网服务企业创造的就业机会。

4. 5G面临的挑战

中国 5G 发展主要面临以下挑战。

第一个挑战是技术成熟性。我国的 5G 商用时间不长，主要亮点还只是宽带移动接入，还没有经受大流量、大连接、高可靠、低时延的充分考验。尽管我国已在全球率先开展独立组网的大规模建设，将启动基于服务的网络体系和虚拟化及网络切片等新功能，为面向工业互联网和车联网的应用奠定了基础，但目前软件定义网络（SDN，Software Defined Network）、网络功能虚拟化（NFV，Network Functions Virtualization）、SRv6（SR+IPv6）、网络切片等大规模组网技术尚未得到验证，我们依然面临 SA 探路的风险。

第二个挑战是运维的成熟性。在 SA 的网络体制下，对于全网复杂路由的 SDN，我们缺乏运维经验。网络切片和现有网络如何兼容也是问题。全网集中一个网络运维系统有利于业务和网络资源的大数据统计和智能分析，能自动生成通信设备和服务的全局优化编排方案，但处理能力和处理时延都难以满足要求。如果按区域设置 OSS，那么各个 OSS 需要与中央 OSS 互通，这也会引入时延。此外，关于边缘计算，如何合理设置边缘计算的粒度是实践中需要探索的问题。

第三个挑战是产品成熟性。低功耗、低成本的 5G 终端是大规模商用的瓶颈，目前市场上的 5G 基带芯片以 7 nm 工艺为主，而下一代更高工艺水平的芯片在国外已经开始发布了，我们国家自研的新一代 5G 终端芯片的供应链有受制于人的风险，芯片的持续创新压力很大。同时，5G 的频率高、电磁波穿墙能力差，使室内覆盖占移动网建设投资比例的成本更高，包括 5G 的终端测试仪表和网优仪表以及国产手机的新一代操作系统和运用平台的成熟性、可靠性、兼容性都还有待考验。

第四个挑战是市场的成熟性。目前，公众对 5G 的认识是带宽更宽、速度更快，但这并不足以迅速扩大用户群，用户需要有更高价值的体验，产业还需要着力开发能发挥 5G 特点的应用。现有的行业终端是基于 5G CPE 的方式，这种方式难以呈现真正意义上的 5G 行业应用效果，我们需要规格、品种丰富的 5G 行业的模组和芯片，而且要让模组和芯片有更高的适应性，也就是通过中间件能适应多场景的需求，以便降低成本。此外，需要关注的是，市场的培育还涉及法规问题。远程医疗、无人驾驶、机器人和工业互联网的应用涉及产业安全、人身安全、隐私保护以及伦理，超出了现有法律规范的内容，需要加快完善与 5G 应用有关的法律法规体系。

第五个挑战是 5G 的安全可靠性。首先 5G 要虚拟化，虚拟化模糊了网络的物理边界，虚拟的安全域会动态地变化，依赖物理边界防护的传统安全机制很难满足，容易成为网络安全攻击的对象。然后是 5G 的开放性，5G 能把一些业务开放给客户自定义和调配，但是这增加了第三方对网络操控的风险，更容易受到外部攻击。其次是 5G 大连接，一平方千米 100 万个传感器联网，而且永远在线，很容易成为拒绝服务攻击的跳板，一个一个去印证会引起信令风暴。最后，5G 会采用大数据，我们用失真的数据训练神经网络可能会造成决策错误，而且很难发现错误，人工智能的结果是不可解释的。

2.3.3 智能空间

1. 智能空间的概念

智能空间将会是一个由数字组成的智能化空间。在这种环境下，各种数据都能通过智能计划进行采集，通过大数据技术进行梳理，通过人工智能技术进行识别，通过物联网技术进行链接。在这一环境下，我们将会享受更为智能化的生态系统服务，各个系统之间能形成一个生态圈，各个系统和技术之间能够相互关联、相互协作，并且相互开放学习，它也将会为我们提供越来越好的工作和生活环境。智能空间的目标是营造一种能自动变化的舒适空间，让众多人群在这一空间中高效交流、开心工作，如数字工作场所、智能家庭、智能工厂以及智能城市。

市场正加速进入提供强大的智能空间的时期。Gartner 最早将这个趋势称为“智能办公室”。如今，智能空间指的是借助数字孪生、自主性的边缘和沉浸式体验技术，把物理环境与数字环境更加智能地连接起来。例如，未来有大的新闻事件发生时，用户配戴的眼镜会发送信息。这种3D立体式的体验会将数字化资讯融合起来，最终触达使用者。

2. 智能空间的功能和价值

智能空间的应用场景非常广泛。从理论上讲，每一个空间都可以成为智能空间，比如在智能的工作场所，智能的硬件、软件使员工和员工之间的协同更加顺畅；智能识别刷卡、智能联网预约、智能定位寻车、智能环境控制等智能化的环境和服务；采用物联网技术、3D打印技术，使工厂变成智能工厂，从而提高生产效率，为客户提供定制化产品；供应链和物流协同，使整个供应链更加顺畅、高效、便捷。同时，智能家居，包括智能灯泡、智能家用电器（如空调、电视、冰箱等）也在向着越来越智能化的方向发展。

智能空间推动孤立系统向开放、连接、协作的智能生态系统转变，智能城市也是智能空间非常典型的例子。智能城市的目标愿景是创造城市生活质量的透明度，促进公民参与和自我发展。智能城市是一个框架或合作，而不是一组技术或业务战略。它是一种不断创新的生态环境，在这个过程中可以建设一个又一个有限生命力的智能系统，无数智能系统不断被创造出来又不断被更新、淘汰，智能城市可以促进自主涌现智能，将更多地利用AI与数据，更加依赖于智能决策，减少人工干预，在不同领域能够更开放、更融合。

3. 智能空间的演进趋势

智能空间围绕5个关键维度：开放性、连接性、协作性、智能性和应用范围进行能力升级，如图2-2所示。

从长远来看，智能空间将发展为智能环境，其中，多元实体在数字生态系统中协调活动状态，并推动特定情境化的服务体验。在智能环境发展阶段中智能空间终极体现为有丰富的数字孪生模型，包括人、流程和事物，事件驱动结构将取代以前的预编码程序和集成。虚拟助手和独立代理将监视和协调内部多个系统的活动。开放的数据交换和区块链的使用将降低生态系统中不同参与者与系统之间的摩擦成本。在不升级整个环境的情况下向现有环境添加新的能力也是很有可能的。

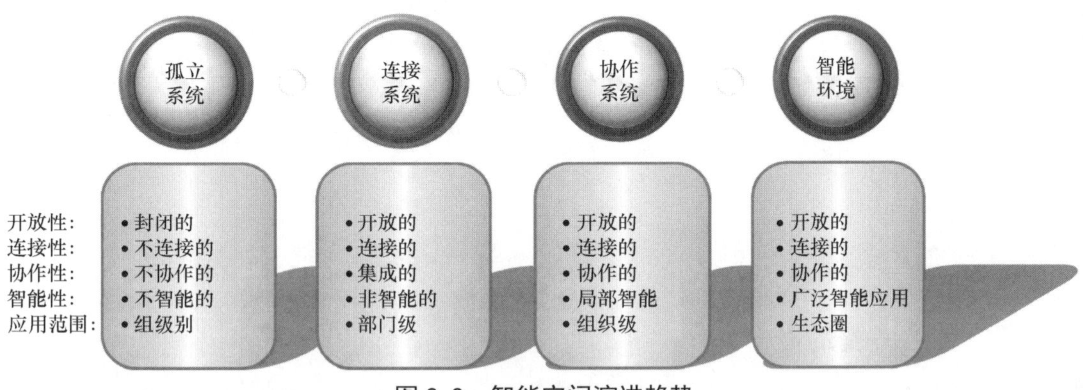

图 2-2　智能空间演进趋势

4. 智能空间面临的挑战

智能空间是一种智能化环境，侧重业务、技术、制度、标准等的综合集成与优化。局部范围的智能空间打造可能到 2023 年可以完成，如智能家居、智能社区等，但是更广域范围的智能空间环境模型最早要到 2028 年才能实现。

我国智能家居虽经多年发展，但与欧美发达国家比进度缓慢，面临的挑战主要包括服务不完善、缺少标准和多样化、不智能、价格高等。目前，我国智能家居的相关技术和服务还不够完善，并未出现行业的领头羊带动行业的发展趋势。此外，在家居设计中并未体现出来，个性化的生活方式也未被整合，缺乏整体意识，并未形成智能家居的热潮，不成熟的技术难以取得客户的信任。同时，由于企业商业化、以效益为主、技术专利化形成多个技术标准的“拉帮结派”，行业标准很难被统一，因此，无法实现成果共享。另外，家庭有多个功能区，家电设备也非常丰富，整合多样化的家居设备，使它们能够整体提供家庭智能体验并不容易；智能家居价格居高不下，普通家庭难以承担这类消费；智能家居在收集有关个人信息的同时，个人数据信息面临泄露和被盗用的风险。

智能社区是一个新生事物，其面临的主要问题有智能社区服务平台、基层政府治理、社会公共服务管理等。在智能社区服务平台方面，主要面临顶层设计不完善、信息安全保障不健全、服务系统集成化程度低、平台整合维护能力滞后、缺乏统一的技术标准、网络互动交流不活跃、服务系统共享性差、数据采集方式单一等问题；在基层政府治理和社会公共服务管理方面，则主要面临管理制度和信息化使用等问题。

2.4 智能化相关技术趋势

2.4.1 自主设备

1. 自主设备的概念

自主设备使用 AI 来自动执行以前由人类执行的功能。它们的自动化超越了刚性编程模型提供的自动化，主要利用 AI 与周围的环境和人自然地交互。自主事物有多种类型，在现实世界中通常以运行的物理设备的形式呈现，如机器人、无人机和自动驾驶汽车。另外，还包括 AI 辅助的物联网设备，例如，工业设备和智能电器，也是一种自主事物。自主设备或事物可以在许多不同级别的环境中具备运行能力、协调能力和智慧。

自主设备沿着一系列自主权运行，从半自主到完全自主。当用来描述自主设备时，“自主”一词是可以解释的。当 Gartner 使用这个术语来描述自主设备时，意思是这些物件可以在限定的背景下无监督地运行或完成任务。自主设备可能有不同程度的自主性。例如，自导向真空吸尘器可能具有有限的自主性和智能性；而无人机可以自动躲避障碍物，从门窗飞进大楼。

2. 自主设备的功能和价值

自主设备专注于人们的日常范围，特别是人类活动的自动化。自主设备在传统手动和半自动任务中有比较多的切入机会，主要使用场景如下。

（1）预防犯罪。微软、优步（Uber）和其他技术巨头使用 K5 自动巡逻机器人进行分析和参与预测与预防犯罪。

（2）送货、清洁和扫描。送货机器人是一种小型的自动驾驶吊舱，可以在人行道上操作，提供“最后一公里”交付解决方案。它们能够感知人和障碍物并在其周围导航。与“最后一公里”交付相关的成本占物流交付总成本的 28%。另外，自动机器人还可以清洁地板；一些商店通过自动机器人扫描仪进行收银结账，这也将减少收银员的人工成本。

（3）更安全的汽车运输。自动驾驶车辆可以导航并驾驶从起点到指定目的地的部分或全部距离，无须人工干预。它们利用机载传感和定位技术，如激光雷达、雷达、照相机、全球定位系统和地图数据，并结合基于人工智能的决策能力来实现这一目标。无人驾驶汽车将带来重大的社会惠益，包括减少事故、伤亡以及改善交通管理，这可能影响社会经济趋势。

（4）医疗辅助诊疗机器人。医疗辅助诊疗机器人包括导诊机器人，可以在医院来回巡视，与人进行实时语音对话，通过语音识别、触摸交互、移动互联等方式，为人提供智能化和人性化的咨询、引导、预约、宣传、迎宾等服务。可节省人力成本，提升导览效率，增加医院的效益，提升医院形象。

3. 自主设备的演进趋势

群体智能。针对自主设备，未来将逐步由独立的个体转变为一群协作的智能事物，如群体机器人将会由许多自主的机器人构成，具有典型的分布式系统特征。群体机器人技术更加注重研究结构简单且能力有限的机器人个体。个体通过局部交互和群体控制涌现出群体智能，它们通过合作完成相对复杂的任务。例如，如果一架无人驾驶飞机检查了一大片油田，并发现油田已经随时可以开采，它可以派遣一台“自动采油机”去执行任务。

人机协作。智能设备已成为人类的亲密伙伴，人类和智能设备之间的相互作用和合作将成为未来社会的组织部分。多人共智能体协作、共同决策在电商、游戏、医疗健康等领域有广泛的应用前景。人类对开放系统中不确定性问题的分析和认知与智能设备超强的逻辑性和计算能力相互耦合，两者协同完成指定的任务。目前会通过置信度对智能系统的可靠性进行保障，但有些场景下还需要人类的干预，如医疗诊断和司法审判系统。为了消除人工智能认知局限性所造成的风险及危害，需要引入人类监督、互动和参与来进行核查。

4. 自主设备面临的挑战

自主设备要想被广泛采用，必须通过技术、规则和文化三重临界点限制。

（1）在技术方面，实现自主设备的技术正在迅速成熟并将加速。目前国内外智慧驾驶技术多处于 Level 2 ～ Level 3 的水平，虽然关于 AI 的系统和算法已经日趋成熟，但是许多自动驾驶的测试环境还处于实验阶段，目前 AI 在无人驾驶领域即将落地的应用包括无人货运、无人共享汽车。

（2）在规则方面，2017 年 7 月，我国发布的《新一代人工智能发展规划》提出建立人工智能法律法规、伦理规范和政策体系，形成人工智能安全评估和管控能力。2019 年 2 月，美国总统特朗普签署行政令，启动“美国人工智能倡议”，提出制订与伦理有关联的人工智能治理标准。在不同的领域也正在探索相应的行业规则，如管辖区允许对公共道路上的自动驾驶汽车进行有限的测试。自动驾驶汽车将为消费者的流动性带来革命性的变化，它需要一种与当今车险模式完全不同的车险模式。风险已经从驾驶者转移到了汽车制造商，以及人工智能导航系统的运行状况。全球范围内都有各式各样的无人机管理条例，大多数国家都要求无人机配备人工操作人员，并在视线范围内飞行。

（3）在文化方面，人们对自动驾驶汽车的接受程度参差不齐。2018 年的盖洛普调查发现，52% 的美国成年人从来不想使用无人驾驶汽车。美国是无人驾驶汽车技术发展的领头羊，但也是消费者对自动驾驶汽车接受程度最低的国家。

2.4.2 增强分析

1. 增强分析的概念

简单来说，增强分析就是在传统分析功能中加入更多的增强功能，同时将 AI 技术赋能商务智能（BI，Business Intelligence），而更具体地，则是将机器学习（ML，Machine Learning）技术和自然语言处理（NLP，Natural Language Processing）技术应用在 BI 领域的数据与分析中，可以帮助分析人员对数据进行自动化或更细维度的分析，并进行更加精准的模型训练，从而满足更多的数据分析需求。

2. 增强分析的功能和价值

与传统的人工数据探索相比，增强分析技术采用一系列算法和集成学习技术，向用户解释可执行的结果，降低丢失重要数据结论的风险同时优化决策和执行措施。增强分析能够使商业决策偏差更小，情境感知更加客观；能够减少花在数据搜寻和识别错误或不太相关的分析结论的时间，实现数据的快速准备、洞察的自动产生；还可以告诉企业哪些数据的洞察或分享有用，减少分析数据的时间。增强分析带来的最大优势是“普惠高级分析能力”。过去，高级分析只是一些专业人员的专长，但现在所有业务人员均可操作，从而无须雇佣专业的数据科学家来解读数据处理结果，因此，这种商业分析方式更高效、更方便。

基于增强分析技术生成的机器学习模型正在被越来越多地植入企业的应用程序中，帮助 HR、金融、销售、市场、售后服务、采购和资产管理部门等的雇员进行商业决策与执行。表 2-1 列出了各行业运用增强分析辅助决策前后对比。增强分析还具有数据分析功能的会话聊天机器人的关键特性。增强分析技术将使商务人士能够生成询问、分析数据以及通过自然语言技术（语言或文字）在移动终端、个人助手和聊天机器人程序应用中获取和执行结果。

表 2-1　各行业运用增强分析辅助决策前后对比

行业	运用增强分析之前	运用增强分析之后
银行	向年龄偏大的客户提供资产管理服务	发现年龄在20～35岁的年轻客户更倾向于过渡到资产管理
农业	数据科学家花了几个月的时间来建立模型，找到最佳的杂交种子，卖给客户	遗传学专家（非专业数据科学家）直接涉足整个筛选流程，并将筛选时间缩短至几天
保险	找寻影响购买人寿保险的因素	找出一个不为人知的影响购买保险的因素——个人生日的时间——影响了市场和增销/交叉销售率
时装	商人根据过去的经验设立了季节性打折时间表和价格	通过自动产生的给每个商品的打折建议，使利润增加了50%
食品与饮料	瓶装矿泉水在快餐店中的摆放位置不作为决策销量的考虑因素	在重新建模中改变了店址，增强分析系统发现矿泉水的销量增加了20%，从而改变了未来快餐店设计的计划

续表

行业	运用增强分析之前	运用增强分析之后
医疗保健	医疗成本与患者参数、地理位置、治疗方法和医疗机构有关	发现针对特殊的患者人群，一些医疗结构更高效。这个规律能够帮助符合特定特征的患者获得最佳的预防治疗，节省了患者住院治疗的开销

3. 增强分析的演进趋势

未来增强分析将朝着自动预计算、自动化运维、自动化测试验证等技术方面发展。

（1）自动预计算技术和自动查询加速。

预计算是大数据时代保障决策速度的关键技术，通过把决策所需的计算量分为预计算和在线计算两部分，预先完成大部分的预计算工作，从而成百倍地提升在线分析决策速度。人工 ETL 创建的数据汇总表、Cube 多维立方体等都是典型的预计算技术。以 Cube 多维立方体为例，通过预先计算 Cube，在线多维分析的响应时间可以稳定在亚秒级。但是传统的预计算技术需要人工设计、实施与部署，落地周期长、应变慢，因此，限制了其应用的广度和深度。

Gartner 研究报告指出，将会出现一类拥有自动预计算能力的产品。这类产品通过使用人工智能技术，能够从业务查询中自动提炼出预计算模型，并自动进行预计算加速，提供全自动查询透明加速的使用体验。同时，现有的 BI 分析工具可以无须进行任何修改，直接透过自动预计算技术访问海量数据，并获得几何倍数的查询效率提升。

（2）自动化运维。

新型的增强分析系统将基本告别人工运维。从数据入库、数据加工到动态性能调优，绝大部分的人工运维都会被自动化替代。管理员的主要工作只是定义运维目标，比如期望的服务质量（平均查询响应时间、可用性等）、运维时间窗口（系统忙闲时间段）、计算资源配额和存储空间配额（运营成本限制）等。

AI 将根据管理员的要求自动维护整个系统，比如在集群负载过高时，及时添加查询节点，扩容查询资源，提高服务质量；在系统成本过高且不繁忙时，动态地使用“廉价”节点替换一部分计算资源，以控制总体运营成本。自动化运维除了降低人力成本以外，最大的优势是方便业务的高速扩张。

（3）自动化测试验证。

受益于云计算的普及，企业决策者们可以容易地在云上验证一个增强分析产品是否能满足企业在“未来”的业务需求，只要这种需求能够被清晰的定义。例如，企业预测在两年内，业务数据量将增加 10 倍，在线的并发分析访问量增加 200 倍。在云上部署一套系统，随机生成测试数据并测试足量的并发分析压力、收集系统性能和运行成本报告将会是一件非常容易的事情。

增强分析系统将提供这种可验证性，甚至提供自动化工具来帮助实施这种验证。增强的数据分析被 Gartner 誉为“数据和分析的未来”。由 AI 辅助的在线分析决策技术将在不久的将来彻底改造企业对数据的分析和决策能力。

4. 增强分析面临的挑战

尽管增强分析会为未来各行各业的决策分析带来很大的影响，但是在增强分析发展的过程中还要面临很多挑战。AI 需要不断获取新的数据，进行持续且深度的学习，由于自动化分析依赖于统计技术，有偏差或质量差的数据将提供低质量的结果。如何获得高质量的数据信息，准备高质量的数据也是增强分析发展面临的挑战。同时，黑客也可能利用 AI 技术的缺陷产生虚假的、具有目的导向性的数据信息，破坏 AI 系统的正常运行。

2.4.3 AI驱动的开发

1. AI驱动的开发的概念

AI 驱动的开发着眼于将 AI 嵌入应用程序中，并使用 AI 为开发过程创建各类 AI 驱动的工具、技术和最佳实践。通过 AI 驱动开发工具向更加先进的方向演进，未来专业的开发人员可以独立地使用一项服务提供的预定义模型来实现快速业务开发，这种转变将有助于“平民应用程序开发”新时代的到来。

2. AI驱动的开发的功能和价值

AI 驱动的开发为开发人员提供了由 AI 算法和模型组成的生态系统，并提供了将 AI 功能和模型集成到解决方案中的定制开发工具。随着 AI 应用于开发流程，各种数据科学、应用软件开发和测试功能实现了自动化，专业应用软件开发面临新的机会。最终，高度先进的基于 AI 的开发环境使应用软件的功能和非功能方面实现自动化，这将开启“平民应用软件开发”新时代。到 2022 年，至少 40% 的新应用软件开发项目会在团队中由 AI 开发人员协同工作。用于构建 AI 驱动的解决方案的工具正在从针对数据科学家的工具（AI 基础架构、AI 框架和 AI 平台）扩展到针对专业开发人员的工具社区（AI 平台和 AI 服务）。

3. AI驱动的开发的演进趋势

以数据为导向的转变正在促使领先的企业重新思考它们的开发软件方式，同时促使它们重新思考成功应对这种范式转变所需的各种工具和流程。未来加入 AI 支持的软件开发将推动新的代码开发方式，这种开发方式被称为软件 2.0。在软件 1.0 时代，IDE（集成开发环境）帮助人们编写代码，但是在软件 2.0 时代，开发人员的重点工作将是累积和批量处理数据集，它们实际上也是代码。

高度先进的基于 AI 的开发环境使应用软件的功能和非功能方面实现自动化，在这个新时代，非专业人员将能够使用 AI 驱动的工具自动生成新的解决方案，他们无须编写代码就能生成应用软件的工具，我们预计 AI 驱动的系统将使灵活性达到一个新的水平。

4. AI驱动的开发面临的挑战

使用传统的软件开发，版本控制相对容易，但是当基于 AI 驱动的软件开发的更改发生在数据中并且系统内置了针对持续学习的反馈回路时，版本恢复、查找和修复问题将变得非常困难。开发团队能够快照使用的数据并将其存储在存储库中，但同时也要求必须能够开发出用于调整模型的自动化流程，并提前预备一系列后备选项。

因为基于 AI 驱动的开发更多的是基于数据的开发，所以数据安全是其中一项较大挑战。当系统由数据科学家而不是传统软件工程师创建时，安全性可能事后才被重视和记起。第三方和开源 AI 算法也可能有其自身的问题，包括漏洞和不安全的依赖关系，第三方供应商提供的专有代码通常具有专利性并且无法分析。AI 系统需要访问生产数据、训练数据和测试数据。企业通常会忘记锁定后两组数据。此外，数据科学家更喜欢构建自己的 AI 模型以使用非加密的测试数据，而不是使用加密或标记化的数据。这些系统一旦运行，未加密就会成为一个严重的漏洞。

2.5 其他前沿技术趋势

2.5.1 数字道德与隐私

1. 数字道德与隐私的概念

大数据不仅深刻地改变了人们的生活方式、生产方式，还在不断革新人们的思维方式。大数据具有巨大的价值，但随着大数据应用的推广和深入，与大数据有关的权利问题日益突出。例如，个人数据隐私保护、数据使用权限保护、数据价值利益分配等，与之对应的是现行数据法律制度的缺位，这种缺位带来的权利困境成为制约大数据发展的巨大障碍。用户数据权利与平台数据权力之间存在巨大张力，如果处理不好，则会伤及双方。这就要求平台不能随意索权，用户不能随意授权，监管方不能放任发展，要在法律与治理层面逐步“加压”，把选择权还给用户、把安全感还给用户。

数字道德和隐私越来越受个人、组织和政府的关注。我们需要积极构建数据的伦理秩序，消解数据生命循环过程中可能的歧义，促进数据价值一致性的构建和道德信念的树立，其根本出发点和落脚点是围绕数据的利益相关方的价值冲突和利益冲突进行消除和协调，规避风险，开展主体和客体之间的价值协调、利益平衡，尽量消除数据鸿沟，保护好人类的隐私。

2. 数字道德与隐私的功能和价值

大数据技术的发展是一个从信息技术领域更新到波及全社会各领域发展的动态过程，是当下最显著的社会变迁力量。大数据时代，在商业、经济以及其他领域中，将

日益基于数据和分析而做出决策，而并非基于经验和直觉。数据道德秩序的建立将从根本上防范规范真空的出现，为大数据的发展营造良好的环境。

由于数据鸿沟的存在，“富者越富、穷者越穷”的状况也有加剧的趋势，在大数据时代同样也有这样的状况：大数据搜集者和大数据使用者会利用自己手中的技术优势不断获得和利用我们的隐私，我们作为数据生产者则会不断地产生数据而使隐私不断地被泄露和被利用。构建数据道德伦理秩序能更好地保护我们的隐私，梳理共同的道德理念，勾勒数据采集和使用过程中的关系与准则，追求数据效用的最大化。

大数据具有引导公众的行为方式和思想意识的功能特征，人的行为方式及思想意识既受自己的心理行为习惯影响，又受他人或社会的意识及行为限制。建立数据道德伦理秩序能更系统、全面地揭示社会问题的真实面貌、存在的问题和原因。大数据技术内蕴知行合一的价值范式，鼓励自由、参与、共享、自律、互助、平等、双赢、诚信、独立等积极的行为规范也对社会的进步有很大的意义。

3. 数字道德与隐私的演进趋势

2018 年 5 月 25 日，欧盟出台了《一般数据保护条例》（GDPR），用以保护欧盟公民的数据安全，其对世界的数据管理产生了非常大的影响，明确了个人数据权属，将个人作为一个数据主体赋予了前所未有的权利，明确了个人数据如何使用的知情权、数据处理的自由选择权，并且个人数据的“衍生数据”权也属于个人，而不属于企业。《一般数据保护条例》对个人数据包含的内容进行大幅度的扩展，非常严苛，而且有一个长臂原则。

我国针对数据的权利，包括人格权、财产权、知识产权和商业秘密权等主张纷纷涌现。我国 2016 年通过了《网络安全法》，在 2017 年正式实施，也提到了一些个人隐私的规定。《网络安全法》仅规定了权利行使的基本情形，范围非常狭窄，缺乏具体的规定，因此，非常需要尽快推出具有可操作性的配套性制度，将行使条件细化，从而可以在敏感数据主体发现个人数据权益被侵害时，可以立即要求诸如数据的控制者或处理者等任何其他掌握该敏感数据的主体停止侵权行为。

其次，个人信息作为一种法定利益在《民法总则》出台后受到保护，我国已将《个人信息保护法》《数据安全保护法》列入立法规划，下一步也将逐步理顺隐私权与信息权之间的法律关系，进一步保障信息主体的权利。

另外，“数权法”一词由连玉明于 2017 年 3 月首次提出，已经全国科学技术名词审定委员会正式认定。数权法的提出为守住国家数据主权，牢牢把握数权规则制订权和国际话语权，推进互联网全球治理法治化奠定了法治基础，对推动构建网络空间命运共同体具有特殊意义。

4. 数字道德与隐私面临的挑战

完善数据保护相关法律尚未形成共识。我国《民法总则》第 127 条仅仅表明对数据予以保护的立场，但未对数据权属进行明确规定，并且按照我国民法学理念，数据属于无形物，不符合物权客体构成要件，无法将数据纳入既有的物权保护框架内，也无法赋予数据对应的所有权，当前直接落入法律保护权利范围内的数据类型极为有限。我国的学者从隐私权、财产权、知识产权、商业秘密及新型数据权利等方面探讨如何完善数据保护相关法律，但是目前还未形成共识。

当前对数据赋权的必要性也存在一定的争议。虽然目前有很多学者认可将数据纳入民事权利客体，但是数据的特性不是决定数据能否成为民事权利客体的原因。即使客观上允许扩充民事权利客体的范围，对于是否有必要将数据纳入为新的权利客体，采取直接赋权的保护路径尚未达成共识。数据赋权的路径，尤其是赋予数据排他性私权的做法极具吸引力，然而，一项经济利益是否可以被认定为一项“法益”，甚至被进一步认定为一项“权利化”的利益，需要法律的明确界定或法院根据具体情形加以确认。对于超越现有权利保护体系，为数据新设私权或扩大相关法律解释的做法，需要综合考量、详细论证。

数据赋权本身面临制度成本问题。为数据赋权，设定绝对权、排他权的行为本身是一种法律行为，决定了数据相关法律规则的具体范式。需要谨慎分析规则类型带来的不同效果，防止不适当的法律和政策规制成为阻碍创新的“制度瓶颈”。从目前的研究来看，虽然围绕个人数据赋权保护的探讨较多，但是已经有学者在反对直接赋权层面展开了探索，也有学者从利益平衡的角度，主张建立平衡个人利益和社会整体利益的、适应大数据时代的个人信息保护制度，谨慎设定排他支配权。

2.5.2 量子计算

1. 量子计算的概念

量子计算属于量子信息技术三大技术领域之一，其主要是基于量子态受控演化的一种计算技术。量子计算具有传统经典计算无法比拟的巨大信息携带能力和超强的并行处理能力，有望成为未来几乎所有科技领域加速发展的“新引擎”。量子计算机建立在物理学家 Richard Feynman 和 David Deutsch 在 20 世纪 80 年代的开创性思想基础上，利用了纳米级物质的独特性质。它在两个基本方面与经典计算不同。首先，量子计算不是建立在 0 或 1 的位上，而是建立在可以叠加 0 和 1 的量子位上（意味着 0 和 1 同时叠加）。其次，量子位不是孤立存在的，而是被纠缠在一起并作为一个整体存在。这两个属性使量子计算机能够比传统计算机获得更高指数级的信息密度。

量子计算是一种非经典计算，对亚原子粒子（如电子和离子）的量子状态进行操作，这些粒子代表的信息就是由量子位（Qubit）表示的元素。量子计算机的并行执行和指数级可扩展性意味着，它擅长处理对于传统方法而言过于复杂的问题或传统算法需要很长时间才能找到解决方案的问题。

2. 量子计算的功能和价值

在可预期的未来，量子计算机不会完全取代经典计算机，但量子计算依托其在并行计算、量子行为模拟等方面独特的优势，将能够在算力要求极高的特定场景发挥作用，如在量子模拟、量子优化和量子增强 AI 方面发挥重要作用。

（1）量子模拟。

量子力学是自然界最基本的物理原理，量子计算天然适合模拟各类物理、化学过程，能够在更长的时间范围内准确模拟分子行为，因此，能够大幅提升建模精度，在生物药物、能源材料、化学材料等领域可提升研发效率，缩短产品开发周期。例如，在生物医药领域，药物研发的前、中、后期都需要大量数据计算，尤其在中期环节，需要极高的计算能力以支撑分子性质模拟和药品功能设计。

（2）量子优化。

优化问题须从诸多解决方案中找到最优解，对传统计算机而言，在大规模物流网络等复杂系统中，设计满足各种需求的最优路线的计算量很大。例如，对仅有几百个集散地的物流网络而言，穷尽所有可能性，传统计算机需要数十亿年时间。量子计算可大幅提升计算效率，从而在物流运输、航空旅行、交通管制、金融资产管理、网络基础设施等领域提升运营效率。

（3）量子增强 AI。

传统 CPU 芯片难以满足 AI 对算力的需求，量子计算得益于量子并行性，十分适于进行 AI 所需的并行计算，当前量子计算已经开始用于提升机器学习在数据聚类等领域的能力。

3. 量子计算的演进趋势

据 BBC Research 预测，全球量子计算市场规模有望于 2022 年超过 1.5 亿美元，2027 年有望达到 13 亿美元。此外，据波士顿咨询报告，预计到 2035 年，全球市场规模将达到 20 亿美元。从中远期来看，如果量子计算技术迭代速度超过预期，则 2035 年的市场规模可突破 600 亿美元，2050 年有望接近 3 000 亿美元。相比之下，当前全球计算市场的总规模为 8 000 亿美元。

当前世界主要国家高度关注量子信息技术发展，纷纷加大政策和资金支持，力争抢占新兴信息技术制高点。2018 年，美国推出《国家量子计划法案》，计划拨付更多资金，全力推动量子科学发展。2019 年，美国政府发布未来工业发展计划，将量子信息技术等四大关键技术视为未来科技和产业发展的"基础设施"。政策上的持续加码，正不断提升量子计算在美国未来发展中的地位。欧盟在 20 世纪 90 年代即发现了量子计算的巨大潜力，开展相关的合作研究。进入 21 世纪，欧盟从战略层面推出相关的规划及技术。英国、德国和荷兰等国也出台了针对量子计算、量子通信等量子技术的支持计划标准。英国已启动"国家量子技术计划"，计划投资超过 10 亿英镑建立量子通信、传感、成像和计算四大研发中心，推动产、学、研合作；德国提出"量子技术——从基础到市场"框架计划，希望推动量子技术的产业化发展；荷兰已制定了十年期量子计算发展计划。日本于 2001 年起开始量子技术的布局，将该技术作为重点开发和研究的领域之一。2013 年，日本成立量子信息和通信研究促进会以及量子科学技术研究开发机构，将在未来十年投入 400 亿日元支持量子技术研发。2017 年 2 月，日本量子科技委员会发表了名为《关于量子科学技术的最新推动方向》的中期报告，为未来日本在量子科学技术领域的发展明确了方向。韩国重点发展量子通信领域，于 2014 年发布《量子信息通信中长期推进战略》，在量子通信领域的积累使韩国在量子计算领域已具备部分发展基础。

从 20 世纪 90 年代开始，量子计算研究进入快速发展期，2000—2017 年，量子计算的论文年均增长数保持约 10% 的增速。在专利申请方面，全球经历两次量子计算专利申请高潮，专利数持续上升。全球首个基于核磁共振方案的量子计算机原型的问题带动了第一次专利申请高潮，1998—2004 年的量子计算专利申请量剧增。谷歌研究的基于超导的量子计算机带动了第二次高潮，2014—2016 年专利申请大幅增多。在量子计算机方面，利用超导量子器件实现量子计算是当前的主流方案，谷歌、IBM、英特尔均已公布基于超导器件的量子计算芯片方案。目前谷歌已经推出了 72 量子比特的量子处理器，IBM 推出全球首款可商用的量子计算机 Q System One，可操控 20 量子比特。在产业应用方面，传统产业巨头也加入量子计算的产业链中，开展新兴领域的业务拓展。戴姆勒与谷歌达成战略合作协议，共同开展量子计算的研究。基于此合作协议，戴姆勒专业研究团队可以使用谷歌量子计算机，并为未来的出行提供解决方案。该合作是科技企业与传统汽车企业合作的一次创新突破，具有探索意义。波音公司成立了颠覆性计算和网络组织，将探索人工智能、量子通信和计算、神经形态处理等前沿新兴技术在航天领域的应用。

目前，我国在量子计算领域的研究发展较快，但多以理论研究为主，参与者主要是科研机构、高校，在核心论文数量、研究机构数量上处于世界前列，基础研究能力仅次于美国。尤其在多光子纠缠领域，我国一直在国际上保持领先地位，已经实现了 18 个光量子的纠缠。我国第一台“波色取样”在特定任务上超越最早期两台经典光量子计算原型机。但在专利产出方面，我国明显弱于美国、英国、德国、日本等，基础研究成果转化有待加强。在工程化及应用推动方面，国内企业的发展落后于 IBM、谷歌、微软等企业。目前，已有企业发布了量子计算的云服务平台，可模拟十万级纠错电路，同时量子计算模拟一体机原型也已推出。在量子芯片方面，已有企业进行了深入研究，将其作为未来战略发展重点。

4. 量子计算面临的挑战

目前，我国虽然已研制出用于原理验证的小型量子计算机，刺激了大量私营投资跟进。然而，研制和使用量子计算机仍面临若干技术风险。

（1）量子位不能从本质上隔离噪声。传统计算机的“位”是 0 或 1，允许很大的噪声边际，可通过抑制输入端的噪声污染实现无噪声输出，但量子位是 0 和 1 的任意组合，不能轻易地隔离物理电路中的噪声，创建量子位操作时的小错误或物理系统中的杂散信号均会导致量子计算错误。

（2）量子纠错技术不成熟。物理量子位的操作对噪声很敏感，需要在量子计算机中运行量子纠错来校正量子计算，但是执行量子纠错需要更多的量子位，使计算机的开销增大，虽然这对于无错误的量子计算至关重要，但短时间内难以适用。

（3）无法有效加载大数据。虽然量子计算机可以使用较少的量子位表示更大量的数据，但是目前尚无成熟的方法来实现。对于大量数据输入的问题，创建输入量子态所需要的时间会占据大部分计算时间，使量子计算的优势明显减少。

（4）量子算法设计具有挑战性。

（5）量子计算机需要新的软件堆栈。目前研究和开发量子计算机的软件堆栈的有效进展较慢。

此外，我国的量子计算与国外差距还较大。在量子计算机硬件、软件等方面仍然存在重大的技术障碍，已有的研究基本处于原理验证和实验演示阶段，关键技术研发尚处于起步阶段。我国的量子计算与欧美国家的差距体现在以下几个方面。

（1）在整个战略布局方面，相比于美国在量子计算机硬件、软件方面的全面布局和集中攻坚，我国量子软件研发能力显著落后，易导致在国际竞争中长期处于被动状态。

（2）在核心技术方面。例如，在编写量子计算算法、控制量子纠错等方面，我国在实现低错误率提升量子位稳定性的算法方面是技术跟随者。在量子计算算法、体系结构、编码、材料等方面与国外的差距依然较大。在类脑计算方面，因目前整体仍处于单点技术突破阶段，我国与全球基本同步。

（3）在产业生态方面，国内企业对量子计算参与度不高，在技术累积、研发投入以及产业发展方面差距较大，且当前研究的应用侧重于模拟量子系统和帮助互联网公司优化计算能力等方面，缺少前瞻布局。BAT 三大互联网公司对于量子计算的研究均处于起步阶段，技术途径也以跟随国际研发路径为主，缺少全面的战略布局，研发成果与国际龙头企业差距较大。

（4）在人才体系方面，人才体系单一、尚未形成全面培养体系。量子计算机的实现尚且需要较长时间的研发，但量子人才的培养刻不容缓，关乎国际间关于核心技术、综合话语权的综合竞争，甚至直接影响我国国家安全。量子计算属于基础学科的前沿技术，研究准入门槛高，进展难度大，对人才要求较高，使众多研究者望而却步。目前，全球均存在严重的量子计算人才缺口。

Smart City

第3章

智慧城市发展现状

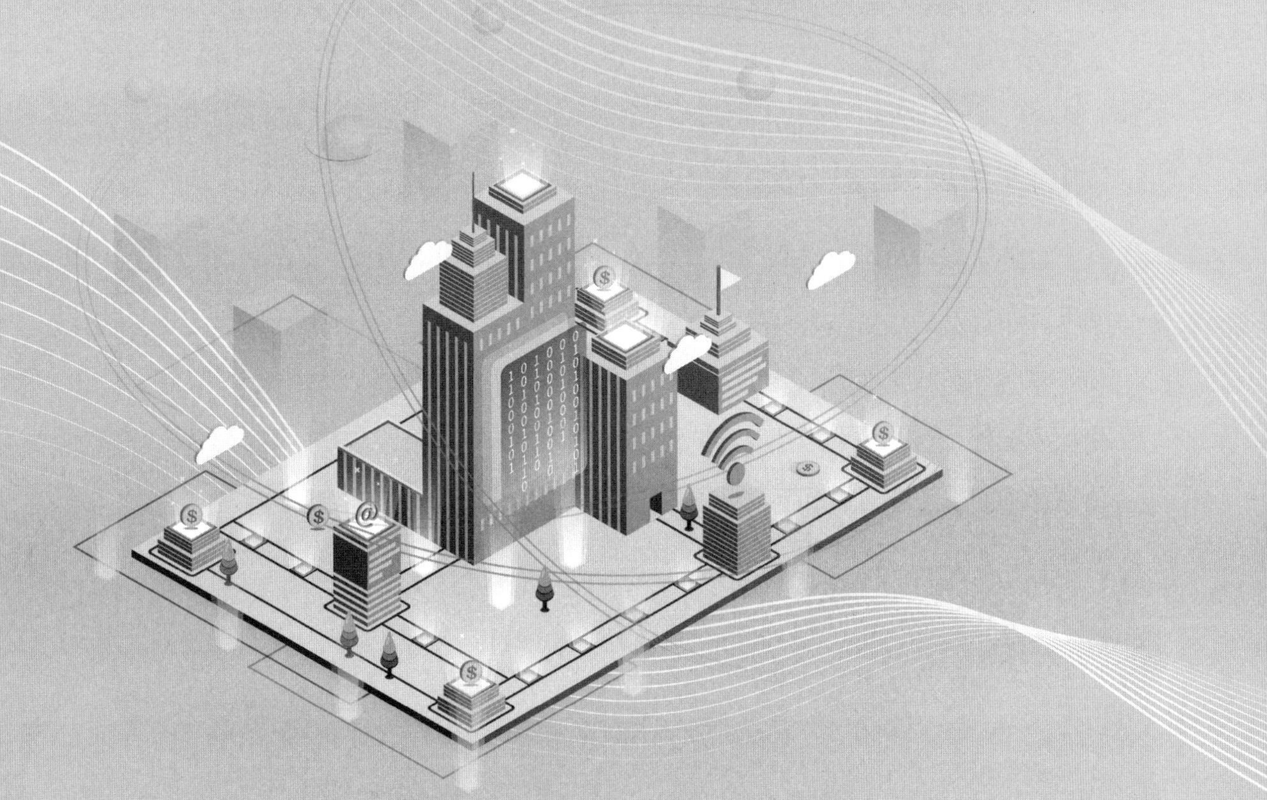

3.1 多国智慧城市落地

目前，全球已启动或在建的智慧城市已达 1 000 多个，欧洲、北美、日韩是智慧城市的领先区域。从智慧城市在建设的数量上看，中国以 700 个试点城市居于首位，且已形成了长三角、珠三角等多个智慧城市群。从特点上看，国际上智慧城市建设集中在能源、交通和循环经济方面，注重绿色低碳、节能环保，项目比较单一，缺乏城市级的整体性、系统性的设计和建设。国内倡导新型智慧城市建设，基础设施、在线政府、信息经济、城市治理、惠民服务全面展开，属于规模化全方位系统工程。在建设模式上，大部分城市的路线是一边补齐行业和领域信息化短板，一边进行资源整合和业务协同，少数城市完成资源整合后率先进入数据驱动治理的阶段。

3.1.1 新加坡

新加坡“智慧国”计划经历了约 40 年共 6 个阶段的演变，政府在整个过程中扮演关键角色，并且对电子政务、信息化高度重视并大力推行，确立清晰明确的发展目标，滚动式不间断地推行各个阶段的计划。在整个城市规划、管理、公共基础设施的建设和维护、社区建设和管理、城市基本的社会服务供给过程中，政府不仅非常重视信息技术的研发和应用，还对城市的治理理念形成了先进的实践，主要包括以下几个方面。

（1）基于超前治理城市的理念弹性管理城市。

基于 ICT 的大数据采集与分析科学预测城市未来的发展态势，通过大数据分析和运用，科学预测城市发展和公众需求的特点及变化趋势。城市管理部门基于未来提前规划和布局城市软硬件公共服务建设与维护，同时以人为本，以公众需求为方向标，始终关注不断变化的公众需求，研究需求特点，并预判需求的发展趋势，从而有针对性地超前规划城市软硬件服务的供给，如提供 One Map、One Service、One Box 等数字服务以及 My Info 一站式政务服务。

与此同时，围绕为城市居民提供可持续、综合性的软硬件公共服务，最终实现城市公共服务“物”的可持续性、智慧性和城市中“人”的多样性需求以及二者的统一，新加坡政府不仅采用自然科学及工程技术方法，还采用了融科学技术方法、经典的管理科学方法和社会科学方法于一体的综合性社会科学研究方法论。其倡导“多中心”与“分权”，鼓励“政社合作”，尤其是政府与各种社会公益性组织，甚至和志愿者个体之间的合作，恰恰是出于应对职能超载压力而试图向社会分权，缩小政府权力边界。例如，新加坡构建了一套政府主导、社会组织和志愿者广泛参与的社区治理模式。

（2）重视各类信息技术应用，构建开放平台。

新加坡的智慧城市不仅仅体现在高科技的信息通信基础设施上，更重要的是建构了一个开放的系统。智慧城市的关键不在于硬件设备，而在于“以人为本、惠及民众”，让城市居民能够“智慧”地参与城市的管理，实现城市管理理念和手段的创新。2015年，新加坡政府与法国达索系统等多家公司、研究机构签订协议，启动“虚拟新加坡”（Virtual Singapore）项目。该项目计划完全依照真实世界中的新加坡，创建数字孪生城市信息模型。在“虚拟新加坡”平台上，政府只是起着间接的支持作用，负责制订规划、搭建平台，投资于技术研发、基础设施建设和教育培训等领域，而广阔的参与空间留给了公众和社会组织。

新加坡政府正在同时打造智慧国家传感平台，并计划设立国家官方网站。该平台部署了西门子公司基于云的开放式物联网操作系统，将统一负责新加坡境内的传感网络设备管理、数据交换、数据融合与理解。另外，新加坡城市基础设施建设均按照高起点、高标准的工程要求进行投入，从环境治理、污水处理、垃圾焚化到智慧城市打造，所有的基础设施建设项目都面向未来，引入世界上最先进的技术，不惜巨资，建设最先进的工程，一步到位。例如，2000 年建设的大士南垃圾焚化厂的投资额高达 8.9

亿新元，它不仅是新加坡最大的垃圾焚化厂，还是目前亚洲最大的垃圾焚化厂，可使用至 2030 年。

（3）公共服务提供方式多元化。

在新加坡，很多公共服务的提供是通过政府与社会组织之间合作，或通过政府向私营机构、社会组织购买服务来实现的，如公共交通服务的供给就有很多私人企业参与，养老和慈善服务也吸引众多社会机构的参与，甚至建屋发展局（HDB）主导的公共住房建设也广泛吸纳社会资本，这些都充分体现了公共管理理论的新思想。新加坡城市管理的组织架构完全是扁平化的，可以概括为“一级政府、二级服务”，居民如果有需求便可直接与相关的部门或法定机构联系，也可以直接联系本选区的议员（议员每周都会在固定时间、固定地点接待民众来访）或社区的服务机构。

（4）“监管沙盒”为新模式提供“试验区”。

FinTech 是新加坡建设“智慧国家”的首要发展任务，新加坡政府不遗余力推动 FinTech 企业、行业和生态圈的发展，立志成为世界智能科技大国和智能金融中心。在金融科技领域，为了引导和促进 FinTech 产业的持续健康发展，新加坡 MAS 于 2016 年 6 月推出“监管沙盒”，为 FinTech 产业创造一个友好的制度环境。“监管沙盒”实质上是 MAS 为 FinTech 产业的各种新模式、新业态、新理念等提供的一个“试验区”，使银行等金融机构和初创企业在这个既定的“安全区域”内试验新产品、新服务、新模式等，适当放松参与试验的产品和服务的约束和管制，甚至在必要时适度修改现行法例，提高弹性。新加坡 MAS 旨在通过“沙盒监管”机制，一方面顺应时代、激励科技创新，不错过和贻误科技创新发展的大好时机；另一方面又让这种尝试和失败的风险置于政府的可控制范围内，保障了创业者和消费者的利益，不至于造成系统性风险，从而维持金融系统稳定。

3.1.2 加拿大多伦多

加拿大的多伦多邀请了谷歌公司的 Sidewalk Labs 开发其滨海的部分区域，计划建成高科技社区。Sidewalk Labs 的应用程序可记录公共区域中每一个物件的位置（如道路、建筑等）。安装的多类别传感器设备，可用于收集多样化信息（如车流密度、噪声、空气质量、能耗、出行方式及垃圾处理等）。模型与数据的融合，将助力数据专家深刻洞察，优化城市运营，并采用复杂的建模技术模拟极端情景，寻找解决方案。

Sidewalk Toronto 的核心是搭建一个平台，使物质空间层面（Physical Layer）与科技数据层面（Digital Layer）能够相互融合，并通过标准层面（Standard Layer）制订规范，为城市创新提供必要的条件。Sidewalk Toronto 在物质层面上将会引入 4 种核心概念来创造更加灵活开放的城市空间：灵活的建筑——将会容纳适应性更强的建筑，新的施工手段以期使住房与零售空间变得更加可负担；以人为本的街道——通过以人为本的街道设计与一系列便捷的交通选择，人们可享受更加便宜、安全的公共交通系统，以减少私家车的使用；更加包容的公共空间——让人们无论什么时刻都能享受室外环境，加强社区联系；开放的地下基础设施——不仅降低了检查与维修的成本和对城市正常运行的影响，还为技术或系统升级预留了空间。

该项目目前处于早期规划和咨询阶段，并以精美的设计插图为吸引点，充分地体现滨水区的特点。此项目将结合前瞻性的城市设计和新的数字技术，以实现可持续性、可负担性、流动性和经济机会等方面的领先水平。

3.1.3 韩国松岛

韩国松岛新城的建设一方面是为了疏解首尔的压力，另一方面是为将来的绿色城市创造一个模板，松岛新城的面积为 53.45 km^2，定位为自由贸易和国际商务中心。城市的总体开发分 3 个阶段进行：第一阶段为起始阶段，进行基础设施建设，含核心地区及先行工程，如直接连接仁川国际机场与松岛的仁川大桥、仁川地铁一号线延长线，及地区性中心功能地区等；第二阶段为成熟阶段，包括经济自由区开发及运营成型，试验先行工程探索开发潜在需要；第三阶段为稳定阶段，激活仁川地区经济并增强国家竞争力。

松岛智慧新城的建设体现出产城融合协同建设的现实意义与价值。将智慧城市的理念通过“智能＋互联社区”解决方案实践于松岛新城中，协助松岛制定了智慧城市的远景目标，成为韩国新一代的增长新动力。松岛智慧新城作为最环保的城市之一，其智慧化主要体现在环保系统上，体现出产城融合发展的核心思想。在规划的早期就提出了信息经营模式以及“运营公司＋服务公司”合作模式，以挖掘市民的深度信息服务需求，实现市民与管理方的双赢。松岛在规划建设中，把信息基础设施的投入作为重点，并且坚持先进甚至超前的信息服务理念，规划中提出的信息服务涵盖居住、商务办公等方方面面，“无时无刻无处不在”，使在这个区域的人群和企业能够非常方便地享受信息服务。在理念上，把信息服务作为区域中与公路、电力等设施同等重要的不可或缺的城市元素。在初期以高标准建设网络等信息基础设施，为后期加载信息服务和应用提供可靠的平台，并借助信息服务全面提升松岛的吸引力和竞争力。而这一点，也正成为全球各地区类似区域开发的共识和基本理念。松岛智慧新城成为韩国其他城市乃至全球智慧城市发展的参考，它提供了高质量的公共信息服务，以市民的生活质量为重要参考目标。

3.2 分级分类稳步推进

近年来，我国的智慧城市试点数目呈线性增长。目前，我国有超过 700 个城市进行智慧城市试点，计划投资超万亿元。在入选国家智慧城市试点的城市和地区中，大部分分布在黄海、渤海沿岸和长三角城市群，获得较多试点的省市智慧建设也居于领先地位。

我国智慧城市建设历经 3 个阶段。第一阶段以 2008—2012 年为主，以智慧城市概念导入为阶段特征，各领域分头推进行业数字化、智能化改造，整体来看属于分散建设阶段；第二阶段以 2012—2015 年为主，以智慧城市试点探索发展为阶段特征，在智慧城市部际协调工作组指导下，各业务应用领域开始探索局部联动共享，智慧城市步入规范发展阶段；第三阶段为 2016 年启动至今，智慧城市发展理念、建设思路、实施路径、运行模式、技术手段的全方位迭代升级，进入以人为本、成效导向、统筹集约、协同创新的新型智慧城市发展阶段。从发展重点看，进一步强化城市智能设施，统筹布局和共性平台建设，打破数据孤岛，加强城乡统筹，形成智慧城市一体化运行格局；从实施效果看，通过叠加 5G、大数据、人工智能等新技术发展红利，推动智慧城市网络化、智能化新模式、新业态竞相涌现，形成无所不在的智能服务，让人民群众对智慧城市有更切实的现实获得感。

3.3 生态共创破局疲态

3.3.1 传统条块化的智慧城市发展已现疲态

建设智慧城市，对加快工业化、信息化、城镇化、农业现代化融合，提升城市可持续发展能力具有重要意义。智慧城市建设发展已近十年，至今却无一个城市自我标榜已建成了智慧城市。事实上，智慧城市面临技术和非技术两大瓶颈难以突破，可谓举步维艰。所谓技术瓶颈，是指基于云计算和互联网的聚合式的模式创新比较成功，而基于物联网、大数据、人工智能、区块链、量子通信等技术的原始创新极度缺乏，未出现杀手级应用，各功能模块有机融合的 ONE ICT 架构未能实现，造成创新只停留在表面，城市运行和治理的水平有量的提升，但没有质的改变。所谓非技术瓶颈，表现在智慧城市建设所需的庞大资金问题一直没有找到解决之道，政府和市场边界不好划分，工程周期长、投入大、充满变数，企业盈利和资本回报前景模糊，观望踯躅之下，推进效果不佳。此外，彰显智慧所必需的资源共享与业务协同机制也一直没有建立起来，信息打通仍十分困难，协同共治难以实现。两大瓶颈悬而未决导致智慧城市尽显疲态，停滞不前，现有的建设发展模式亟待突破。

3.3.2 信息技术驱动跨域集成创新势不可挡

智慧城市是信息技术驱动下的城市创新发展的一种新模式，是信息技术综合运用和集成创新的大平台，但纵观多年来智慧城市中的技术应用，基本上是单点的、割裂的，集成的，例如，云计算技术用于政务云建设、物联网技术用于城市管理的感知监测和数据采集、互联网技术用于电子政务和公共服务的交互渠道、大数据用于城市治理的决策分析、人工智能则用于提升各种应用的智能化体验。这些技术对提升智能能力的作用毋庸置疑，但技术间缺乏系统架构级的融会贯通，造成应用离散化、信息孤岛化、平台多元化，集成创新的乘数效应尚未释放出来。

形势已随日新月异的技术演进悄然变化，物联网、5G、人工智能、无人驾驶、虚拟现实、深度学习等技术研发和产业化加速突破，掀起数字化、网络化、智能化新一轮浪潮，深刻影响着智慧城市的规划建设与运行发展。此外，跨领域技术间的融合创新已成主流趋势，信息通信技术与 3D 建模、高精度地图、全球定位系统、模拟仿真、虚拟现实、智能控制等技术有机耦合，集成应用驱动创新出现拐点，智慧城市面临的技术瓶颈很大程度上得以破解。

3.3.3 智慧城市群发展驱动更大格局开展统筹规划

国务院提出在“十三五”期间将建设 19 个城市群，包括京津冀、长三角、珠三角等，《“十三五”国家信息化规划》指出，支持特大型城市对标国际先进水平，打造世界级智慧城市群，提升城市规划建设和精细化管理服务水平。将智慧城市的技术与产业投放到城市群的发展模式中，使城市群建设驶入“智慧城市群”的发展轨迹，不仅可以打破行政区的经济藩篱，加快生产要素的流动，提高产业集聚与关联程度，还有利于进一步增强城市群内部各城市、区域的经济联系、信息资源共享，提升城市群全局竞争力，从而带动经济高质量发展。

这要求智慧城市群从更宏观、更系统的层面推进智慧城市建设战略的实施。理解智慧城市群的概念，需要从规划、技术、合作以及建设这几个方面入手，在科学规划方面，智慧城市群通过制订相应的技术标准、评价体系以及运营模式对城市群这一巨型系统的实行进行有效分析，这不仅可以提高政府的服务质量，还可以打破所有城市管理数据的壁垒。在技术应用方面，智慧城市群把大数据、云计算等通信技术、综合服务平台作为关键点，进行智能化和信息化处理，解决信息孤岛问题。在协同合作方面，加强产业合作，推动政府与运营商合作的PPP模式，培育有竞争力的产业集群。根据城市群各城市的智慧产业结构特征，深化分工，加快产业结构优化升级，增强产业核心竞争力。在实施建设方面，智慧城市群是由城市群内各地政府在科学的建设理念基础上整体部署，注重与当地经济发展相适应，与地方特色产业结合，充分利用资源优势，避免造成浪费。

3.3.4 我国智慧城市建设升级具备现实基础

从2012年中央政府首次提出的关于智慧城市建设的指导性文件《国家智慧城市试点暂行管理办法》《国家智慧城市（区、镇）试点指标体系（试行）》开始，到2017年“智慧社会”被正式写入十九大报告中，指导智慧城市合理发展的指导性文件逐年增加，且内容更加规范，新型智慧城市已进入国家战略规划政策制订中，正逐渐被广大社会群体认可。

在政策方面，也为智慧城市建设提供有力保障。在《国务院关于促进云计算创新发展培育信息产业新业态的意见》《国务院关于积极推进“互联网+”行动的指导意见》《促进大数据发展行动纲要》《“互联网+”人工智能三年行动实施方案》等利好政策的作用下，我国云计算产业已经走过培育与成长阶段，现已进入成熟发展期，产业格局基本稳定，大数据和人工智能在各行业的应用也逐步展开。

随着新型智慧城市的发展，我国基础设施智能化转型的范围在不断扩大，功能也在不断提升。目前，通过移动通信技术、物联网技术、Wi-Fi技术等，城市建筑、桥梁、道路、管网、灯杆等公共基础设施可实现“被感知”。在市政环卫设施中安装智能化传感器，实现对环卫设施的远程可控制和资源可调度；在公共交通设施中安装的感知监控设备可智能化支持不同的移动状态，确保城市的智能交通系统良好运行。

国内大型企业BATH（百度、阿里、腾讯、华为）积极开展智慧城市建设，在2018年开始大规模（10个）参与城市大脑建设，2019年达到建设高峰（93个），智慧城市、数字政府、城市大脑是BATH聚焦的热点领域。涉及城市大脑和交通大脑的项目达到21个，中标金额达20.13亿元。

Smart City

第4章

智能城市定义解析

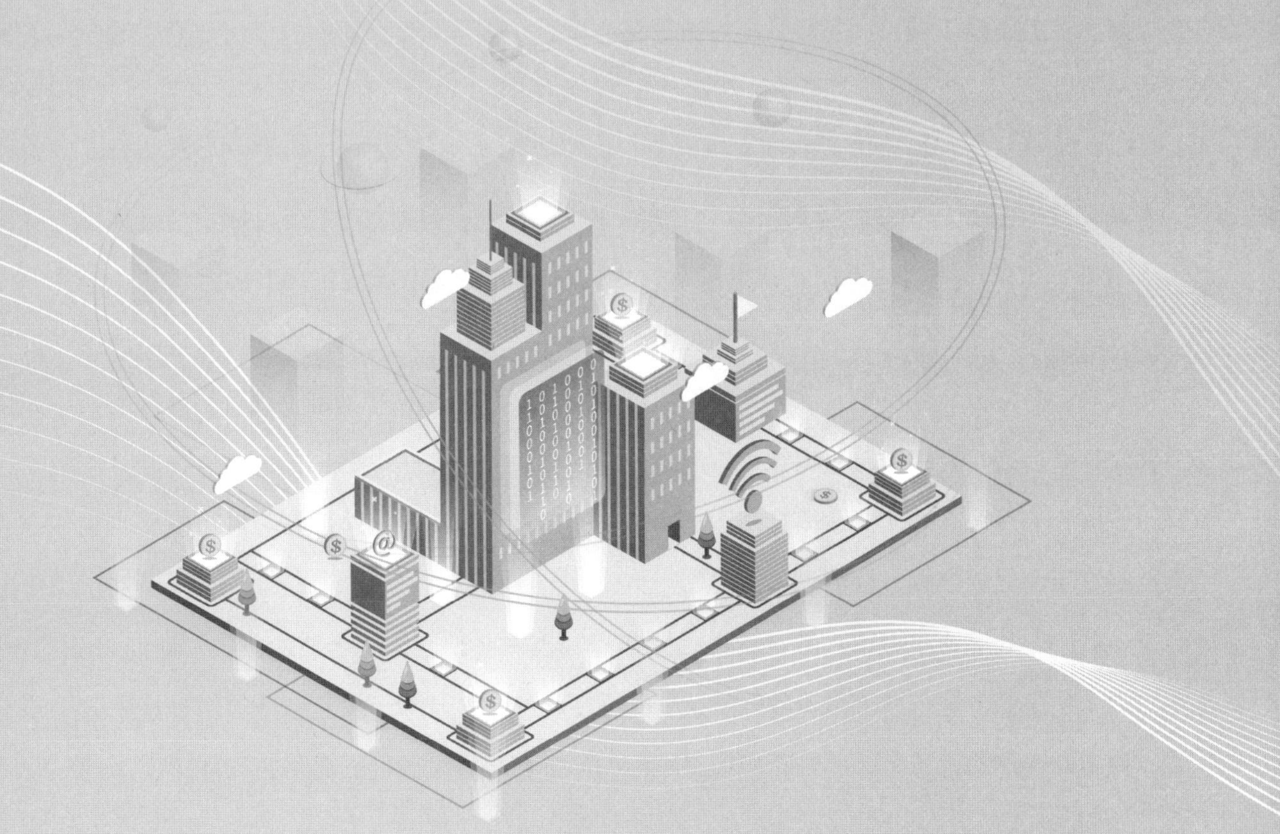

4.1 多视角理解

从智慧城市概念的提出到国内外对智慧城市的探索和实践已经10多年了。当前对智慧城市普遍的共识是，智慧城市是一个方向而不是静态的成果，智慧城市发展的核心要义主要是基于城市化过程中围绕城市可持续发展，提升城市治理效率、市民生活品质和经济水平等目标，充分利用信息通信技术，推动数据开放和融合，实现系统间互联互通，实现对城市运行管理中各类需求做出快速响应，优化城市资源调度。

随着智慧城市的探索和实践逐步丰富，当前阶段涌现出包括新型智慧城市、智能城市、数字孪生城市、超级智能城市等核心概念。接下来我们围绕这几大概念进一步展开阐述。

（1）新型智慧城市。新型智慧城市是以为民服务全程全时、城市治理高效有序、数据开放共融共享、经济发展绿色开源、网络空间安全清朗为主要目标，通过体系规划、信息主导、改革创新，推进新一代信息技术与城市现代化深度融合、迭代演进，实现国家与城市协调发展的新生态。其本质是全心全意为人民服务的具体措施与体现。新型智慧城市是在前期智慧城市试点发展实践的经验和基础上进行的升级或强化，其核心特点包括充分重视数据的开放、共建、共享，推动数据开放融合，同时重视服务均等化，尽力消除信息鸿沟，同时，新型智慧城市围绕全国智慧城市发展实践强度强调分级分类、特色化建设。

（2）数字孪生城市。数字孪生因感知控制技术而起，因综合技术集成创新而兴。数字孪生城市是在城市累积数据从量变到质变，在感知建模、人工智能等信息技术取得重大突破的背景下，建设新型智慧城市的一条新兴技术路径，是城市智能化、运营可持续化的前沿先进模式，也是一个吸引高端智力资源共同参与，从局部应用到全局优化，持续迭代更新的城市级创新平台。从技术角度看，数字孪生城市涵盖“云—网—端”三大层次，成为数据驱动决策、技术综合集成的智慧城市综合技术支撑体系。端侧实现群智感知、可视可控；网侧实现泛在高速、天地一体；云侧实现随需调度，迭代学习。数字孪生城市的本质是通过数据全域标识、状态精准感知、数据实时分析、模型科学决策、智能精准执行，构建城市级数据闭环赋能体系，实现城市的模拟、监控、诊断、预测和控制，解决城市规划、建设、运行、管理、服务的复杂性和不确定性问题。从城市发展角度来看，数字孪生城市是未来实体城市的虚拟映射对象和智能操控体，形成虚实对应、相互映射、协同交互的复杂巨系统，实现孪生城市的“六化发展”，即支撑城市全要素数字化和虚拟化、城市全状态实时化和可视化、城市管理决策协同化和智能化，实现3类应用场景，城市规划建设一张蓝图管到底、城市治理虚实融合一盘棋、城市服务情景交融个性主动一站式，驱动城市智能运行、迭代创新。从建设重点角度来看，基于多源数据融合的城市信息模型是核心，城市全域部署的智能设施和感知体系是前提，支撑孪生城市高效运行的智能专网是保障，实现智能操控的“城市大脑”是重点。

（3）智能城市。通过适度超前布局智能基础设施和感知体系，打造具有学习、分析、判断能力的智能城市信息管理中枢，发展高效便捷的智能服务，构筑自主可控的网络安全环境，形成自我学习、自我优化、自我成长的智能城市发展模式，实现城市资源配置持续优化，提升城市居民的获得感、幸福感和安全感。智能城市的核心理念包含数字城市与现实城市同规同建，在城市形成之初即通过各种智能化技术赋能传统基础设施、城市建设，使城市天生具备智能基因。在其建设过程中，超前部署5G网络，推动全域数字化，打造“城市大脑”，逐步形成“人人、人物、物物”互联、互通、互动的全域智能化环境。在这个过程中，城市将充分发挥制度创新、技术创新优势，从城市视角出发，以数据驱动为核心，深度应用智能化技术，加速城市各领域向网络化、数字化、智能化跃升。

（4）超级智能城市。超级智能城市是传统智慧城市的强化版，将更好地利用人工智能与数据，更加依赖于智能决策，减少人工干预，在不同领域能够更开放、更融合。超级智能城市具备六大关键要素，分别为智能化、自主化、融合化、实时化、普遍化和开放化；涵盖六大领域，包括出行、经济、环境、生活、教育、安防，使城市更加融合与一体化，更好地相互融合协作，实现价值最大化。德勤提出的超级智能城市整体概念如图 4-1 所示。

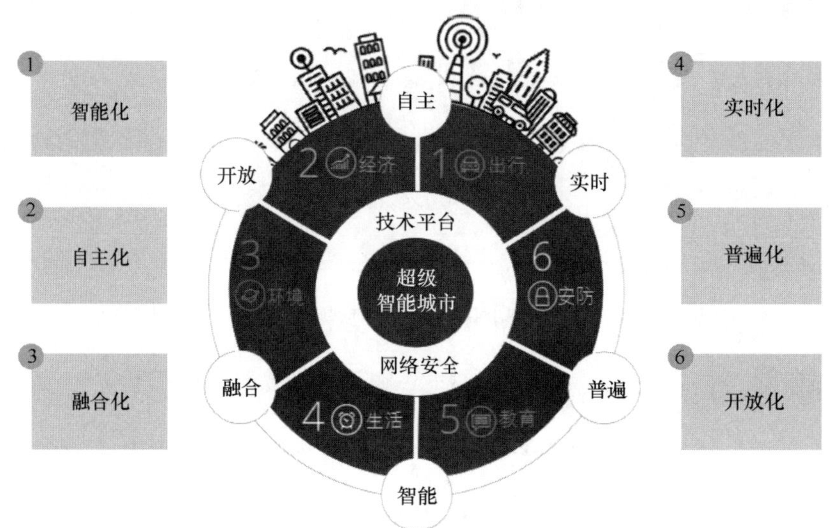

图 4-1　德勤提出的超级智能城市整体概念

我们认为智能城市是充分利用 5G、边缘计算、云计算、大数据、人工智能、物联网、数字孪生等技术实现全面感知、泛在互联、普适计算与融合应用，推动物理城市与数字孪生城市精准映射、城市空间全域数字化标识，以数据流引领技术流、物质流、资金流、人才流、服务流，数据驱动决策，打通前后端、融合线上线下，智能定义一切，实现对社会形态结构、经济发展功能、组织结构形态、生活状态方式和价值体系的重构；促进用户创新、开放创新、大众创新、协同创新为特征的知识社会环境下的可持续创新；构建高效协同的城市治理模式，提供更加优质的公共服务，创造更加宜居、宜业、安全的城市生活，满足人们对更加美好的生活的向往。

目前已在开展智能城市实践的城市或区域的智能化水平尚处于初级阶段，中国互联网协会和中国信息通信研究院联合发布的《中国“智能 +”社会发展指数报告》中重点围绕智能技术在供给侧、消费侧和公共侧等的应用，针对智能化特征相对明显的行业和领域进行了量化分析，横向比较了各地区智能社会的发展水平和演进程度、动态反映了不同领域的智能发展水平和发展结构，初步分析当前全国“智能 +”社会发展指数为 0.46。同时，在 2018 年建设“城市大脑”的省份达到 10 个。

4.2 多形态演进

智慧城市是终极地不断迭代趋向要实现的目标城市，而数字城市、无线城市、数字孪生城市、智能城市等是在一定时间、阶段局限下以一定的技术或现实基础打造的不同侧重点的城市形态，是智慧城市发展过程中某个阶段的具体形态。

（1）数字城市，可以从狭义和广义两方面理解数字城市。数字城市可以狭义地理解为以遥感（RS，Remote Sensing）、全球定位系统（GPS，Global Positioning System）、地理信息系统（GIS，Geographic Information System）等空间信息技术为主要手段，是城市实体在计算机中的虚拟表达；广义的理解则是通过城市地理信息公共服务平台和城市信息基础设施，开发、整合、利用各类信息资源，实现城市经济、社会、生态各个运作层面的智能化、网络化、数字化。

从技术角度分析，数字城市是以空间信息为核心的城市信息系统体系。这里的空间信息是指与空间地理位置相关的数据及对应的人文、社会经济信息；城市信息系统体系则是指相互联系的大量城市信息系统的有机组合体。数字城市的核心技术是遥感、地理信息系统、全球定位系统、空间决策支持、管理信息系统、虚拟现实以及宽带网络等技术；主题是数据、软件、硬件、模型和服务；本质是计算机信息系统。

从实际应用角度分析，数字城市可以看作一个基于网络环境的城市信息（特别是空间信息）服务体系。数字城市建设的任务就是利用现代高科技手段，充分采集、整合和挖掘城市各种信息资源（特别是空间信息资源），建立面向政府、企业、社区和公众服务的信息平台与信息应用系统，以及政府法规的保障体系等。

过去一段时间发展的数字城市还停留在“网上城市”的层面，数字城市面临着“数字空间”与现实城市“物理空间”分离的问题，也是一个“虚拟存在”与“现实客体”

相互隔离的问题，数字城市仍然停留在“虚拟感知”的阶段，并且感知的维度和层次还不够全面、深入，未达到全域的数字化。

总体来讲，数字城市强调基础，智慧城市强调应用；数字城市关注局部，智慧城市关注系统；数字城市注重效率，智慧城市注重感受。

（2）无线城市。无线城市是充分践行国家网络强国战略，以电信运营商等为主体提出的一种城市概念，是指利用多种无线接入技术，为整个城市提供随时随地随需的无线网络接入。业内人士则认为，无线城市，首先是一张多层次、全覆盖，具有宽带、泛在、融合特性的信息网络，使用户根据应用和场景自由切换，随时接入最佳网络，为市民构建一个能够便捷、安全、迅速接入信息世界的通道，它是所有数字化、智慧化信息应用的基础。同时，无线城市也是一个融合了互联网、移动互联网和物联网的信息应用平台，通过聚合大量信息内容和应用，能够为市民的购物、出行、学习、教育、保健等提供便利；能为企业的销售、宣传、管理等提供有力支撑；能够为政府的政务公开、监督、城市管理等提供有益帮助。

无线城市以网络信息基础设施为重点，当前5G的发展为智慧城市建设带来新的契机，城市中的人、物、组织，都将变为智能体，5G为城市智能体提供随时随地的连接能力，人、物、组织在智慧城市中实时连接、交换数据和需求，推动数字城市与物理城市无缝融合、交换，推动城市的一个个智能体连接成为一个分布式超级大脑，城市变得更加智能，充分满足城市中各个智能体的个性化需求。无线城市同样强调网络基础，以5G使能应用，是实现智慧城市不可或缺的要素之一。

（3）数字孪生城市。数字孪生城市是在城市累积数据从量变到质变，在感知建模、人工智能等信息技术取得重大突破的背景下，依托“云网边端”的技术体系，构建形成虚实对应、相互映射、协同交互的复杂巨系统，围绕精准映射、虚实交互、软件定义、智能干预四大特征，建立基于高度集成的数据闭环赋能新体系，生成城市全域数字虚拟映像空间，并利用数字化仿真、虚拟化交互、积木式组装拼接，形成软件定义城市、数据驱动决策、虚实充分融合交织的数字孪生城市体，使城市运行、管理、服务由实入虚，可以在虚拟空间建模、仿真、演化、操控，同时由虚入实，改变、促进物理空间中城市资源要素的优化配置，开辟新型智慧城市的建设和治理新模式。

数字孪生城市重在推动现实城市和孪生城市同步发展，重点通过物联设施的感知、数字模型的建立对现实城市进行全域感知、认知、决策和控制。数字孪生城市在原来智慧城市的概念和目标的基础上更加务实，更加系统性地阐述其运行原理和实现方式。

（4）智能城市。智能城市统筹规划、合理部署全域覆盖的智能感知终端，打造高效互联的新一代信息通信网络，建设先进协同的计算设施，汇聚城市数据资源，预留发展空间，构建开放的智能生态环境，逐渐生成具有自我学习、深度思考、自我优化的“城市大脑”，深度开发各类便民应用，推进城市治理、政务服务、公共服务、经济发展等领域智能化。建立虚拟空间与现实空间相互映射、反馈优化机制，预留新技术应用发展空间，持续提升城市智能化应用和服务能力，使城市运行、居民生活、企业生产更加便捷、高效、安全。

智能城市强调深度应用智能化技术，把握智能化发展趋势，树立数据资源共享、开放的理念，创新数据资源管理体系，全面推动政务数据与社会数据的跨领域融合应用。坚持智能城市与现实城市同步规划、同步建设，构建虚实融合发展的体制机制，同步构筑网络安全保障体系等，形成自我学习、自我优化、自我成长的智能城市发展模式，实现城市资源配置持续优化，提升城市居民的获得感、幸福感和安全感。智能城市和数字孪生城市广义上的概念和内涵是基本一致的。智能同时注重智能化、自动化应用，代表了从孤立系统向智能化转变，从专用行业智能应用向通用城市级别转变。而智慧是大量智能应用自组织涌现的新状态。

（5）智慧城市。从历史视角看，智慧城市应当是一个方向而不是静态的成果，人类现在掌握的技术只是技术发展史上的一个瞬间，今天最得意的技术明天就会过时，城市的智慧化是没有尽头的，可以说，任何静止的概念都是在违背智慧城市的理念。过去发展的智慧城市、新型智慧城市等都只是智慧城市发展过程中的阶段性状态，它们的主要特点在于利用监控摄像头，建造基础设施来搜集数据，城市具备了自动化的手和脚，但是缺乏智能的大脑，运用数据、学习知识的能力还欠缺。大部分数据还沉睡在数据中心的硬盘上，数据价值并未充分释放出来。

智慧城市是一种不断创新的生态环境，人类只能设计应对确定性问题的系统，智能城市只能建设一个又一个有限生命力的智能系统，无数智能系统不断被创造出来又不断被更新淘汰，而智慧城市是智能系统繁荣所依赖的土壤。

智慧城市的愿景是创造城市生活质量的透明度，促进公民参与和自我发展。智慧城市是一个框架或合作邀请，而不仅仅是一组技术或业务战略。它描述了协作和以为城市用户开发情境化服务为中心的生态系统环境。精心设计的智慧城市旨在实现整体目标，并专注于智能化城市生态系统。

智慧城市是土壤，智能系统是果实。智能城市是智慧城市发展过程中的阶段，在智能城市发展过程中积累的经验和果实可以沉淀为智慧城市的基础环境。

4.3 价值共识

通过对智能城市理论进行不断探索、建设不断深入、功能不断完善，未来我们畅想的智能生活场景将发生深刻变化。技术集成创新将加快技术成果转化，打破现有产业格局，重塑产业形态。技术变革还会推动管理和服务模式变革，推动城市治理结构和规划调整，重新组织城市治理业务流程，形成和丰富各类以人为核心的服务场景。场景、技术、机制等的优化组织也将持续推动技术的不断创新，释放城市可持续发展模式的活力和能力。智能城市将为城市规划建设、治理服务和可持续发展带来巨大的价值。

在规划建设方面，针对一个零起步的城区，与物理城市同步规划建设数字城市，在规划阶段即开始建模，在建设阶段不断导入数据，在运营阶段则依托数字城市模型和全量数据管理物理城市。对已建成并运行多年的城市，通过后天物联网设施的全面部署和对城市进行数字建模，同样可以构建数字孪生城市。数字孪生智能城市模式不仅能够大大提升城市规划建设的效率、质量，大幅降低时间、人工和物料成本，最重要的，它还能使城市规划建设少走弯路、不留遗憾。

在治理服务方面，数字城市与物理城市两个主体虚实互动、孪生并行、以虚控实。

通过物联感知和泛在网络实现由实入虚，再通过科学决策和智能控制由虚入实，实现对物理城市的最优管理。优化后的物理城市再通过物联感知和泛在网络实现由实入虚，数字城市仿真决策后再一次由虚入实，这样在虚拟世界仿真，在现实世界执行，虚实迭代，持续优化，逐步形成深度学习、自我优化的内生发展模式，大大提升城市的治理能力和水平。此外，在智能城市模式下，通过数字空间的信息关联，可增进与现实世界的实体交互，实现情景交融式服务，真正做到“信息随心至，万物触手及”。

在持续发展方面，智能城市使人们更加自律，由公众共建、共享、共管，所以在进行智能城市规划设计时，需要更加侧重设计一种机制，通过设计激励性的机制使参与其中的人能够积极地解决问题。针对某个问题，则需要考虑规划服务，把服务设计成灵活的，可以自我发展、自我实现价值目标的一种模式。因此，整体的思路是政府在开展智能城市的规划设计时须重新定位，不要大包大揽地设计非常多的信息化系统落地项目，而应聚焦于创造社会合作的新模式，更要集成社会的成果促进能力大整合，帮助企业，同时引导个人在城市共建、共治、共享这个大的范畴内积极主动地贡献自己的力量。企业在参与到智能城市的建设过程中也需要构建开放的生态，通过构建开放的平台，开放自己的能力，使自己能集成其他人，也能被其他人集成，企业之间做好分工协作，通过一定的规则和秩序促进企业之间分工协作。以人为本作为智能城市践行的理念，要求智能城市以人的需求为出发点，以人的获得感、幸福感、安全感为追求目标，鼓励公众广泛积极参与，同时享有智能城市的果实，真正践行智能城市的核心：共建、共治、共享。

Smart City

第 5 章

智能城市总体架构

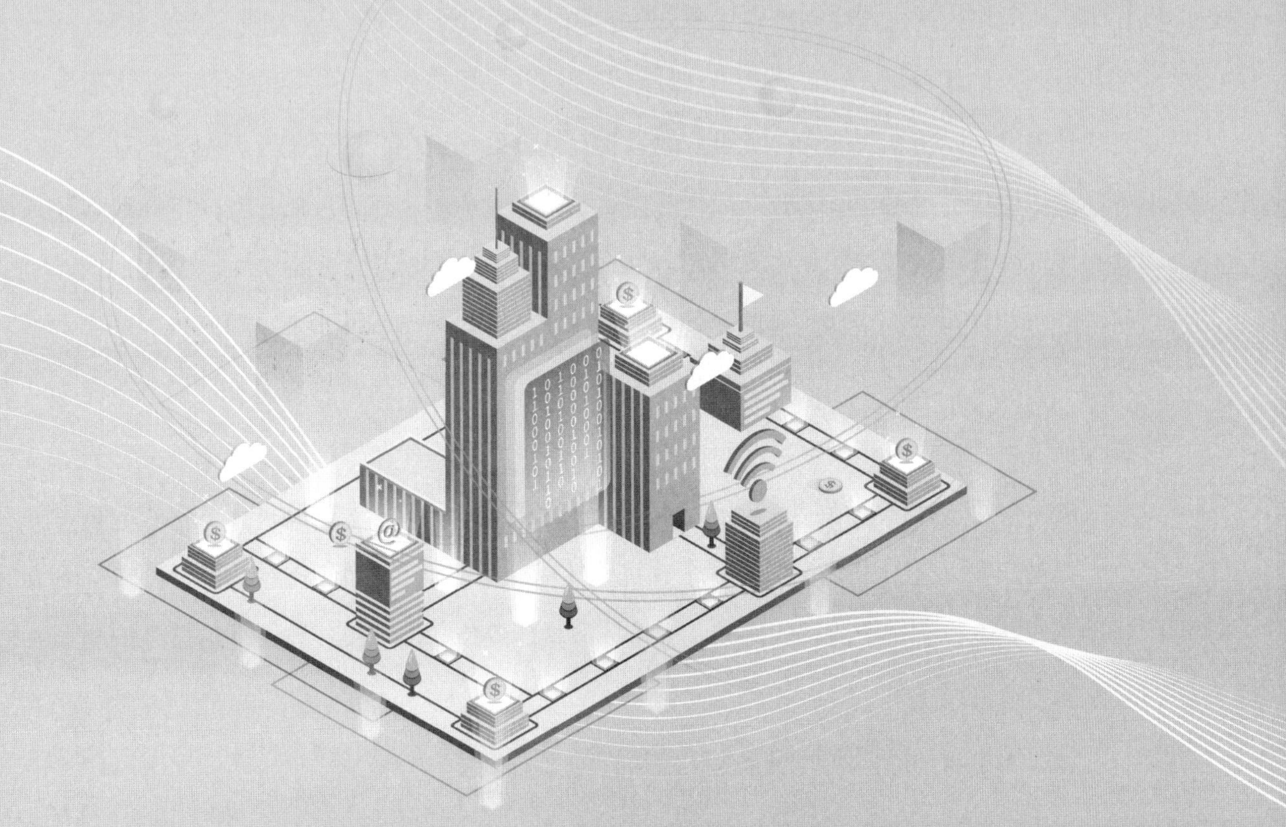

5.1 智能城市体系工程方法论

智能城市是由复杂的独立系统组成的“超系统”，我们将采用体系工程方法论对其进行研究。从综合集成的顶层高度来对智能城市涉及的政府、管理、民生、经济目标进行分解、分层、分类，通过多个视角的视图对复杂巨系统进行解耦和集成。在具体操作层面以顶层设计为统领、以系统工程实现为依托、以验证评估环境搭建为配套，构建完整的体系管理策略和方法，推动整个体系进行科学设计。

智能城市顶层设计的开展首先以现有资源情况、能力需求分析和技术发展路线为出发点，应用体系化方法初步规划、勾勒出城市总体目标愿景、能力指标、重点任务，紧接着开展结构设计，通过结构设计重点发现哪些是可以复用、共用的组件，防止孤岛式建设。同时将系统能力分配至分散且相互耦合的系统中，通过相互调用、相互协作、逐步迭代促进系统能力升级演化，在体系演进过程中，还需要制订互操作标准来实现数据的共享和调用。

围绕目标和重点任务，依据“急用先行、业务依赖关系、技术难易程度、资金安排”开展重点工程设计，进一步分解成若干项目或系统，项目或系统建设过程中全程贯彻顶层设计的要求和约束条件，开展需求分析、设计、开发和测试。

最后构建一体化的综合验证评估环境，通过“稳态 + 敏捷”的验证评估模式从整体上推动研发、运行过程，形成一个有机整体，以最终业务的服务能力为交付目标，推动系统开发、测试全流程的协同。支持体系功能集成、测试集成，体系运行维护和体系能力评估。

智能城市架构设计方法如图 5-1 所示。

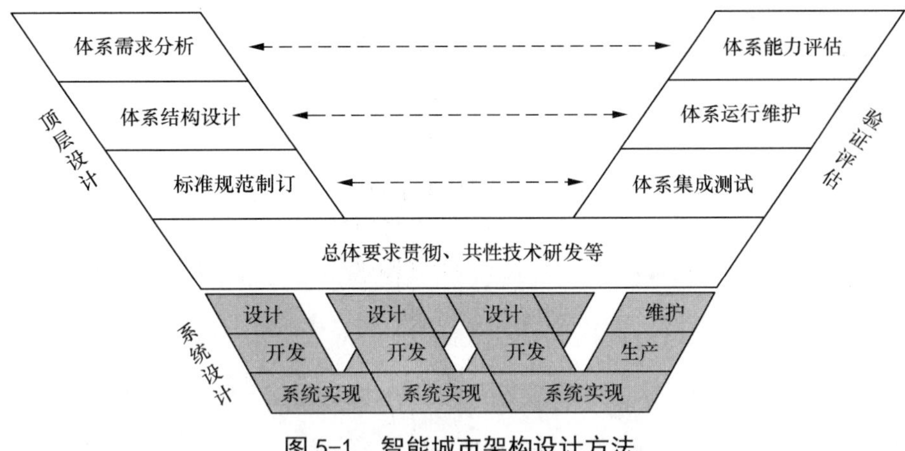

图 5-1 智能城市架构设计方法

智能城市规划建设采用“五统”策略进行推进，“五统”策略是在体系工程理论基础上提炼的5个工作步骤，分别是统需求、统架构、统标准、统平台及统建设，“统”代表统一和统筹。

（1）统需求，将业务需求和技术驱动综合为建设需求，并将建设需求进一步映射为能力需求。

（2）统架构，根据体系工程方法论的指导，从不同的视角对各架构进行结构、功能、要素的分解，清晰阐释智能城市系统、数据、标准等的组织和运行逻辑。

（3）统标准，对智能城市中感知的采集接口、格式和内容及数字标识和数据模型进行标准化，解决物联感知的数据互通和互操作性。

（4）统平台，将智能城市的中观平台，包含块数据、城市信息模型、物联感知和智能应用平台统一为城市级数字平台，充分整合信息技术资源，使各智能应用数据同源、服务一体。

（5）统建设，针对智能应用、数字平台、共用基础设施、标准和安全等项目的推进，根据其依赖关系，有序安排建设时间。

智能城市的体系架构通过多个视图来全面描述，其中，运行概念图表述整个体系的运行关键要素和运行逻辑；系统架构图分解各领域、各系统的功能结构；数据架构图说明人、地、事、物、组织等逻辑实体的数据流转流程；基础设施架构描述底层ICT基础设施的组成和逻辑连接关系。

5.2 目标蓝图

通过构建全域的感知体系，实现对物理空间、社会空间、网络空间的全域、全时感知，集成应用边缘计算、云计算、大数据、人工智能技术，实现数据的实时处理、高效传输、融合共享，建设虚实共生的城市数字镜像平台，挖掘城市复杂系统运转深层规律，打造智能城市开放生态，形成具有自我学习、深度思考、分析判断能力的“城市大脑”。深度开发各类便民应用，推进城市治理、政务服务、公共服务、经济发展等领域智能化。

5.2.1 智能城市运行图景

智能城市运行概念如图 5-2 所示。

图 5-2 智能城市运行概念

智能设施。通过遍布全域的 RFID 电子标签、摄像头、环境监测传感器等感知“神经元”，运用物联网开放体系架构，构建起涵盖全区域、全对象、全要素的“城市神经元网络”，实现城市运行状态信息的“应采尽采”，为数字世界与物理世界建立起全面、实时、精准的连接，通过“物物相连”，形成立体全面的感知体系。

"城市大脑"。采用多尺度网格对城市空间要素进行唯一标识，实现城市空间全域数字化，建立人、地、事、物、组织核心数据模型，重构城市空间数据、政务数据、社会数据，实现物理世界数字孪生，形成虚实交融、共生发展的数字镜像城市。构建自我学习、持续优化的"城市大脑"，建成多维感知、全景认知、全局分析、高效联动的城市运行指挥体系，实现城市治理与服务精准智能、瞬时响应、高效协同。

智能应用。深度开发各类便民应用，推进城市治理、政务服务、公共服务、经济发展等领域智能化。建立虚拟空间与现实空间相互映射、反馈优化机制，实体场景和虚拟场景虚实融合，打破时空界限，全面集成和融合安全、能源、交通、医疗健康、物流等城市各领域的运行平台，持续提升城市智能化应用和服务能力，使城市运行、居民生活、企业生产更加便捷、高效、安全。

5.2.2 智能城市目标分解

我们主要从3个角度阐述智能城市目标分解，分别是多维空间要素数字化、智能基础设施协同化、各行各业应用智能化。

1. 多维空间要素数字化

（1）物理空间主要从三大维度进行全域数字化，一是利用红外、激光雷达、卫星、无人机等遥感技术，监测全域地形地貌特征、建筑设施、道路交通、空间布局、生态环境等城市空间要素的实时状态和变动趋势，为灾害预警、资源消耗、污染物排放等提供实时影像数据，通过三维地理信息模型实现城市宏观大场景的数字化模型表达和空间分析。二是构建建筑信息模型（BIM，Building Information Modeling）数据系统，形成涵盖规划、设计、建造、运行、管理等全生命周期的城市三维空间数据，表达包含建筑所有构件、设备的几何和非几何信息及它们之间的关系。三是利用全域部署的感知终端，按照全面部署集约式感知载体及终端、同步部署嵌入式感知终端、按需部署独立式感知终端的要求，重点围绕公共场所、商业场所、城市道路、公共交通、慢行网络、交通设施、市政、管廊、城市部件、地下空间、公园绿地、水系等场景进行感知设施部署，全面监测城市各领域物体状态和运行信息。

（2）社会空间部署基于二维码、RFID、视频监控、坐标定位、智能穿戴设备感知技术等，对人们的活动、状态、轨迹、健康等信息进行感知和监测。

（3）网络空间部署基于文档水印、数字指纹、人脸识别、爬虫爬取、日志搜集等数字标识和采集系统，实现对网络空间人员、物品、软件等各类要素全数字化标识记录。

2. 智能基础设施协同化

推动能源网、信息网、交通网基础设施协同部署，通过物理要素的结合逐步形成城市三大基础设施网络互联互通、融合发展的新格局。统筹布局、共享建设新能源汽车服务站点、综合能源站点，建设高效、标准的充换电网络，形成多能互补、主动服务的低碳出行智能充电网格，推动实现三组合一、三路合一、三端合一、三信合一。

打造车路网协同化，建设车路网协同的交通路网环境，推动人、车、路信息的实时共享，通过“端、管、边、云”架构实现环境感知、数据融合计算、决策控制，从而提供安全、高效、便捷的交通服务。

推动边云超计算协同化，根据车辆智能化和网联化、无人驾驶、全方位智能监控、城市运行态势感知、应急实时响应等需求，建设网格化边缘计算节点，部署实时计算系统、轻量计算系统、智能网关、边缘分布式服务器，实现终端数据的本地处理。坚持绿色、高效、协同、共享原则，建设云中心或超算中心，构建云平台，部署城市治理和服务的各类智能应用。整合边缘计算中心、云数据中心及超算中心，形成融合高性能计算服务、边缘计算服务、云平台服务、信息管理服务于一体的计算能力。

3. 各行各业应用智能化

打造各行业应用智能化的能力基底——“城市大脑”，“城市大脑”是大连接构筑的基础，是发挥大数据乘数效应的载体，是大平台提供新动能的底座。“城市大脑”包括三大要素，首先是数据，通过物联感知和通信网络传递各类数据，通过对不同类型、不同来源信息的集成、挖掘、清洗，推动形成开放、共享、连接的块数据。其次是模型，将数据资源体系中的所有数据作为城市信息模型（CIM，City Information Model）实体属性加载上去，再创造以CIM为基础的模型进行可视化管理。最后是平台，强化“城市大脑”的感知能力、学习能力、决策能力和持续优化能力，进行常态监测、协同治理，为所有上层各个领域应用提供整体服务。下面举例阐述政务、社区两大领域智能化。

推动政务服务智能化，利用个人和机构数据账户体系，运用区块链技术的信任机制，实现业务审批流程极简化、部分服务节点运行智能化，大幅缩短政务服务时间。利用大数据、人工智能技术手段，在保护个人和机构信息安全的前提下，主动提供精准、智能、便民、定制的政务服务，使高质量的公共服务更加贴近百姓。

推动智能社区“最后一公里”建设，全域部署快捷便利的智能管能物流配送网点、无人便利店、无人图书馆和健康小屋等智能设施；搭建一站式智能社区服务平台，基于社区大数据实现动态精准的服务供给，实现家政、维修、洗衣、健身等服务触手可及；建设社区智能教育学习体系，识别居民个性化发展需求，主动供给兴趣教育、职业培训等服务，帮助居民持续提升个人价值，促进居民与社区的共同成长，提升人员定位监测、访客授权、门禁管理、车行道闸管理等智能化水平。

5.3 系统架构

按照“开放性、重构性、融合性”的要求，基于“分层透明、功能解耦、开放共享”的思想，推进技术融合、业务融合、数据融合，实现跨层级、跨地域、跨系统、跨部门、跨业务的协同管理和服务。

在开放性方面，贯彻网络与计算、服务与应用以及硬件、软件、数据相互分离的思路，按照网络、计算、数据、服务、应用分层，确保层次间功能界面清晰，各层技术发展相对独立，每层要素变化不影响与其他层次的关系，较好地支持云计算、大数据、物联网、人工智能、区块链、城市信息模型等新技术引入。

在重构性方面，基于开放的分层结构，采用资源虚拟化和功能模块化、服务化等技术，实现通信传输与网络承载、计算设施与基础软件、数据与服务、共用服务与业务服务以及同层、同领域的功能解耦，并通过虚拟化抽象和服务化封装，形成可共享的服务，支持根据任务需求从不同层次中选取功能模块（服务），组合构建系统。

在融合性方面，依托开放兼容的架构、数据解析能力等，支持横向跨网融合，纵向跨层汇聚，打通各类网络之间的信息链路，实现跨网端到端信息传输以及快速的信息共享与流动，跨域系统的数据整合与聚合，进而支持更多的跨领域、跨部门“信息环路”构建，促进不同应用和业务之间的融合。

智能城市系统架构总体上划分为智能基础设施、城市智能中枢、智能应用 3 个层次。统筹规划建设物联、数联、智联的智能基础设施，依据全域的传感器采集的信息，实时地监控、测量、分析现实世界发展变化，推动物理基础设施（能源设施、水利设施、电力设施等）和数字基础设施（新一代通信网络设施、边云超计算设施）深度结合。充分利用城市智能中枢（推动数据融合、服务融合）能力对下实现对信息基础设施的状态监控和资源管理，对上通过服务提供、信息共享支撑各类开放的应用系统建设，实现城市数据集中、功能整合。构建以人为中心的连接，打造多元主体、智能连接、共创共享的生态体系，构建各具特色的智能领域应用，催生新兴经济发展模式，推动城市治理体系和治理能力现代化的演进，促进生态环境的科学治理，提升城市的公共服务水平。

智能城市系统架构如图 5-3 所示。

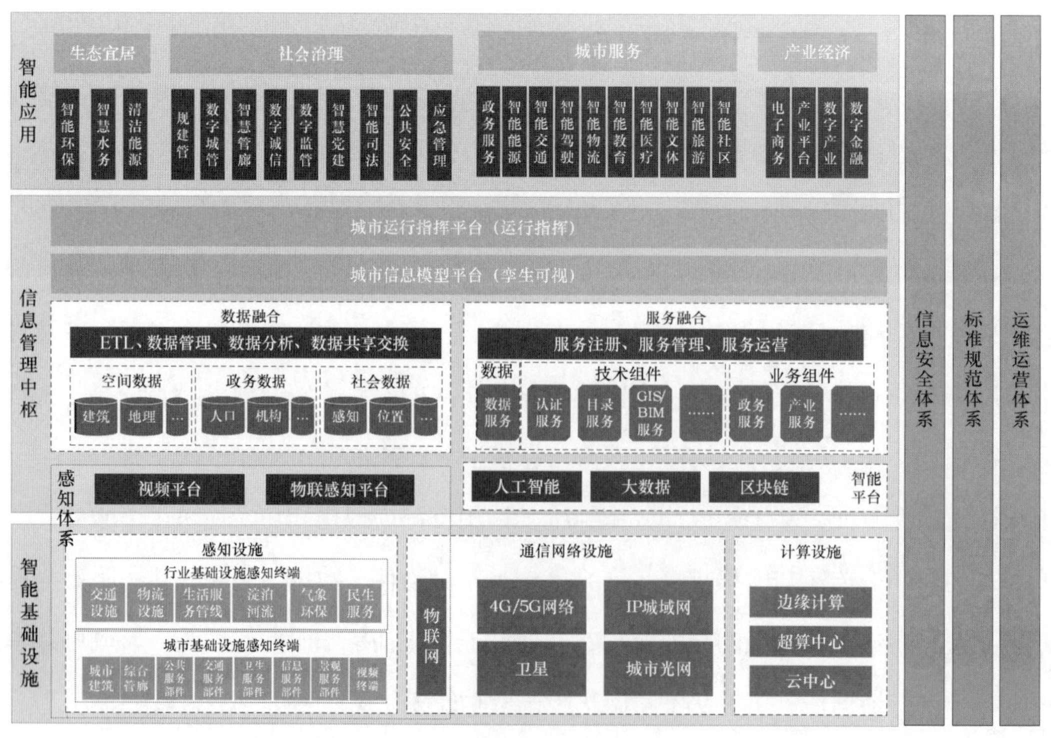

图 5-3　智能城市系统架构

5.4 数据架构

数据架构对应于总体架构中的数据资源层，是智能城市建设中组织、管理和使用数据的基础，是汇集各类分散数据为城市级数据资源的数据工厂。数据资源层依托多样化的数据采集手段归集政务部门和行业机构数据，经数据治理和数据集成，形成高质量、规范化的数据，从数据层面有效地衔接各个智能应用，促进部门信息共享和业务协同，更好地支撑城市“最多跑一次”改革工作。此外，通过对数据进行整合、挖掘、分析、展现以及服务，支撑大数据应用，充分挖掘数据价值。

智能城市的总体数据架构包括数据来源、数据资源、数据管控、数据应用 4 个部分，数据资源包括基础数据、主题数据、应用数据、块数据 4 类。数据主要来源于政府的政务数据及社会数据，公安、市场监管、健康管理、综合治理等政府数据及城市生产运行过程中形成的社会数据，通过初始数据采集、业务办理、业务交换、网络爬取等方式，实现数据汇聚，在块数据平台中进行存储管理，形成城市基础数据资源与主题数据资源，围绕智能城市多元公共服务、精准治理能力建设需求，面向专题应用建立应用专题库，实现数据价值发现与再利用，从而实现数据增值。平台数据资源以物理空间（行政区域或网格空间）为关联点，实现人、事、物、组织等各类数据的关联关系，实现数据块化，有效整合区域服务与治理资源，创新区域服务，提升治理效率。智能城市数据架构如图 5-4 所示。

数据架构主要包括基础库、主题库、应用专题库和块数据。

（1）基础库。

基础库由人口数据库、法人数据库、空间地理数据库、宏观经济数据库、地名地址数据库、建筑物数据库等基础数据库组成。基础数据是基础且变化频率相对较低的信息资源，源数据由政府部门提供。

（2）主题库。

主题库是用来支持政务或组织的决策分析处理的、面向主题的、集成的数据集合，其中每一个主题是一个抽象的概念，是在较高层次上将智能城市资源信息的数据综合、归类并进行分析利用的抽象。在逻辑意义上，它是对应智能城市某一宏观领域所涉及的分析对象。

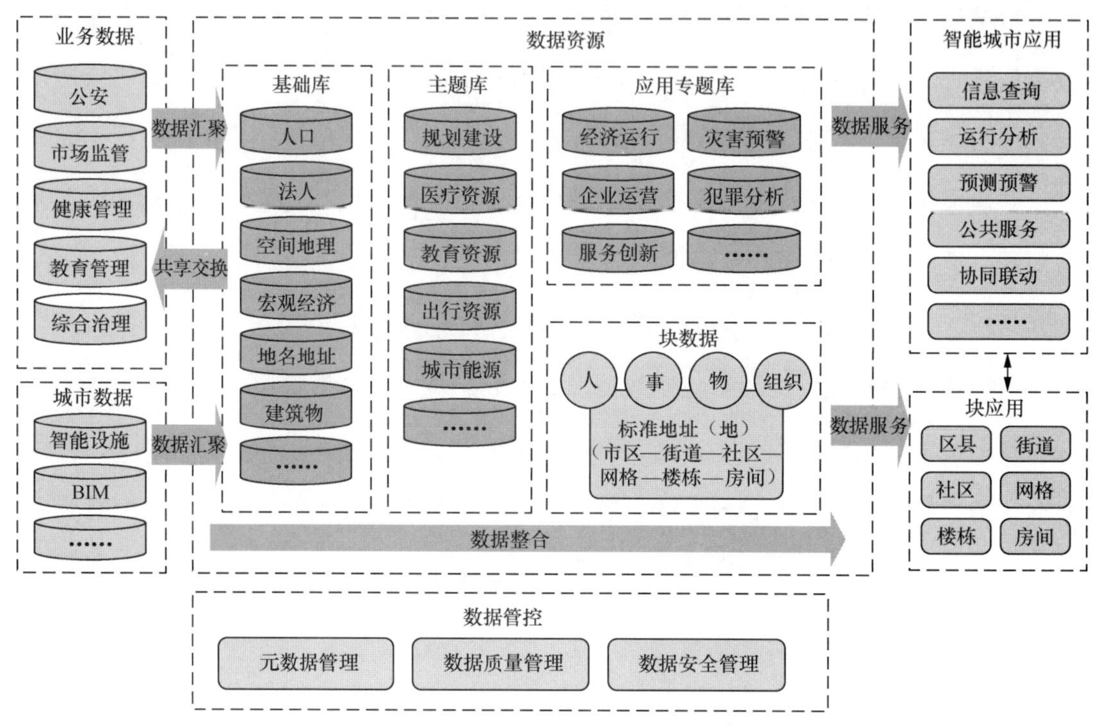

图 5-4　智能城市数据架构

（3）应用专题库。

将运营数据仓储和数据仓库所提供的数据按照各个主题进行组织，通过定义良好的应用功能为政府提供数据应用，最终通过门户系统或数据服务接口功能对外提供数据应用。数据服务主要是通过消息、接口表、文件、服务等方式对外提供统计、分析结果数据。用户可以通过数据门户对数据应用进行访问。

（4）块数据。

块数据是指以一个物理空间或行政区域形成的涉及人、事、物、组织的各类数据的总和及组合，其中包括点数据、条数据和面数据。

块数据模型通过包含行政区域信息在内的标准化的地址，将人口、法人、事件、物品等相关库的实体全部与标准地址建立关联关系，使人、事、物、组织位于市、区（县）、街道（乡镇）、社区（村）、网格（村）、楼栋、房间等单元中，从而形成块数据。

数据块对应市、区（县）、街道（乡镇）、社区（村）、网格（村）、楼栋、房间，可按物理空间的大小进行数据切取和分发。

数据管控。通过梳理流程和明确职责，保障平台数据架构的实现，确保在全范围内对数据的正确理解和有效利用。各种政务共享的信息资源以及相应的分析体系只有在一定的数据管控机制下才能正常运转、发挥效力。通过一定的组织保障、管控流程和数据标准，实现对整个数据架构的管理和支撑。数据管控的基础数据管理由数据存储管理、数据质量管理、数据安全管理和元数据管理组成，负责有效、可靠、稳定的基础数据管理。

数据应用。数据应用以应用专题库为数据支撑，通过数据服务接口，面向各类个性化应用使用数据服务层资源开发应用，所有的应用都不允许直接访问数据，这样有利于保护数据的安全。

5.5 基础设施架构

基础设施框架重在消除“信息孤岛”，铲除“信息烟囱”，打通“信息壁垒”，避免“重复建设”，这是基础设施建设的基本原则和目标。围绕此原则和目标，智能城市须重点在建筑、管廊、交通、空间环境等城市空间要素同步部署全域覆盖的泛在智能感知设施，超前建设天地一体的高速网络，搭建边缘数据处理、云端异地协同、融合高效能计算能力的分级先进计算设施，构建城市“端管云”的数据基础设施环境，为“城市感知无处不在、智能定义一切”的建设发展环境提供基础支撑。

当前，由于地上设施部署建设相对成熟，也属于管理者能看到的部分，但在未来城市加强地下空间开发和以公共交通为导向的开发（TOD，Transit-Oriented Development）模式发展过程中，需要加强对地下智能传感设施、地下管网、市政、交通等设施的深度感知与智能监测，同时统筹空天地一体化智能设施的规划建设。

智能城市基础设施架构由物联感知层、网络层和基础资源层组成，如图 5-5 所示。

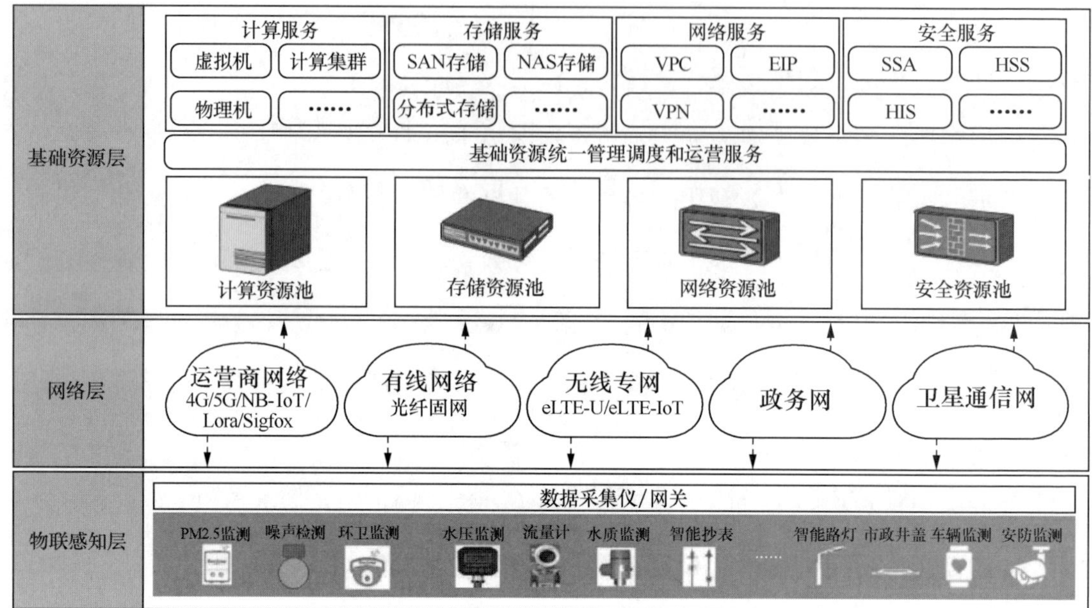

图 5-5　智能城市基础设施架构

Smart City

第 6 章

集约共建智能设施

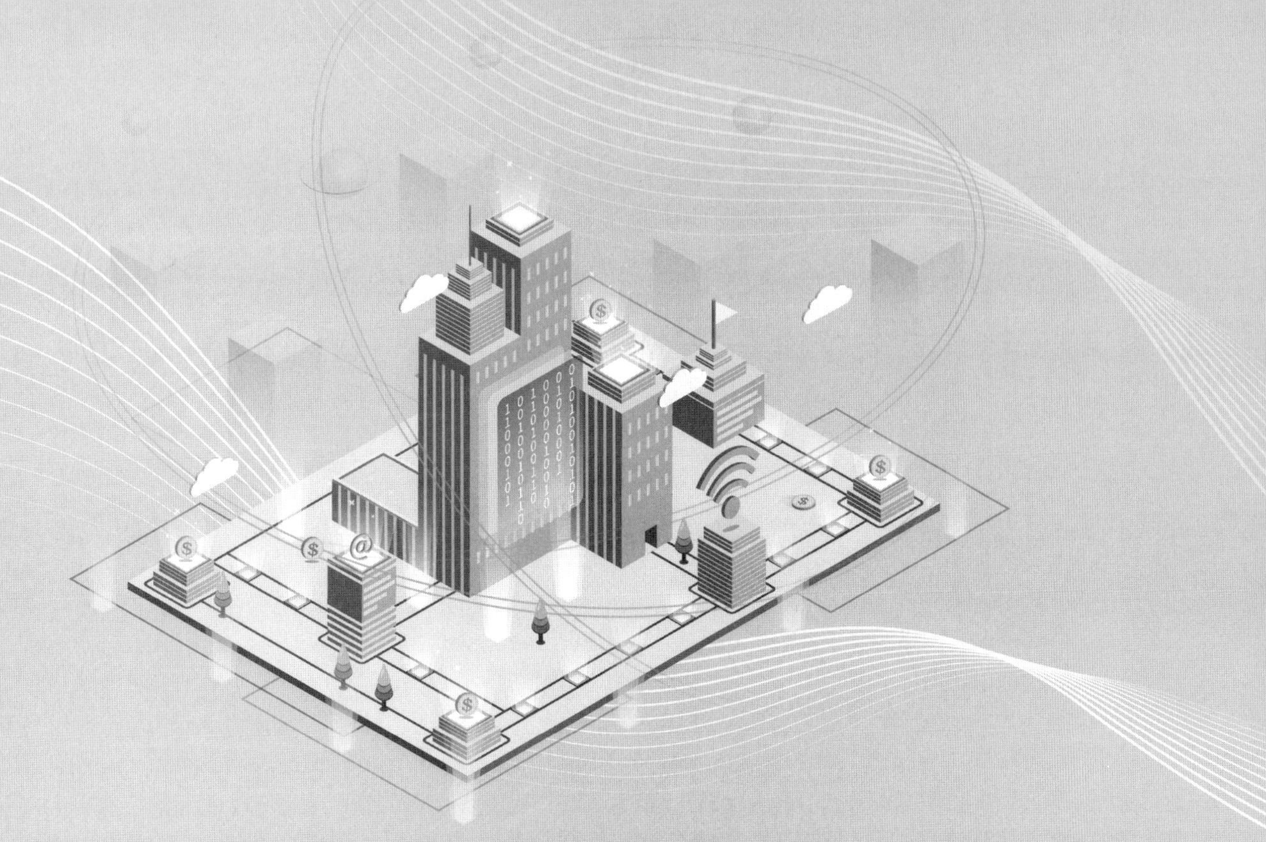

6.1 全域感知体系

6.1.1 感知体系框架

一体化感知监测体系是万物感知、万物互联、万物智能的通道以及入口和“神经系统”，是数字孪生城市实现物理世界到虚拟世界转化的“连接器”。在城市建筑、城市部件、智能交通、综合管线、淀泊河流、气象环境、民生服务等场景统筹规划、合理部署智能感知终端，采集周围传感器收集到的信息，支持各种近距离及远距离通信协议标准，统一汇聚处理后上传至统一的物联感知平台和“城市大脑”进行管理，支撑城市公共服务、生产生活、管理运行等领域智能化发展。

一体化感知监测体系主要包括感知终端、感知网络、感知平台等，终端层提供各类智能终端，具有物联网感知模块，是设备数据源；网络层建立极速传输网络，为城市各类传感设备提供更深、更广的网络覆盖，更可靠、更大量的并行连接，使感知数据从设备层高速传输到平台层；平台层汇聚所有感知数据，为城市大数据分析洞察提供支撑，进而为城市治理、民生服务、产业发展等提供综合数据服务。

感知体系框架如图 6-1 所示。

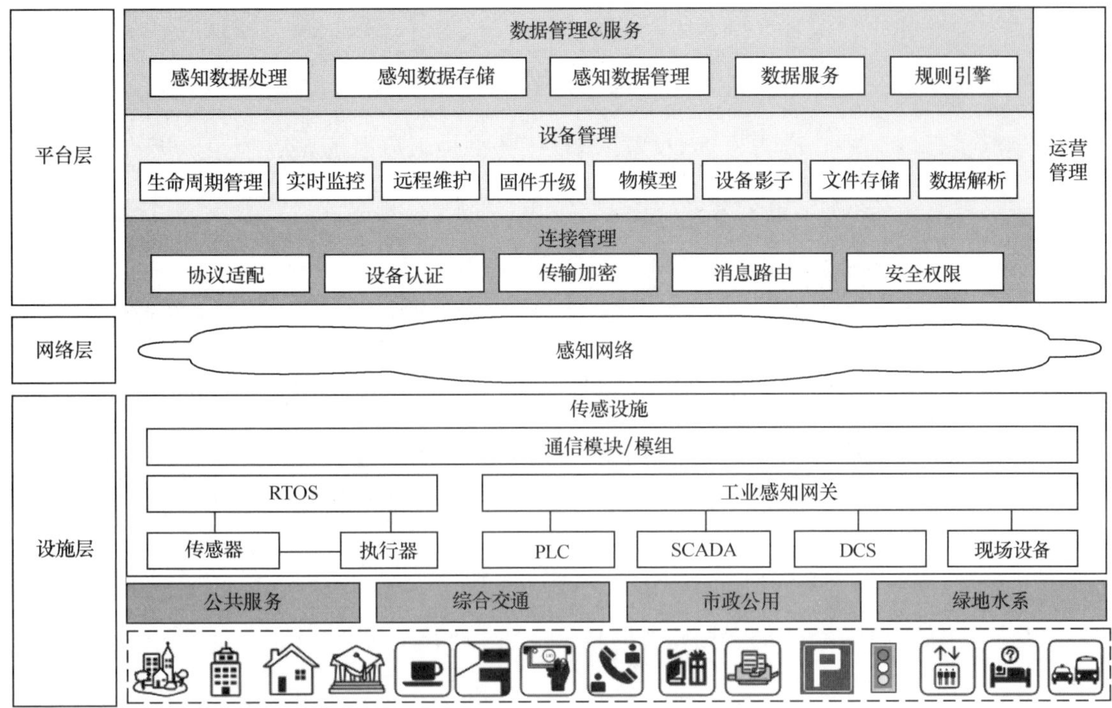

图 6-1 感知体系框架

6.1.2 全域部署感知终端

1. 终端分类和布局

可将感知载体和设施体系分为地上、地下、空中、水域感知体系进行布局。

地上。沿道路布设多功能信息杆柱、智能路灯、智能垃圾桶、智能井盖、智能停车场、车路协同等感知载体和设施；在楼宇建筑中布设监测排水、燃气、热力、电力、安防、消防等系统的传感装置；在城市能源系统布设自动计量水、电、气、热等能耗的智能仪表；在全域布设温湿度、空气、噪声、辐射、土壤等环境监测装置。

（1）部署面向智能交通等的感知终端。针对智能网联汽车、无人驾驶汽车等新型载运工具应用需求，部署用于监测路面状态、位置、速度等的各类感知终端，建立出行者感知系统，打造人、车、路协同的智能化道路环境，支持智能网联、无人驾驶的规模化测试和应用。

（2）部署面向城市部件的感知终端。对灯杆、公共坐具、健身器具等公共服务部件，交通指示灯、路标、护栏、无障碍设施等交通服务部件，垃圾桶、公共厕所等环境卫生服务部件，户外广告、信息栏等信息服务部件，以及雕塑、喷泉、装饰照明等景观服务部件，进行唯一化、数字化身份标识，部署监测位置、状态、运行控制等的智能终端，支撑城市精准化管理和便捷化服务。

（3）部署面向水、电、气、热的感知终端。在引水渠和供水厂、污水处理厂、变电站、燃气门站及中高压调压站、能源站、储气输气调配站等公用设施处部署设备状态、流速流量监测等感知终端，支撑各类设施的智能化运行。

（4）部署面向城市建筑的感知终端。围绕楼宇、道路、桥梁、隧道等城市建筑部署嵌入建筑的感知终端，实时监测建筑安全状态和内外部安全参数，辅助建筑维护和安全保障。在建筑内外部部署用于实时感知电梯、烟雾、温湿度、能耗、公共区域活动状态的感知终端，实现建筑管理、运行、服务的高效、安全和智能。

（5）部署面向气象环保的感知终端。在建筑施工、企业排污、企业耗能、农村取暖等污染高风险区域部署各类智能感知终端，实现对污染源的精准、高效管理。加强厂矿企业、交通干线、生态边界、中水灌溉区等区域土壤环境监测终端的部署，提升土壤环境质量监测能力。部署用于气象观测和空气质量监测的各类感知终端，提升气象预测、预报和大气污染预警、防治能力。建设噪声自动监测网络，在敏感和热点地区密集部署噪声自动监测设备，提升移动监测能力。

地下。在综合管廊、地下交通、地下防务等地下空间和水务、燃气、热力、电力、通信地下管线等处布设传感设施。

（1）部署面向“综合管廊”的感知终端。在地下综合管廊统筹部署环境感知、状态监测、信号传输、运行控制等数字化基础设施，预埋支撑管廊智能检修设备的通道，实现管廊运行的实时监测、自动预警和智能处置，推动管廊维护无人化和管理智能化。

（2）部署面向“水电气热”管线的感知终端。针对供水、排水、污水、供电、燃气供应、供热、通信、广电、垃圾等各类管线安全运行和科学管理需求，统筹部署管线运行状态监测、运行调节等智能终端，保障各类管线稳定、安全、高效运行。

空中。可利用浮空平台在空中进行气象、环境等监测和区域视频监控；可利用低空无人机搭载传感器、摄像头等对特殊、复杂的环境和重点区域进行增强补充、定期巡检和应急保障。利用多视角航空摄影测量系统、各类直升机平台的测绘级航摄仪、全谱段多模态成像光谱仪、高光遥感系统等实现对城市总体规划、城镇生态调查、土地质量监测、灾害评估等领域进行监测。

水域。在海洋、河流、湖泊的水下布设水底观测网，水面布置锚泊站，并运用无人监测船等进行水文、生态、环境等监测。部署面向淀泊河流的感知终端：建设河流全面覆盖的水质自动监测体系，部署地下水污染高风险区域的水质监测设备，支撑水生态修复，提升水环境治理能力。部署降雨量、水位、流量等感知设备，实现防洪排涝工作智能化，提高水利预警减灾能力。

2. 感知核心技术

（1）物体全域标识技术。物体全域标识是数字城市中各物理城市及新建的城市物联感知体系在城市信息模型平台中的唯一身份标识。通过物体全域标识，实现数字孪生城市资产数据库的物体快速索引、定位及关联信息加载。目前，主流的物体标识采用 Handle、Ecode、OID 等。我国采用 Ecode 编码作为城市编码体系的基本编码方式，并基于异构标识服务技术，实现对 EPC、Handle、Ecode、OID、ISLI、CSTR 等主流标识体系的兼容互通，支撑物联网应用跨行业、跨平台、跨领域互联互通。

（2）物联感知技术。物联感知技术分为采集控制、感知数据处理。采集控制技术通过直接与对象绑定或与对象连接的数据采集器、控制器技术，完成对对象的属性数据识别、采集和控制操作，主要包括传感器、条码、RFID、智能化设备接口、多媒体信息采集、位置信息采集和执行器技术。感知数据处理技术是对感知数据和控制数据的加工处理技术，制定了覆盖物理链路层、传输网络层及应用层的协议，从而实现感知信息的高效传递。其中物理链路层又包括近场通信（NFC）、近距离通信（蓝牙、ZigBee、Z-Wave、UHF 等）和远距离通信（2G、3G、4G、5G、NB-IoT、LoRa 等）；传输网络层包括 TCP、UDP；应用层包括 MQTT、CoAP、LwM2M、HTTP、FTP、XMPP、ModBus、LoRaWAN 等。

（3）设备安全防护技术。设备安全防护包括设备安全加固、设备唯一可信认证、设备通信加密、设备安全态势感知及设备安全修复等全方位的 IoT 设备安全。设备安全防护技术应适应多种操作系统，如 Android、Linux、RTOS 等，还需要不受各种网络通信协议（如 LoRa、NB-IoT、4G、5G、Wi-Fi）的限制。在设备安全加固方面，针对设备代码进行字符、函数、运行逻辑等多级混淆，防止源代码被逆向，同时提供安全 SDK，保护应用免受越狱系统、软件调试、资源篡改的困扰；在设备可信认证方面，基于证书双向认证为每个设备分配全球唯一的身份标识，使用轻量级算法，减少资源消耗，同时隔离非法终端接入，并在设备通信传输时采用 SSL 加密，保证设备与边缘设备及云端通信数据的安全，全程防窃取、防逆向破解、防非法调用。此外，在安全防护的同时，通过检测设备的内存、CPU、进程、系统行为、网络行为等，构建设备安全态势模型，建立安全策略，迅速定位威胁。设备安全修复可以通过 FOTA、热补丁或虚拟补丁等低成本技术对设备漏洞进行修复或对网络攻击进行拦截，保障设备持续运营安全。

6.1.3 物联感知网络

针对不同感知载体和设施的特点，传输可采用无线为主或有线为主两种方式进行布局。一是以无线为主，采用 4G/5G、无线专网等广域无线网络进行覆盖，主要支持低功耗、大连接数、位置较分散的传感装置或具有移动性的装备装置。5G 网络与边缘计算相结合，可实现在网络边缘侧对海量数据进行预处理，再回传给中心云平台，这样节省传输带宽，提供低时延服务。二是以有线为主，利用搭载物联网关或边缘计算设备的信息集控箱通过光纤、电缆或短距无线传输（Wi-Fi、蓝牙）等方式覆盖周围区域，主要支持位置相对固定、需要持续大带宽连接或持续供电的感知设备数据采集。

根据覆盖距离主要分为短距和广域覆盖物联网。广域覆盖物联网技术根据标准体系属性，又分为 3GPP 标准技术方案和非标准技术方案。主要的物联网技术方案如图 6-2 所示。

NB-IoT 与 eMTC 搭配是一套组合拳，充分满足物联网静态业务和动态业务需求、中高速率和低速率业务需求。无论是业务应用、终端类型还是后续技术演进，该类物联网技术都有得天独厚的基因优势。LoRa 协同架构简单，国内主要部署在 470 MHz 频段，系统简化物理层和 MAC 层设计，协议栈简单，主要采用 FSK 调制和扩频编码技术，支持终端大连接和终端节能。LoRa 物理层和芯片核心技术的工作频段是非授权频谱。LoRa 大规模应用存在政策风险和独立组网成本高的问题，应用场景存在一定的局限性。

短距技术方案	标准技术方案	非标准技术方案
Wi-Fi（802.11ah） 蓝牙、ZigBee、Zwave 工业无线通信标准： Wireless HART、DSRC	3G/4G/5G 蜂窝接入技术 物联网增强技术：LTE-M、 NB-IoT、EC-GSM 车联网技术：LTE-V	LoRa、Sigfox Ingenu Weightless-N 卫星通信技术 Wi-SUM

图 6-2 主要的物联网技术方案

6.2 高速泛在的通信网络

5G 启动初期确立的愿景为“信息随心至，万物触手及”。5G 的目标是渗透到社会的各个领域，以用户为中心构建全方位的信息生态系统。基于此愿景，确定了 5G 技术指标需求，并进一步提出了候选关键技术。5G 愿景随着标准的完善及产业的成熟而逐步实现。作为基础的 5G 网络规模部署，前期带动和满足 eMBB 超高清视频、虚拟现实、增强现实等场景的发展需求，推动相关应用领域进行创新，在中后期，uRLLC、mMTC 等典型应用涉及的众多垂直行业成员将深度参与 5G 生态，推动传统行业和信息产业融合发展。5G 无线移动通信系统将支撑未来十年（2020—2030 年）信息社会的无线通信需求，成为有史以来最庞大、复杂的通信网络，并将在多方面深刻影响社会发展及人类生活。与水和电一样，移动通信也将成为人类社会的基本需求，成为推动社会经济、文化和日常生活在内的社会结构变革的驱动力。

在 5G 发展如火如荼之时，越来越多的机构或个人开始涉及 B5G 或 6G 概念，包括学术界、工业界、政府甚至公众。6G 愿景可以概括为 4 个关键词：“智慧连接”“深度连接”“全息连接”“泛在连接”，这 4 个关键词共同构成“一念天地，万物随心”

的 6G 总体愿景。“一念天地”中的“一念”一词强调实时性，指无处不在的低时延、大带宽的连接，“念”还体现了思维与思维通信的“深度连接”，“天地”对应空、天、地、海无处不在的“泛在连接”；“万物随心”所指的万物为智能对象，能够“随心”所想而智能响应，即“智慧连接”；呈现方式也将支持“随心”无处不在的沉浸式全息交互体验，即“全息连接”。未来 6G 将打造形成天地一体综合信息网络，充分发挥空、天、地信息技术的各自优势，通过空、天、地、海等多维信息的有效获取、协同、传输和汇聚，以及资源的统筹处理、任务的分发、动作的组织和管理，实现时空复杂网络的一体化综合处理和最大效用，为不同的用户提供实时、可靠、按需服务的泛在、机动、高效、智能、协作的信息基础设施和决策支持系统。

6.2.1 5G连通“云网端”

2019 年 6 月 6 日，工业和信息化部向中国电信、中国移动、中国联通和中国广电正式颁发 5G 牌照，批准 4 家企业经营第五代数字蜂窝移动通信业务。这标志着我国正式进入 5G 商用元年。5G 作为智能城市发展的新引擎，将作为智能城市基础设施，它提供的大连接能力，将为构建数字孪生智能城市提供城市部件的数字化和智能化，每一个城市部件都将实时在线，并持续不断产生数据，为感知建模、人工智能提供数据，进而服务各项智能城市应用。

2019 年 4 月 23 日，中国联通正式发布 5G 品牌“5G" 让未来生长”，中国联通 5G 致力于科技创新、赋能行业，将给用户带来无限精彩体验。2019 年 6 月 25 日，在中国移动“5G+”发布会上，中国移动副总经理简勤表示，中国移动已为推动“5G+”计划做好准备，期待与产业各方携手加快创新探索步伐，共同推动 5G 应用创新，推动 5G 技术与各行各业深度融合，推动全社会的数字化、网络化、智能化升级。中国电信 5G 一期工程聚焦国内主要的 47 个城市，2019 年快速部署 NSA，要求硬件具备支撑 NSA/SA 能力，待 SA 产业成熟时，NSA 基站软件升级为 SA 或 NSA/SA 双模，满足网络向 SA 平滑、低成本演进的目标。中国广电在 2019 年 8 月也编制了 5G 试验网建设总体方案，综合利用 700 MHz、3.3 GHz 及 4.9 GHz 频段无线频谱资源，采用

NR 技术标准，拟选择 16 个试点城市，每个城市基站建设规模约为 200 个，展开中国广电 5G 试验网建设部署。

1. 5G关键技术

5G 以新的频谱、新的架构和新的业务体系带我们进入“信息随心至，万物触手及”时代。在 5G 的发展过程中，为满足三大类场景在功能、性能上更高的要求，5G 网络相对于其他制式网络有一些突出特点和要求。

（1）网络扁平化：网络结构更加扁平化，DU、移动边缘计算（MEC）节点进一步下沉，网络切片等技术特点，使 5G 网络大大减少端到端时延。

（2）密集组网：各类型基站数量大幅增加，与 4G 网络相比，5G（3.5 GHz）宏基站数量增加约一倍以上；为实现覆盖补盲、容量吸收及各类物联网应用场景，5G 微基站数量将显著增加，同时，大型室内场景、地下空间等均需建设新型室内分布系统。

（3）配套资源需求大幅增加：5G 射频模块设备用电需求将是 4G 基站设备的 3 倍左右，AAU 设备用电需求大幅增加，光纤直连方式下单站光纤需求将是 4G 基站的 2 倍，5G 基站需要更多的通信机房资源安装 CU/DU 设备。

结合上述特点和 5G 网络的技术发展，5G 关键技术总览如图 6-3 所示。

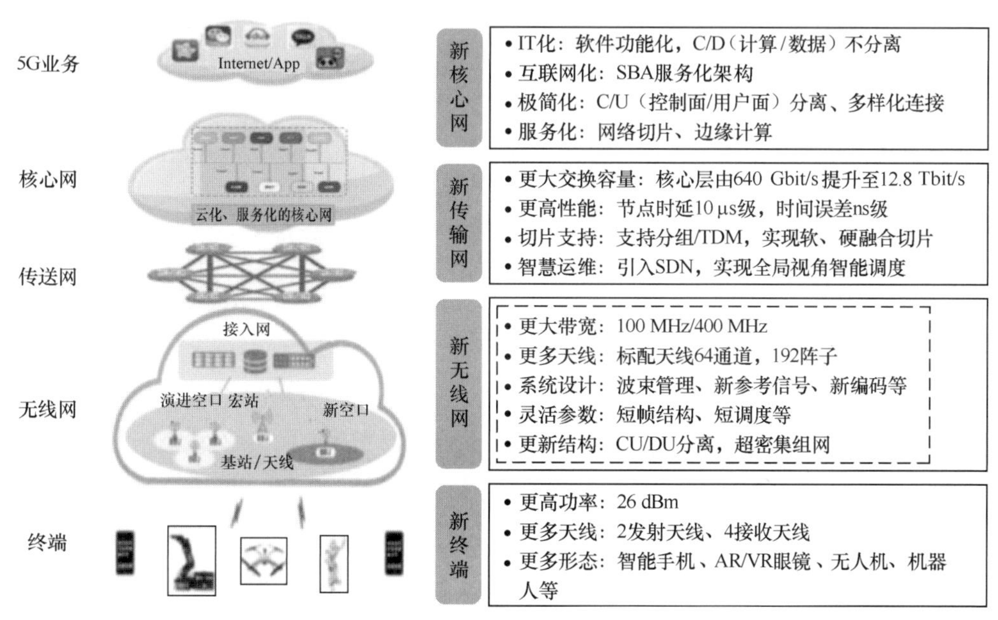

图 6-3 5G 关键技术总览

整理归纳5G关键技术主要包括Massive MIMO、F-OFDM、多RAT接入融合、新型多址、网络切片、边缘计算、SR、Flex等。

（1）Massive MIMO。

Massive MIMO是5G NR的核心关键技术之一。5G基站设备可支持的天线数及端口数将大幅度增加，可支持配置上百根天线和数十天线端口的大规模天线阵列，并通过多用户MIMO技术，支持更多用户的空间复用传输，数倍提升5G系统频谱效率，用于在用户密集的高容量场景提升用户体验。大规模多天线系统还可以控制每一个天线通道的发射（或接收）信号的相位和幅度，从而产生具有指向性的波束，以增强波束方向的信号，补偿无线传播损耗，获得赋形增益，赋形增益可用于提升小区覆盖，如广域覆盖、深度覆盖、高楼覆盖等。

大规模天线阵列还可用于毫米波频段，通过波束赋形、波束扫描、波束切换等技术补偿毫米波频段带来的额外传播损耗，使毫米波频段基站能够用于室外蜂窝移动通信。

然而，大规模天线在提升性能的同时，设备成本、体积和重量相比传统的无源天线也有明显增加，因此，实际网络部署中应结合覆盖、容量、成本等的要求，合理进行天线端口数的选择。

（2）F-OFDM。

滤波正交频分复用（F-OFDM，Filter Orthogonal Frequency Division Multiplexing），作为5G热点的“新波形”，能为不同业务提供不同的子载波带宽和循环前缀（CP，Cyclic Prefix）配置，以满足不同的时频资源需求。CP-OFDM波形是一种多载波传输技术，在调度上更加灵活，在高信噪比环境下链路性能较好，可适用于小区中心用户。目前，40 GHz频段下的eMBB和uRLLC场景“新波形”方案已明确，采用传统的CP-OFDM波形为主，DFT-OFDM波形作为补充。

（3）多RAT。

多RAT（Radio Access Technology），通过集中的无线网络控制功能和RAT之间的接口实现各种无线接入技术的分布式协同，提升网络整体运营效率和用户体验，统一的 RAT 融合技术包括 4 个方面。

① 智能接入控制与管理：将不同业务映射到合适的接入技术上，提升用户体验和网络速率。

② 多 RAT 无线资源管理：多技术间干扰协调、无线资源联合管理和优化。

③ 协议与信令优化：构建更灵活的网络接口关系和动态的网络功能分布。

④ 多制式多连接技术：终端同时接入多个不同制式的网络节点，实现多流并行传输。

（4）新型多址。

新型多址技术主要有 NOMA（非正交多址接入）、SCMA（稀疏编码多址接入）、MUSA（多用户共享接入）等。NOMA 的基本思想是在发送端采用非正交发送，主动引入干扰信息，在接收端通过串行干扰删除技术实现正确解调。SCMA 是一种基于码域叠加的新型多址技术，它将低密度码和调制技术结合，通过共轭、转置以及相位旋转等方式旋转最优的码本集合，不同用户基于分配的码本进行信息传输。MUSA 允许多个用户复用相同的空口自由度，利用远、近用户的发射功率差异，在发射端使用非正交复数扩频序列对数据进行调制，并在接收端使用连续干扰消除算法滤除干扰，恢复每个用户的数据，可显著提升系统的资源复用能力。

（5）网络切片。

网络切片是 5G 重要的使能技术，运营商采用软硬结合的多颗粒度网络切片方案，满足不同业务类型、业务场景以及垂直行业的特定需求。网络切片是利用虚拟化技术，在统一的网络基础设施上，虚拟出多个不同的逻辑网络来满足不同的业务 / 用户需求。网络可按不同的业务、客户群等多种维度来切分，网络切分是端到端的逻辑子网，涉及核心网、承载网、无线接入网，需要多领域的协同配合。3GPP 定义的网络切片管理功能包括通信业务管理、网络切片管理、网络切片子网管理。

（6）5G 核心网服务化架构及能力开放。

5G 核心网实现了网络功能模块化以及控制功能与转发功能的完全分离。控制面可以集中部署，对转发资源进行全局调度；用户面则可按需集中或分布式灵活部署，当用户面下沉靠近网络边缘部署时，可实现本地流量分流，支持端到端毫秒级时延。

5G 核心网服务化架构如图 6-4 所示。

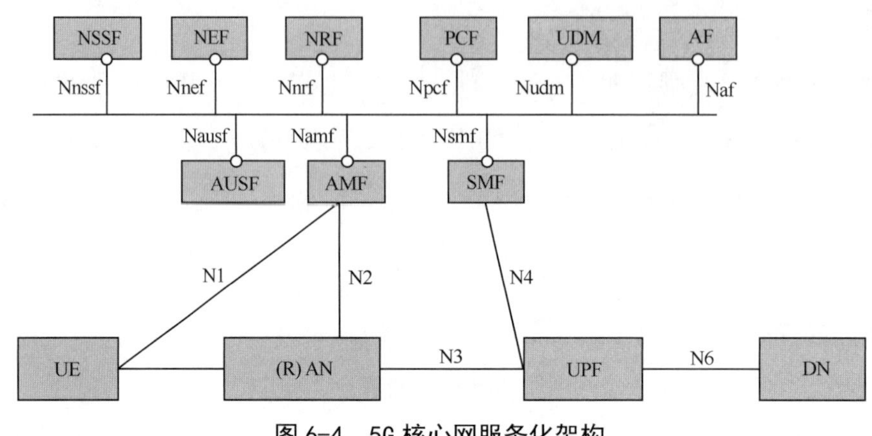

图 6-4 5G 核心网服务化架构

（7）移动边缘计算（MEC）。

MEC 是一种基于移动通信网络的全新的分布式计算方式，构建在 RAN 侧的云服务环境通过一定的网络服务和网络功能脱离核心网络，实现节省成本、降低时延和往返时间、优化流量、增强物理安全和提升本地缓存效率等目标。基于 MEC，终端用户可获得更加极致的体验、更加丰富及更安全可靠的应用。MEC 涵盖应用程序、安全、服务器、数据库、分析、AR、LBS、IoT 和设备等内容。MEC 的应用场景主要分为本地分流、数据服务、业务优化 3 类。

MEC 技术能力主要包括以下几方面。

① 网络开放。MEC 可提供平台开放能力，在服务平台上集成第三方应用或在云端部署第三方应用。

② 能力开放。通过公开 API 的方式为运行在 MEC 平台主机上的第三方 MEC 应用提供包括无线网络信息、位置信息等多种服务。能力开放子系统从功能角度可以分为能力开放信息、API 和接口。API 支持的网络能力开放主要包括网络及用户信息开放、业务及资源控制功能开放。

③ 资源开放。资源开放系统主要包括 IT 基础资源的管理（如 CPU、GPU、计算能力、存储及网络等），能力开放控制以及路由策略控制。

④ 管理开放。平台管理系统通过对路由控制模块进行路由策略设置，可针对不同用户、设备或第三方应用需求，实现对移动网络数据平面的控制。

⑤ 本地转发。MEC 可以对需要本地处理的数据流进行本地转发和路由。

⑥ 计费和安全。面向未来新型业务和新型服务，计费方式根据业务发展灵活应用。

⑦ 移动性。终端在基站、小区之间移动，跨 MEC 平台移动。

（8）SR。

SR（Segment Routing）是一种支持源路由的隧道机制，源路由是指在源节点可以指定业务路径，而不使用信令协议。SR 是兼容现有 MPLS 转发面的源路由技术，在源节点实现显式的路径，SR 同时支持传统网络和 SDN，兼容现有设备，保障现有网络平滑演进到 SDN，SR 技术主要有以下优势。

① 简化协议层面：不需要运行 LDP/RSVP 等，通过 IGP 扩展传递标签。

② 扩展数据平面：复用已有的 MPLS 和 IPv6 转发平台，网络设备进行软件升级即可支持对 SR 的转发。

③ 弹性网络：中间节点不需要维护状态，节点的增加对网络的影响小，标签数量少，标签数为全网节点数 + 本地邻接数。

④ 高可靠性：支持 TI-LFAFRR，任何拓扑下提供 FRR 快速保护能力。

⑤ 可编程能力：符合 SDN 的网络演进方向。

（9）Flex。

对于 5G 承载网络，除了大带宽技术，同时要考虑业务端到端、流量物理隔离、低时延、网络保护等电信网络需求。灵活以太网（Flex Ethernet）是承载网实现业务隔离承载和网络分片的一种接口技术。在以太网 L2/L1 之间的中间层增加 Flex Shim 层，Flex Shim 层基于时分复用分发机制，将多个用户接口的数据按照时隙方式调度并分发至多个不同的子通道。以 100GE 管道为例，通过 Flex Shim 可以划分为 20 个 5 Gbit/s 速率的子通道，每个用户侧接口可指定使用某一个或多个子通道，实现业务隔离。

Flex 技术在以太网技术的基础上实现了业务速率和物理通道速率的解耦，物理接口速率无须再等于客户业务速率，可以是其他更灵活的速率。Flex 能够实现大端口的捆绑功能，有效地解决以往网络带宽升级面临的问题。Flex 分片是基于时隙调度将一个物理以太网端口划分为多个以太网弹性硬管道，使网络既具备类似于 TDM（时分复用）独占时隙、隔离性好的特性，又具备以太网统计复用、网络效率高的特点，实现同一切片业务统计复用，切片之间业务互不影响，相对于通过 VPN 实现的切片隔离性更好，为 5G 网络切片提供了更多选择。

2. 5G网络架构

为了应对 5G 需求和场景对网络提出的挑战，并满足 5G 网络优质、灵活、智能、友好的整体发展趋势，5G 网络需要通过基础设施平台和网络架构两个方面的技术创新和协同发展，最终实现网络变革。

在网络架构方面，基于控制转发分离和控制功能重构的技术设计的新型网络架构，提高接入网在面向 5G 复杂场景下的整体接入性能。简化的核心网结构可提供灵活高效的控制转发功能，支持高效智能运营，开放网络能力，提升全网整体服务水平。

5G 接入网是一个满足多场景的以用户为中心的多层异构网络，宏基站和微基站相结合，统一容纳空口多种接入技术，提升小区边缘协同处理效率，提高无线和回传资源利用率。5G 无线接入网由孤立的接入“盲”管道转向支持多接入和多连接、分布式和集中式、自回传和自组织的复杂网络拓扑，并且具备无线资源智能化管控和共享能力，支持基站的即插即用。

5G 核心网需要支持低时延、大容量和高速率的各种业务，能够更高效地实现对差异化业务需求的按需编排功能。核心网转发平面从网络中心下移到网络边缘，以支持灵活均衡的流量负载调度功能。

5G 网络逻辑架构如图 6-5 所示。

新型 5G 网络架构包含接入、控制和转发 3 个功能平面。控制平面主要负责全局控制策略的生成，接入平面和转发平面主要负责策略执行。

（1）接入平面。接入平面包含各种类型的基站和无线接入设备。基站间交互能力增强，组网拓扑形式丰富，能够实现快速灵活的无线接入协同控制和更高的无线资源利用率。

（2）控制平面。控制平面通过网络功能重构，实现集中控制功能和简化控制流程，以及接入和转发资源的全局调度。面向差异化业务需求，通过按需编排的网络功能，提供可定制的网络资源，以及友好的能力开放平台。

（3）转发平面。转发平面包含用户面下沉的分布式网关，集成边缘内容缓存和业务流加速等功能，在集中的控制平面的统一控制下，数据转发效率和灵活性得到极大提升。

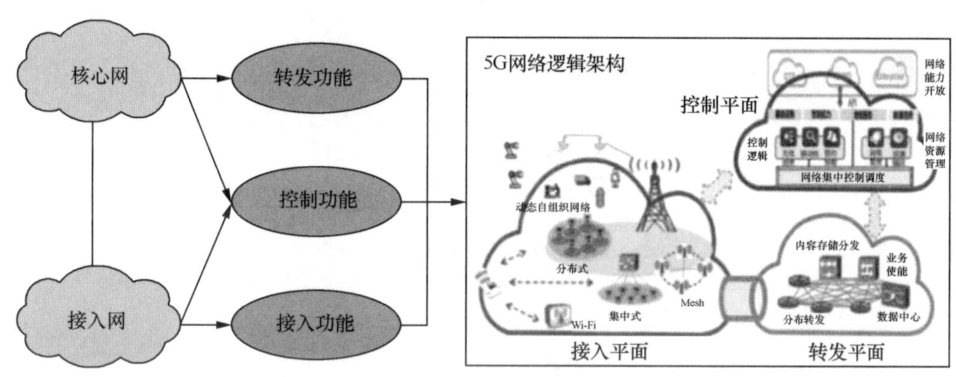

图 6-5 5G 网络逻辑架构

5G 网络的部署包括接入网、汇聚网和骨干网 3 个部分。5G 网络部署框架如图 6-6 所示。

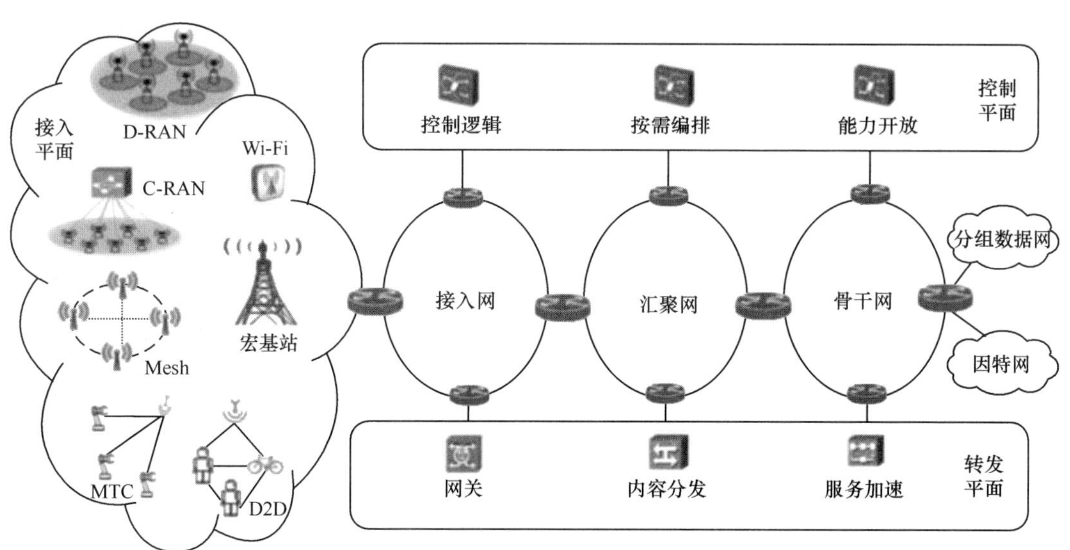

图 6-6 5G 网络部署框架

网络控制功能包括核心网控制功能和接入网控制功能。核心网用户面功能在城域汇聚网或骨干网内尽量集中化部署。面向低时延业务场景，核心网控制功能需要部署在接入网边缘或与基站融合部署。数据网关和业务使能设备可以根据业务需要在全网中灵活部署，以降低对回传网络的压力、降低时延和提高用户体验速率。网络能力开放功能可以部署于网络控制功能上，有利于网络服务和管理功能向第三方开放。

（1）5G 接入网。

5G 网络无线侧主要包括 CU、DU 和 AAU 3 个部分。

① 集中单元（CU，Centralized Unit）：基带控制单元中非实时部分，负责处理非实时协议和服务。

② 分布单元（DU，Distribute Unit）：基带控制单元中除去 CU 及 AAU 功能的部分，负责处理物理层协议和实时服务。

③ 有源天线处理单元（AAU，Active Antenna Unit）：基带控制单元中部分物理层处理功能与原 RRU 合并，提供射频单元功能及天线信号发射功能。

按照规划、建设的流程推进，在无线网规划阶段，进一步围绕规划准备、预规划和详细规划 3 个细化阶段开展工作，重点围绕业务预测、设备形态及选择、覆盖规划、容量规划、站址规划、共建共享等方面来落实规划具体工作。

① 业务预测。业务预测通常包括用户数预测和业务量预测两大部分。4G 阶段用户数预测主要基于现有移动网络的用户数、渗透率、市场发展以及对手等情况综合考虑，业务量预测基于经验业务模型和预测的用户数进行计算。5G 中业务预测与场景密切相关，eMBB 场景预测方法与 4G 基本一致，但 5G 中业务量预测主要是数据业务预测。在 uRLLC、mMMTC 场景下，业务特征主要表现为高可靠低时延连接和海量物联，并且还存在诸多 D2D、M2M 等业务，因此，在业务侧重点有所不同。

② 设备形态及选择。当前 5G 基站的主设备形态以室外的 AAU+BBU（CU/DU 合设）以及室分有源设备为主。对于 BBU 设备，初期考虑 CU/DU 合设方式，并随着标准和产业成熟，适时引入 CU/DU 分离架构，支持业务切片，支持 uRLLC 和 mMTC 业务场景。对于 AAU 设备采用了大规模天线技术，存在多种设备形态，应根

据网络覆盖场景、覆盖需求、容量需求灵活选择，对于密集城区及高流量、高价值业务场景，采用64TR AAU设备，同时满足容量和覆盖需求；对于其他区域及业务场景，须根据多天线性能测试结果，依据低成本建设和运营原则，分场景进行灵活选择设备形态。对于室内覆盖，在高流量和战略地标室分站点可采用5G有源分布系统、微AAU等方式进行覆盖，兼顾考虑覆盖和容量需求。

③ 覆盖规划。链路预算是5G无线网覆盖规划的理论基础，一般可选用修正后的SPM模型来进行链路预算。在链路预算时使用大规模天线，需要考虑大规模天线的阵列增益、分集增益和波束赋形增益等参数因子。最后还要考虑穿透损耗，规划过程中结合具体场景的建筑物材质和是否采用室内覆盖多重因素考虑损耗取值。

④ 容量规划。容量规划分区域进行，首先估算各区域的业务类型及各类型业务的业务量。然后根据不同区域提供的业务模型、用户模型等估算单小区能提供的容量。接着可由业务总量和单小区容量计算出实际区域的达到容量目标所需的小区数，最后将各区域所需的小区数相加即可得到整个业务区所需设置的小区数。5G中Massive MIMO、F-OFDM、新型编码等技术大大提高了频谱效率，且采用了百兆以上带宽，使5G具备高容量、大连接的能力，网络建设初期容量一般不会成为5G规划中的瓶颈问题。

⑤ 站址规划。站址规划需要进行实地勘察和站点的具体布置，找出适合的基站站址的位置，初步确定基站的高度、扇区方向及下倾角等参数。在进行站址规划时，须充分考虑现有网络站址利旧和新建站的站址共建共享问题，须核实现有基站位置、高度是否适合新建网络、机房、天面，是否有足够的位置布放新建系统的设备、天线等。考虑到和现有基站共址建设带来的干扰控制问题，可通过空间隔离和加装滤波器等方式对不同系统的天线进行隔离。另外，在5G实际建设中，利用小基站补盲是5G覆盖的一大重点，因此，5G网络站址规划需要考虑大量小站站址的规划。

⑥ 共建共享。在遵循国家有关共建共享政策要求下，结合铁塔公司统筹协调各运营商的共享需求，对于新增站址，既可考虑各运营商共建的模式，由铁塔公司统筹协调建设，又可考虑充分利用路灯灯杆等各类市政基础设施，因地制宜。建设过

程中重点围绕小基站和新型有源室分系统进行落地建设，目前新型室分系统产品形态尚处于研究探索阶段，初期可考虑通过部署室内一体化小基站（皮基站）手段来解决。

（2）5G 承载网。

承载网规划可分为规划准备、网络调研、制订方案、投资估算等阶段，重点围绕大带宽、低时延、高精度时间同步、网络切片和灵活组网等需求来落实具体规划方案，重点从网络架构选择、技术方案选择来阐述。

① 承载网网络架构。遵循固移融合、综合承载的原则和方向，统筹考虑光纤宽带网络的建设，在光纤光缆、机房等基础设施以及承载设备等方面实现资源共享，光缆网根据用户密度和业务需求统筹规划和建设。5G 承载网由前传（AAU—DU）、中传（DU—CU）、回传（CU—核心网）3 个部分构成，综合考虑投资效益、初期需求满足的情况等，初期主流运营商主要考虑采用 C-RAN 方式，将 CU/DU 合设部署，重点考虑前传和回传两部分，前传优先选用 eCPRI。

② 前传技术方案选择。主要有光纤直连、无源 WDM、有源 WDM/M-OTN 等方案，其中光纤直连方案简单，但光纤资源占用较多，采用单芯双向（BiDi）技术，可节约 50% 的光纤资源。无源波分方案采用波分复用 WDM 技术，将彩光模块安装在无线设备（AAU 和 DU）上，通过无源的合、分波板卡或设备完成 WDM 功能。有源波分方案在 AAU 站点和 DU 机房配置城域接入型 WDM/OTN 设备，多个前传信号通过 WDM 技术共享光纤资源，该方案支持点对点及组环网两种场景。

③ 中传 / 回传技术方案选择。结合现网 IPRAN 架构，仍保持核心、汇聚、接入三层架构。由于 5G 须支持三层到边缘，IPRAN 网络需要全网使用三层协议，取代现有汇聚路由器以下使用二层 PW。考虑到全网数十万接入路由器规模，亟须部署 IPv6 能力，使用全新的分段路由（SR）功能。同时，为实现网络切片功能，还需要软件升级以支持增强 VPN（EVPN，软切片）和灵活以太网技术（Flex，硬切片），根据 IP 网络演进过程，既可基于 4G 承载网络进行升级演进，又可基于新的 5G 承载方案逐步配套部署具备相应功能的设备或软件。

（3）5G 核心网。

核心网规划可分为规划准备、网络调研、制订方案、投资估算等阶段。在规划准备阶段，对网络规划工作进行分工和计划，准备工具软件，收集市场、网络等方面的资料，并进行初步的市场策略分析。在网络调研阶段主要对基础数据进行调研，包含对用户规模、业务模型、网络结构、局房情况、传输条件、周边支撑系统等情况进行搜集并分析。在制订方案阶段，主要明确网络建设原则，确定建设规模，进而展开具体网络建设方案，包括网络架构、网元设置、网络路由、编号计划、网管与计费、NFVI 资源池方案、承载网需求、对现网及周边支撑系统的改造要求等。核心网规划要点包括组网方式、业务发展及网络建设推进思路等。核心网建设则重点考虑网络部署策略、NFVI 资源池建设、现网及周边支撑系统建设等。

核心网规划阶段重点关注 5G 组网策略，3GPP 提出 SA 和 NSA 两种组网方案，由于基于 EPC 的 NSA 标准已在 2017 年 12 月冻结，采用此种方案，无须新建 5GC，5G NR 接入 EPC，EPC 须升级支持 5G 接入相关的功能，这种方式不支持网络切片、MEC 等新特性，无法实现 mMTC、uRLLC 等应用场景。而 SA 方案是目标方案，对现网改造量小，业务能力更强，终端成本低。综合考虑业务体验、业务能力、终端产业链支持情况、组网复杂度和网络演进，建议优先采用 SA 独立组网方式，但 SA 终端尚不具备规模商用条件，初期考虑采用 NSA 组网方式作为过渡，并且初期重点围绕体现 5G 大带宽优势的业务开展示范和体验，不盲目扩大业务范围和用户规模，要结合各种网元和标准的成熟时间进行分阶段部署 5GC 网元。

建设过程中针对 5G 核心网数据域和控制面网元部署遵循虚拟化、大容量、少局所、集中化原则，采用大区制或分省方式建设 5G 核心网，同时根据 5GC 全新的 SBA，按照网络和业务需求及产业成熟度分阶段部署 5GC 网元。针对 NFVI 资源池建设，初期考虑基于虚机或虚机容器方式进行虚拟化。

6.2.2 6G打通“空、天、地、海”

6G 网络将致力于打造一个集地面通信、卫星通信、海洋通信于一体的全连接通信世界，沙漠、无人区、海洋等移动通信的“盲区”有望实现信号覆盖。

2018 年 10 月 2 日，国际电信联盟在美国纽约召开“网络 2030”研讨会，会议针对 6G 三大场景达成了共识。

（1）甚大容量与极小距离通信，包括超越 AR/VR、全息通信、高吞吐量（>Tbit/s）、全息传送（<5 ms）、数字感官、定性沟通协调流等。

（2）超越“尽力而为”与高精度通信，包括无损网路、吞吐量保证、时延保证（及时保证 / 准时保证 / 协调保证）、用户 – 网络接口。

（3）融合多类网络，包括卫星网络、因特网规模的专用网络、移动边缘计算、专用网络 / 特殊用途网络、密集网络、网络 – 网络接口、运营商 – 运营商。

1. 6G关键技术

为实现 6G 系统的愿景、满足未来通信需求，须重点考虑 6G 的以下几类关键技术。

（1）太赫兹通信。

太赫兹频谱是随着当前频谱资源枯竭而发展起来的全新频谱资源，指频率在 0.1 ~ 10 THz 的电磁波。太赫兹频谱通信具有频谱资源带宽宽、传输时延低、传输速率高等优势，是未来 6G 移动通信系统极具吸引力的宽带通信技术。太赫兹频谱既有微波的特性，又有光波的特性，主要表现为穿透性强、带宽宽、量子能量低等，对于未来 6G 移动通信系统中的大数据实时传输是一种不可多得的有效技术手段。

与微波通信相比，太赫兹通信具有以下特点：载波频率更高、穿透能力更强；传输带宽更宽，能获得更大的信息传输容量；波长更短，更容易将设备小型化、便携化。与激光通信相比，太赫兹通信具有以下特点：大气吸收能力强，对于短距离空间保密通信更有效；波束宽度适中，对于平台的稳定性要求更低。

太赫兹频谱通信技术在未来大数据实时传输的 6G 移动通信系统中具有先天的技术优势。

① 宽频谱资源：太赫兹由于频率高，具有丰富的可利用频率资源。

② 高传输速率：太赫兹频谱的数据传输能力能达到 100 Gbit/s 以上。

③ 强捕获能力：太赫兹频谱具有灵活可控的多波束，在空间组网中，能够提供

很强的通信跟踪捕获能力。

④ 强抗干扰 / 截获能力：太赫兹具有波束窄、方向性好等特点，使太赫兹通信信号难以被侦查和接收，即太赫兹通信具有更好的保密性和抗干扰能力。

⑤ 强穿透性：太赫兹穿透物质时，其衰减较小，能满足某些特殊场景的应用需求。

太赫兹频谱用于未来6G移动通信系统除拥有显著优点外，还存在很多技术上的难点与挑战，如大尺度衰落特性、太赫兹直接调制技术、太赫兹混频调制技术以及低功耗、低复杂度的高速基带信号处理技术等。

（2）可见光通信。

可见光通信技术是将高速互联网架设在照明设备上，利用肉眼无法区分的光照闪烁来传递信号，这种短距离无线通信方式能够覆盖室内灯光达到的范围，对于任意家用的物联网设备，不再需要进行有线连接。可见光通信技术能有效解决当前射频通信频带紧张的问题，因此，可见光通信技术具有广阔的实际应用需求和研究价值。

可见光通信技术和当前的无线局域网相比具有很多优势。

① 设备简单：可以利用家用照明设备替代无线局域网基站来收发信号。

② 传输速率高：可见光通信技术能够获得几十兆甚至上百兆的传输速率，随着可见光技术的发展，未来传输速率可能超过光纤的传输速率。

③ 保密性更好：对于可见光通信而言，仅仅需要一块帘布将可见光挡住，信息就不会泄露，因此，可见光通信具有很强的保密性。

④ 广泛的应用场景：室内无线局域网、水下可见光通信以及卫星之间的可见光通信等，可见光通信在未来移动通信中具有无可替代的作用，值得研究者们进行深入研究，为未来可见光通信系统的应用提供理论支撑。

（3）超大规模天线技术。

当把THz、Sub−THz、可见光的新增频谱用于6G时代的移动通信系统时，将需要运营商能以更多天线系统传播信息，以获得更高的吞吐量。因此，在未来6G移动通信系统中，通过超大规模天线技术提供很大的空间，将是提升6G移动通信系统频谱效率的关键技术之一。对于未来6G通信系统的需求和挑战，大规模天线阵列技术将着力于解决以下问题：实现大规模天线跨频段、高效率、全空域覆盖的射频理论突破；解决高集成射频电路面临的低功耗、高效率、低噪声、抗干扰等多项理论实现技术；大规模阵列天线和高集成射频电路联合设计，实现高性能、大规模波束成形网络设计技术。

（4）频谱认知技术。

动态频谱资源共享方案会根据自身的网络业务需求动态申请和动态释放频谱资源，尽可能实现最大频谱资源利用率。频谱资源共享方式对于频谱资源稀缺的运营商来说极具吸引力。然而，要实现频谱资源共享，将面临更多的技术挑战，其中最大的挑战是信道间的干扰问题。例如，如何既能消除网络中不同物理信道的相互干扰，又能提升业务信道在共享频谱方式中的整体频谱利用率，这需要运营商设计一套强大的算法。实际上，频谱资源共享技术还需要解决很多关键性问题。

① 网络架构与接口。新增高级频谱管理节点，用于维护管理共享资源池、获取共享节点的需求申请、执行频谱分配决策。各共享节点进行测量和需求统计，并接收频谱分配结果，执行节点内的资源重配置。在架构中涉及数据库技术，如频谱地图生成与管理、注册鉴权、信道分配、学习机制等。

② 高层技术。研究频谱共享的高层技术，解决频谱共享导致的频谱资源动态变化和多优先级网络共存问题。基于不同的系统架构，研究对于所获取的大量零散频谱资源进行高效分析与管理、多共享节点间的频谱最优与公平协商、基于预测和代价分析等的频谱切换、接入控制、跨层设计等，并分析对现有的网络接入、业务流管理、移动性等流程的影响。

③ 物理层技术。研究频谱共享的物理层技术，通过频谱检测等方式获得频谱使用状况，设计测量与反馈机制、信道和参考信号等，实现结果上报和频谱资源的配置与使用。

④ 射频技术。分析面向未来的支持频谱共享技术的新型射频，能够支持更广的频率范围，在多通道同时工作时有效处理通道相互干扰，能支持灵活带宽的射频、在相同频谱中接入不同系统时的灵活调制，以及通过多路检测或压缩感知等方式的宽频谱检测等功能，寻求射频参考结构与参数。

（5）个性化的极化码。

在正在商业化的5G移动通信系统中，极化码虽然已经被确定为5G信道编码标准，但在很多方面依然存在很大的优化空间，如编码构造和译码算法。对于未来6G移动通信系统中灵活多变的业务需求，基于差异化原理编码的极化码作为编码标准是非常合适的。因此，有必要进一步对极化码的编码构造理论和方法进行研究，以及展开对低复杂度的译码算法的进一步研究。另外，未来6G移动通信系统面向的是高速率的大数据传输，极化编码MIMO系统能够满足这一性能要求并且能获得更好的性能优势。

（6）定位技术。

定位技术是未来6G移动通信系统中的关键技术之一，由于传统的GPS或蜂窝定位方法难以实现室内高精度定位，无法满足未来6G通信中的定位需求，因此，研究6G移动通信系统中辐射源新型高精度、低复杂度的定位方法显得尤为重要和迫切。

根据定位方式的不同，当前常用的定位方法大致分为5类：基于到达时间（TOA）、基于到达时间差（TDOA）、基于到达频率差（EDOA）、基于到达角（AOA）、基于信号强度（RSS）。其中，RSS方式需要传播信道的先验信息；TOA方式需要发射源的合作，无法适应复杂传播环境和非合作式定位；基于TDOA、AOA或二者联合的定位方式可有效地检测并定位多个非合作式信源，成为面向多个辐射源监测和定位的有效方式。

2. 6G网络架构

6G将探索5G遗漏的相关技术，重点围绕超高网络性能和全新概念网络架构，构建覆盖空、天、地、海等所有人类活动的物理空间，向人类感知的虚拟世界拓展，推动向具有智慧大脑的智能移动通信2.0发展。

（1）超高网络性能和全新概念网络架构。

6G将积极探索各种其他未知的关键性指标，并超过之前任何一代移动通信系统。随着极高频（100 GHz以上）毫米波和太赫兹技术得到广泛应用，无线传输速率将更高，频谱利用将更高效。6G用户体验速率能达到100 Gbit/s，峰值速率超过1 Tbit/s，

最小时延 <0.1 ms，误码率 <1/100（可靠性达 99.9999%），频谱效率测算方式从二维面积频谱效率（$bit/s \cdot Hz^{-1} \cdot m^{-2}$）到三维体积频谱效率（$bit/s \cdot Hz^{-1} \cdot m^{-3}$），利用率高达 100 $bit/s \cdot Hz^{-1}$，6G 网络的性能将提升到一个新的高度。由于 6G 将迈入频率更高的太赫兹（100 GHz ~ 10 THz）频段，太赫兹脉冲宽度为皮秒量级，因此，网络传输时延会低于毫秒级，达到亚毫秒级，使网络的响应时间将更短，实时性更高。

6G 核心网将具有全新理念、全新架构和最佳保障服务的新型数据传输网络。网络能实现多维度确定性，提供具有高精度边界的网络服务等级，为海量数据传输提供精确性保障。全世界的移动通信用户之间的数据交换与网络峰值速率一样呈指数爆发式增长，预计到 2030 年，全球总流量会达到 4 394 EB/ 月，而每个用户每个月消费 257 GB 流量，其中包括各种不同类型的移动通信数据，如全息视频数据、生产生活数据、卫星数据、多智能体通信数据以及满足一切人类需求的数据。如此万亿级数据需要 6G 具备面向未来 2030 年的内生性安全及支持多种异构网络互连的全新网络架构。

为了获得超高传输速率、超大网络容量和大连续频谱带宽，毫米波甚至太赫兹等超高频谱资源成为 6G 网络建设的必要选项。毫米波和太赫兹传输定向通信性能较好，但覆盖面积较小、传输距离较短（目前太赫兹仅有 10 m 左右），其大尺度衰落特性使很多应用场景难以适应，而且由于太赫兹需要超高采样频率，降低无线射频设备功耗也成为网络要面临的严峻挑战。

（2）构建覆盖“空、天、地、海”等所有人类活动的物理空间。

6G 的网络互联将从目前地面上的平面二维互联向陆、海、空、天，微观世界以及外太空和星际互联不断延伸，会延伸到地球的所有物理维度。6G 时代的无线网络覆盖将会向“空、天、地、海”泛在融合的物理空间拓展，将人类的“数字鸿沟”缩小到极致。采用空间复用技术的 6G 陆地移动通信系统将与卫星通信系统协同组网，集地面无线通信、高中低纬度卫星互联网和海洋互联网于一体，形成具有最大化容量、密集泛在连接和高致密频谱的全覆盖空间。6G 网络几乎能够覆盖到所有人类活动的区域，如人迹罕至的偏远地区、广阔的海洋甚至平流层，体现无处不互联的网络特征。

陆地通信、卫星通信和海洋通信三者相互融合成为未来网络发展的趋势之一。6G网络将会立足陆地、拥抱海洋、谋划空天产业，利用高通量卫星建立轨道卫星通信星座（天基），整合海洋互联网通信各种载荷平台（海基）与陆地移动通信（陆基）相互协作融合，形成覆盖全球范围的高精度和高可靠性网络。天基、海基和陆基通信标准实现统一，才能使其在网络各个层面开展有效互联互通，其中，移动性管理也将包含从大型卫星到小型地面基站的所有范围。

6G统一网络架构如图6-7所示。

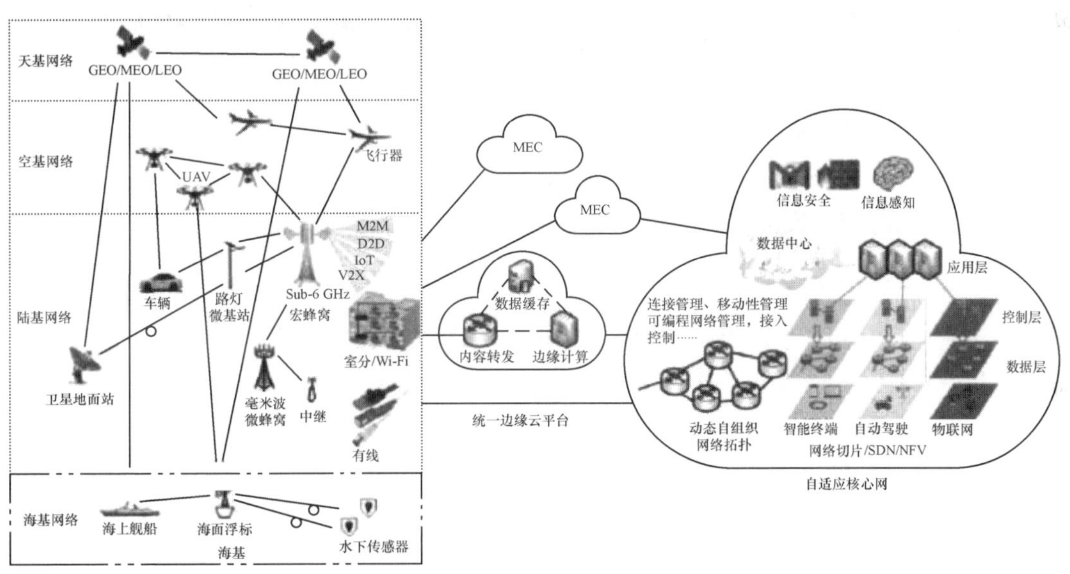

图6-7　6G统一网络架构

（3）向人类感知的虚拟世界拓展。

6G时代，数字虚拟感知将会与每一个人息息相关。未来人类的生理、心理和病理等特征性数据都会抽象成为人的情境数字模型，以“虚拟身”“数字人”等形式存储在网络空间，数据随着时间不断更新。6G网络能够传达人类自身数据，包括味觉、触觉、病痛、习惯、心情以及多种感官数据，使虚拟应用能够达到“可触摸”的全息感知状态，各种与人类生活需求密不可分的服务也都会诞生，如全息视频应用、远程遥感诊断、远程心理介入、虚拟数据统计预测和数字舆情分析等。

触觉互联网（TI，Tactile Internet）能够通过网络实时传输人类的各种触觉信息，极低的时延以及超高可用性、可靠性和安全性是触觉互联网的特征。根据测算，人类听觉感受响应时间是 100 ms，视觉是 10 ms，而触觉响应时间则达到 1 ms。当网络时延超出人类感受响应时间时，大脑就能感知延迟，进而影响用户体验。因此，具备传输速率更高、时延更小特性的 6G 网络才能让这些新兴应用成为现实。配合相应的传感器，类似触觉互联网和视觉互联网通过无线网络就能实现实时性交互。触觉机器人也将是人类感知应用的延伸，异构机器人通过触觉互联网形成跨越不同领域的虚拟人物集合。触觉互联网只是网络渗透到人类感知世界的开端，人类一切生理和心理数据都能通过网络进行实时传输和存储，在 6G 基础设施上形成各种子感知移动网络，让其成为通向人类感知世界的桥梁。

（4）推动向具有智慧大脑的智能移动通信 2.0 发展。

当前人工智能的发展还处于初级阶段，但随着 GPU、张量处理器（TPU，Tensor Processing Unit) 和分支处理单元（BPU，Branch Processing Unit）等硬件计算能力的不断提升，逼近人脑信息处理能力的神经形态计算和跨媒体智能计算等类脑科学计算模式日益强大，未来全新的业务类型将会不断涌现，能够为 6G 网络提供超级智慧大脑。移动通信与人工智能两者之间并非完全独立的技术领域，存在相互交叉、相互协同和相互赋能的关系。从最初通信网络为人工智能提供服务支撑，到人工智能不断为网络提供优化手段，最后逐步形成两者持续相互协作赋能与提升，并以多智能体互连的方式构成移动智联网。人与智能体和谐共处，一种群智能体间互连的数据传输类型将会诞生，6G 将会向智能移动通信 2.0 阶段迈进，进而推动人类社会从“万物互联”演变为“万智互联”，形成真正意义上的“智慧互联”时代。

随着技术不断进步，6G 将会利用人工智能技术强大的算力和创新的模型架构，形成具有以人类需求为中心、结合多元知识进行类脑智能训练与推理的能力。从现阶段初级智能应用向人类社会所需要的高级智能应用演进。未来 6G 网络急需的智能频谱感知和智能信道估计等需求还缺乏有效应对手段，将人工智能技术融入 6G 网络，很可能会使网络架构过于复杂，为网络服务质量（QoS，Quality of Service）、维护难度和用户体验带来一定挑战。网络需要有更简洁的协议、更扁平的架构和更敏捷的运维，有研究表明，将超密集组网、SDN、网络功能虚拟化和移动边缘计算等技术相结合是一种有效的解决方案，可以减轻网络负荷，改善资源分配和优化系统效率。如此，网络才能真正洞悉人们的多种意图，满足人类个性化需求。

6.3 协同计算设施

6.3.1 超算系统

1. 超算系统关键技术

超算系统一般来说投资巨大、运行环境要求严格、电力消耗大、运行成本高，在满足对单个重要应用计算规模需求的同时，必须考虑系统的使用效率，充分发挥计算资源的效益。按照需求分析，超级计算主要用于科研和工程计算，一方面，为了在规定的时间内尽快完成计算任务，需要有足够规模；另一方面，该类任务并不是很多，也并不需要常年计算，更多的任务是规模稍小一些的，以连续运算的任务为主。通过集中建设一个超级计算环境，利用资源共享和适当的管理调度，在满足需求和充分发挥使用效率之间平衡是优选方式。

规划阶段应有前瞻性，保持一定的余量，为用户进一步提高计算水平提供发展空间。计算能力不足导致用户只能以简化计算模型、降低计算规模或计算精度、延长计算时间等方式为代价实施计算，这会限制研究的深入发展。目前，用于百万亿量级的超级计算算法和应用程序，由于算法的复杂性、扩展性等方面的困难并不能简单地直接用于更高量级的高性能计算。只有提供了更高性能的计算系统，才能针对计算机的特点研究新的高效率并行算法，进而实现更大规模的应用计算。否则，这些依赖于高性能计算进行研究的用户将无法增大并行计算规模和提高应用水平，在科学研究中将越来越被动，与国际先进水平的差距将会不断加大。计算能力的提高对应用以及算法具有牵动作用，随着计算条件的改善，实际应用需要的计算规模将迅速扩大。

在超算系统中，为了提升单位能耗所获得的计算能力，降低系统的PUE（Power

Usage Effectiveness），须选用先进的绿色节能技术，目前，主流超算系统使用的绿色节能技术包括高效浸没式液冷相变冷却技术和风 / 液冷混合制冷技术。与传统的风冷技术相比，液体热传导的效率更高，换热能力更强。液冷散热制冷方式在高密度计算中心，特别是在超算中心逐渐开始应用并成熟。液冷技术采用液体冷媒与服务器发热部件进行热交换，能大幅度提高散热效率，降低制冷散热能耗。同时，还能大幅度降低系统噪声。另外，由于系统运行环境的改善，还能有效提高系统稳定性，并提升系统性能。采用液冷散热制冷技术后，计算子系统的 PUE 将从传统风冷机房的 1.4 ~ 1.5 下降到不高于 1.05/1.2（分别对应高效浸没式液冷相变冷却技术或风 / 液冷混合制冷技术），液冷散热制冷技术在业界处于领先水平。

超算系统可以分为软件系统和硬件系统两部分。

超级计算机硬件系统主要由高速运算系统、高速互连通信网络系统、存储系统（I/O 管理节点和 I/O 存储节点）、维护监控系统、电源系统、冷却系统和结构组装设计等部分组成。高速运算系统负责逻辑复杂的调度和串行任务以及并行度高的任务，可以采用同构计算（纯 CPU 组成计算节点），也可以采用异构计算（CPU+ 加速器组成计算节点）。高速互连通信网络由 InfiniBand、高速以太网、自定制互联机制构成，将所有计算节点连接起来，使其成为一个整体。存储系统由内存和外存组成，负责数据交换和存储。维护监控系统保障超算系统不死机、不出错。电源系统包括能源供应。冷却系统帮助超算系统降温，防止出现超算系统过热而造成不良后果。结构组装设计是将上述系统装载到一起，在保障性能的基础上，实现机柜体积最小。

超级计算机软件系统主要包括操作系统、编译系统、并行程序开发环境、科学计算可视化系统 4 个重要组成部分。操作系统主要包括对同构技术或异构协同的支持、高效能支撑扩张、基础服务内核、全局并行文件系统。编译系统的功能是支持 C、C++、Fortran 77/90/95 等编程语言，支持 OpenCL、OpenMP、MPI 等并行编程语言，支持编译优化。并行程序开发环境的功能是提供一体化图形用户界面，支持应用程序的调试和性能分析。科学计算可视化系统由海量数据服务模块、并行绘制与显示模块和可视化映射与操作模块组成。

2. 超算系统应用定位

根据超级计算需求分析中应用领域的研究，结合中国科学院超级计算研究白皮书，规划不同场景对超算能力的参考模型，见表6-1。

表6-1 不同场景超算能力参考模型

应用领域	内存（TB）	存储（TB）	机时需求CPU（h）	计算量（TFlo/s*年）	峰值计算量（TFlo/s）	举例
过程工程	33	16	389 408 000	230	1 150	化工实验
空间科学	35	802	162 693 120	97	485	天气预报
计算化学	26	16	72 787 200	44	220	力学计算
药物设计	8	801	93 050 880	56	280	药物虚拟筛选
材料科学	7.248	5.24	293 149 440	176	880	分子材料计算模拟
地球科学	46	1 091	284 543 328	170	850	地质和地球力学研究
环境科学	20	1 283	440 602 880	260	1 300	气候变化模拟
生物信息	11	4 322	277 500 640	170	850	基因工程
流体力学	60	29	433 152 000	261	1 305	航空航天计算
高能物理	4.096	41	160 000 000	96	480	理论物理模拟
基础研究	80	8	32 800 000	20	100	数据研究
人工智能	80	8	32 800 000	20	100	机器学习
适当预留	103	2 106	668 121 872	400		
总计	513	10 528	3 340 609 360	2 000	1 305	

6.3.2 云资源池

1. 云资源池关键技术

（1）软件定义计算。

软件定义计算是针对x86系统的虚拟化技术，它可以将x86系统转变成通用的共享硬件基础架构，以往多台服务器完成的工作可以整合到少数服务器中完成。摆脱了竖井式的结构，服务器物理硬件、操作系统和应用以松耦合的方式联结，虚拟机与上面的操作系统和应用完全独立于底层的硬件。

除此之外，软件定义计算通过把服务器计算资源抽象化、池化和自动化来实现资源的自由调配和充分利用。当数据中心的服务器需要升级或维护时，通过虚拟机迁移技术可以把服务器上的虚拟机迁移到另一个主机，并始终保持业务的连续性。服务器虚拟化大大增加了数据中心的灵活性和 IT 的敏捷性，降低了管理的复杂度和 IT 响应时间。

（2）软件定义存储。

软件定义存储（SDS，Software Defined Storage）可以对存储资源进行抽象化处理，它把应用于服务器的先进技术运用于存储领域，可对异构存储资源进行抽象化处理，以支持存储的池化、复制和按需分发，并以应用为中心进行消费和管理，最终实现基于策略的自动化。该方案使存储层与虚拟化计算层非常相似，都具有聚合、灵活、高效和弹性扩展的特点，全面降低了存储基础架构的成本和复杂性。

SDS 可以提供本地高可用、数据保护以及灾难恢复等多项功能，它可以在最大程度上保证业务的连续性。本地高可用是指在站点内部，物理主机之间对应用进行保护，使其免受单个主机停机影响解决方案。数据保护可以以简单、无中断的方式备份整个虚拟机，包括操作系统、应用二进制文件和应用数据。灾难恢复使企业可以管理从生产数据中心到灾难恢复站点的故障切换，同时，它还可以管理两个互为恢复站点且具有活动工作负载的站点之间的故障切换。

（3）软件定义网络。

现有的网络体系结构对底层物理硬件有很大的依赖，它们依赖于专用物理设备，因此，灵活性很差。除此之外，这种不灵活的体系结构对工作负载和应用的扩展与迁移都产生了很大的限制。在安全方面，传统的安全防护手段成本较高，对虚拟化平台不具感知能力，使用不够灵活，管理难度大，不能很好地满足新架构的需要。

软件定义网络（SDN，Software Defined Network）会创建一个二层～七层的网络服务，通过创建软件驱动型抽象层将网络组件与底层物理网络基础架构完全分离，因此，它可以确保硬件独立性，使网络服务摆脱与硬件绑定的限制。SDN 可以从终端主机的角度再现物理网络模型：工作负载察觉不到任何差异，因此，SDN 对上层应用是透明的，上面的业务可以不做任何修改而继续使用。

2. 云资源池应用定位

根据 IDC 预测，到 2020 年底，90% 以上的企业将使用多种云服务和平台。在使用云服务和平台的过程中，几大行业是重中之重。接下来重点阐述这几大行业云的应用情况。

政务云为数字城市转型提供关键基础设施保障。在政务云基础设施上，结合大数据、物联网、人工智能等技术，为实现城市经济运行、城市综合管理、城市综合服务的精准数字化提供保障。很多地方依托云平台有效推动“互联网 + 政务服务”建设，如湖南省政府 90% 的部门和业务系统已在云上运行，采用政务云模式为政府节约近三成的信息化支出，近九成政务事项实现“最多跑一次”；广东省的“数字广东”以政务云平台为基础，通过广东政务服务网、“粤省事”平台，提升政府治理能力和民众办事体验。

金融云推动传统金融企业云计算厂商共同服务金融行业。金融云细分为四大领域，在监管要求和业务需求方面有显著区别：银行系统复杂，主管部门强监管，大型银行更倾向于私有云，而中小银行多选择行业云；保险行业系统开发迭代快，重视开发运维一体化，涉及私有云、行业云、公有云等；互联网金融系统的互联网属性强，公有云居多；证券交易所系统相对复杂，对低延迟要求最高，上云程度较低。

交通行业各领域依托云全面开花。交通行业具有服务对象数量多、安全可靠性要求极高、信息化系统生命周期长等特点。当前交通行业向高速化、密集化发展，而基础设施利用率和共享度低，使系统分散独立、扩容难，新系统上线周期长，数据缺乏统一管理部署、安全性堪忧等成为限制交通行业信息化发展痛点。云计算技术的超强计算能力、动态资源调度、按需提供服务等特点使交通行业在海量数据信息存储、应用负载波动需求、数据共享、高可用性及高稳定性、综合交通业务融合方面有突出表现。例如，轨道交通利用云 IaaS、PaaS、SaaS 技术，为用户提供了全方位的网络和数据安全，提高了资源利用率，实现了应用系统的快速扩容。

能源领域信息系统较复杂，上云速度偏慢。电力、石油、化工等传统能源企业属于大型集团，信息化系统一般多级部署，管理成本高，业务系统“烟囱式”部署，数据互通难，同时，能源企业的信息系统还具备服务对象广泛、信息量巨大、业务周期峰值明显等行业特色。云计算虚拟化、资源共享、弹性伸缩易扩展等特点可解决这些问题，但是云计算在能源行业的应用情况并不好，大部分仍处于以服务器虚拟化为主的云计算 1.0 阶段，由于对服务稳定性和数据安全性的严格要求，以及业务迁移导致的系统重构难度大等因素，大多数重要业务系统仍运行在物理主机中，仅有少部分非核心业务系统完成了物理机向虚拟机的迁移。

电信云助力通信运营商网络升级转型。云计算、虚拟化、SDN/NFV 等技术可实现电信业务云化和网络功能灵活调度，同时随着 5G 网络的发展，当前运营商网络软硬一体的通信网元和转发控制一体的网络设备难以满足快速发展的网络业务需求，不能很好地兼容新业务。为应对网络转型需求，运营商都在寻求云网融合之路，中国移动提出 NovoNet 2020 愿景、中国联通提出 CUBE-Net 2.0 架构、中国电信提出 CTNet2025 架构。未来融合的 ICT 云能够使电信云 CT 业务和 IT 业务共享云资源，满足多类型业务，实现管理协同，以及多数据中心 SDN 组网的需求。

6.3.3 边缘计算

线性增长的集中式云计算越发无法满足爆炸式增长的海量边缘数据处理需求，基于云计算模型的计算架构已不能满足大数据处理的实时性、安全性和低能耗等需求。边缘计算可以更好地支持移动计算与物联网应用，未来随着 5G 逐渐成熟，边缘计算与 5G 技术将相辅相成，满足多样化的应用场景和差异化的服务需求，助力实现 5G 改变社会的目标愿景。

1. 边缘计算关键技术

（1）计算迁移与调度。

边缘计算模型计算迁移策略的目标是减少网络传输数据量，其主要将海量边缘设备采集或产生的数据进行部分或全部计算的预处理操作，过滤无用数据，降低传输带宽。另外，根据边缘设备的当前计算能力进行动态任务划分，防止计算任务迁移到一个系统任务过载的设备上，影响系统性能。计算迁移技术应当在能耗、边缘设备计算时延和传输数据量等指标之间寻找最优平衡。在边缘计算任务调度策略的应用实例中，数据、计算、存储、网络等资源具有异构性，因此，需要设计异构资源调度策略，现有一些研究工作表明，可以采用图论的方法来实现调度策略，同时考虑网络状态与用户移动性。

（2）移动边缘计算（MEC）。

当前在 5G 技术中，把 MEC 当作一项极其重要的技术，MEC 可利用无线接入网络就近提供电信用户 IT 所需服务和计算功能。边缘计算范式的建立基于网络功能虚拟化、信息中心网络（ICN，Information-Centric Networking）、软件定义网络等方面研究的最新进展。具体来说，网络功能虚拟化使单个边缘设备能够向多个移动终端设备提供计算服务，这样单个的边缘设备可以创建多个虚拟机来同时执行不同的任务或操作不同的网络功能。信息中心网络则为边缘计算提供了一个端到端的服务识别范式，从以主机为中心转换为以信息为中心，实现感知内容的计算。同时，软件定义网络允许网络管理员通过服务抽象来管理服务，以实现动态的可伸缩的计算。产业界对边缘计算网络的研究还处于起步阶段，未来边缘计算网络的发展趋势包括从有损网络到无损网络、从流量哑管道到算力智能网络、从 IP 寻址到内容寻址、从被动安全到主动安全、从能力受限接入到随时随地接入等。

（3）轻量级函数库和内核。

边缘设备由于硬件资源的限制难以支持大型软件的运行。另外，网络边缘中存在着不同厂家设计生产的海量边缘设备，这些设备具有较强的异构性且性能参数差别较大，因此，在边缘设备上部署应用非常困难。虚拟化技术是首选方案，但由于基于 VM 的虚拟化技术是一种重量级的库，部署时延较大，因此，不适用于边缘计算模型。边缘计算模型应该采用轻量级库的虚拟化技术，如采用容器（Container）技术。容器技术是一种新虚拟化技术，是操作系统中一组受到资源限制，彼此间相互隔离的进程。相对于物理机和虚拟机而言，在同等量资源的基础上能创建出更多的容器实例出来。

2. 边缘计算应用定位

结合 2018 年边缘计算产业联盟（ECC）与工业互联网产业联盟（AII）联合发布的边缘计算与云计算协同白皮书中提到的边云协同主要价值场景，这里作为边缘计算的应用方向，主要分为 6 种边缘计算主要业务形态，涉及六大边云协同主场景，14 个子场景。边云协同的主要应用场景见表 6–2。

表 6-2 边云协同的主要应用场景

6种边缘计算主要业务形态	6类边云协同主场景	14类边云协同子场景
物联网边缘计算	场景1：物联网边云协同	IoT连接子场景
		IoT增值服务子场景
		IoT系统控制子场景
工业边缘计算	场景2：工业边云协同	设备优化子场景
		工艺过程优化子场景
		工厂全价值链优化子场景
智能家庭边缘计算	场景3：智能家庭边云协同	智能家庭网络子场景
		智能家庭增值服务子场景
广域接入网络边缘计算	场景4：广域接入网络边云协同	多业务接入子场景
		增值网络业务子场景
边缘云	场景5：边缘云边云协同	边缘连接子场景
		边缘智能与增值子场景
多接入边缘计算（MEC）	场景6：MEC边云协同	本地分流子场景
		网络能力开放子场景

物联网边缘计算主要由电信运营商、ICT 厂商、OT 厂商提供，这类边缘计算主要是使能玩家从原有业务领域向物联网领域延伸，从而进行多连接，撑大管道，促进 E2E 数据价值挖掘，其主要包括三大子场景：物联网（IoT）连接子场景、物联网增值服务子场景和物联网系统控制子场景。物联网连接子场景中主要是各类场景中（如智慧城市、车联网、智能交通、智能物流、智能园区等）的物接入互联网并实现物之间数据互联、互通、互操作。物联网增值服务子场景的典型应用包括设备状态监测、

预测性维护、资产跟踪等。物联网系统控制子场景主要面向传统控制单元，通过控制系统软硬件解耦的方式，提供更强大、更柔性的边缘控制处理能力，涉及控制领域，时延敏感及确定性、数据隐私性、柔性控制。

工业边缘计算主要由OT厂商提供，这类边缘计算与工业设备及工业应用紧密结合，使能工业系统的数字化，促进设备、工艺过程及工厂全价值链优化。ICT厂商也从使能OT厂商数字化能力构建的维度加大该类边缘计算的投入，主要包括三大子场景：设备优化子场景、工艺过程优化子场景、工厂全价值链优化子场景。设备优化子场景涉及低时延类应用和非低时延类应用，主要通过对采集到的设备数据进行智能分析来优化设备健康状态与性能。工艺过程优化子场景主要面向制造过程工艺的参数优化需求，如火力发电、石油化工、水泥等流程型生产过程中的部分或全部工艺段，以及制药包装盒一体化生产线等离散制造场景，都是典型的边缘侧工业场景，存在生产现场工艺优化的强烈需求。工厂全价值链优化子场景通过对上下游全价值链的全局信息与资源的掌握，结合AI技术实现智能化全局优化。

智能家庭边缘计算主要围绕智能家庭网络、智能家居、智能家庭安防等场景，使能家庭内的网络、家电、家具等智能化，改进和提升用户体验，深度挖掘并匹配家庭客户需求与价值。智能家庭边缘计算主要包含智能家庭网络、智能家庭增值服务两大子场景。家庭网络是指家庭范围内包括家用电器、照明系统、娱乐设备以及计算机等外设，通过网络实现互联从而组成的内部小局域网，出口通过家庭网关与广域网相连。智能家庭增值服务包括智能家居、家庭娱乐、智能安防、智能能源、远程教育、智能医疗和健身等。

广域接入网络边缘计算主要为企业客户提供灵活弹性的广域网络接入能力，自动识别区分企业客户的不同业务流，并自动匹配相应的服务质量(QoS)保障；同时支持按需的网络增值业务自动化部署。广域接入网络边缘计算主要包含两大子场景：多业务接入子场景和增值网络业务子场景。多业务接入子场景主要为企业分支提供企业互联（总部与分支间）、企业数据中心访问、互联网访问等能力。通过对不同业务流的感知，选择合适的传输方式和路径（基于专线、互联网等），并可以实现多条广域网链路间流量调度忙闲调优。增值网络业务子场景基于虚拟化技术可以在 uCPE 上部署广域加速、安全 vFW、网络探针等增值网络业务，为企业客户提供“一站式”广域网接入服务。

边缘云主要是由公有云服务商提供，一般作为其云服务在边缘侧的延伸，同时具备实时响应、离线运行等能力，从而延伸云服务的覆盖领域和范围。边缘云的边云协同场景主要包含两大子场景：边缘云连接子场景、边缘云智能与增值子场景。边缘云连接子场景主要用于实现原有孤立封闭的海量设备接入云，构建其数字化改造与转型的基础。边缘云智能与增值子场景主要涉及利用靠近用户侧的低时延、高时效特征以及海量数据价值挖掘，为客户提供智能与增值类服务。边缘云作为 5G 边缘计算的重要载体，是网和云在边缘的重要融合点，也是未来边缘计算的发力点。初期边缘云主要设置在地市，对于有明确需求的业务可按需部署在区县以下。初期边缘云主要部署转发性能要求高、时延敏感或业务有特殊需求的媒体转发和接入类网元、边缘计算平台、传送网汇聚 / 核心设备、边缘云管理网元、CDN 等，后续随着 uRLLC 标准的完善，不排除部分控制面网元下沉到边缘云的可能。

多接入边缘计算（MEC）提供了一个新的生态和价值链，将密集型计算任务迁移到附近的网络边缘服务器，减轻核心网和传输网的拥塞与负担，减轻网络带宽的压力，实现低时延，带来高带宽，提高万物互联时代数据处理效率，能够快速响应用户请求并提升服务质量；同时，通过网络能力开放，应用还能实时调用、访问网络信息，有助于应用体验的提升。MEC 使能电信运营商在网络边缘分流业务，从而为客户提供更低时延、更高带宽、更低成本的业务体验，本地分流方案适合 eMBB 大带宽和大流量类业务，这类业务并发性较强，网络负担较重，典型的应用场景包括 vCDN、大视频（4K/8K）、AR/VR、视频监控、云游戏、企业 / 校园专网等。另外，MEC 向第三方应用及服务开放边缘网络能力，从而放大电信运营商网络的价值，使能创新的应用、服务与商业模式。网络能力开放子场景的典型应用包括位置服务、无线网络信息服务、带宽管理服务、QoS 等。

6.3.4 边云协同

5G 差异性的业务需求驱动未来的基础设施朝着云边协同的架构发展。典型的边缘计算节点一般涉及网络、虚拟化资源、RTOS（Real-time Operating System）、数据面、控制面、管理面、行业应用等，其中网络、虚拟化资源、RTOS 等属于 EC-IaaS 能力，数据面、控制面、管理面等属于 EC-PaaS 能力，行业应用属于 EC-SaaS 范畴。边云协同的能力与内涵涉及 IaaS、PaaS、SaaS 各层面的全面协同。EC-IaaS 与云端 IaaS 应可以实现对网络、虚拟化资源、安全等的资源协同；EC-PaaS 与云端 PaaS 应可以实现数据协同、智能协同、应用管理协同、业务管理协同；EC-SaaS 与云端 SaaS 应可以实现服务协同。

但是边缘计算并非具备严格的 IaaS、PaaS、SaaS 形态，所以并非所有的场景都满足上述边云协同能力的要求，且即使是同一种协同能力，在与不同场景结合时能力的内涵也不完全相同。

边云协同的逻辑架构如图 6-8 所示。

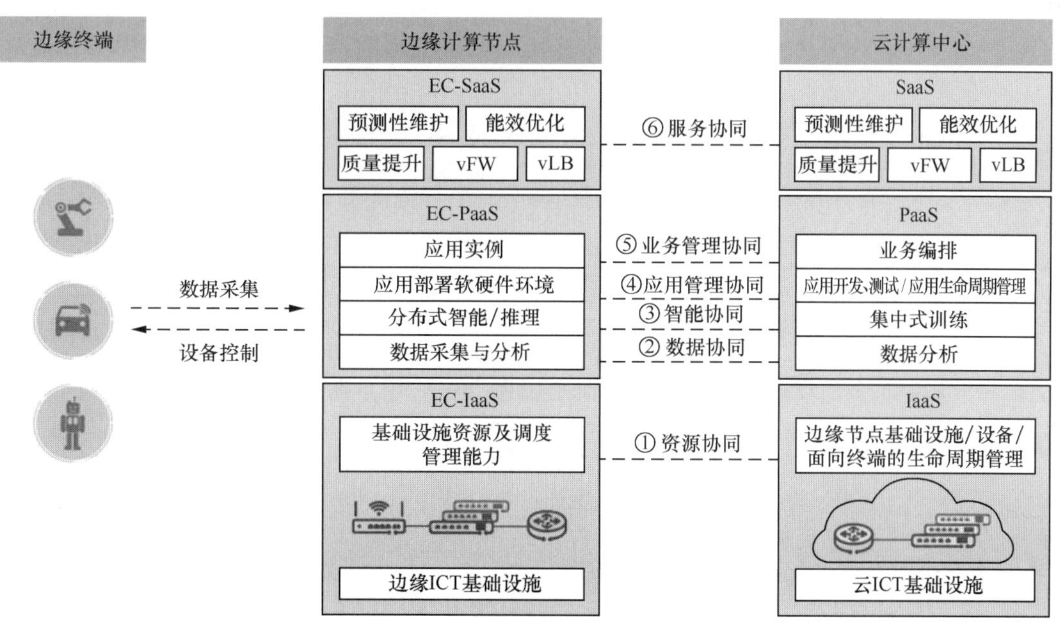

图 6-8 边云协同的逻辑架构

边云协同各层面的协同能力内涵如下。

（1）资源协同。边缘节点提供计算、存储、网络、虚拟化等基础设施资源，具有本地资源调度管理能力，同时可与云端协同，接受并执行云端资源调度管理策略，包括边缘节点的设备管理、资源管理以及网络连接管理。

（2）数据协同。边缘节点主要负责现场/终端数据的采集，按照规则或数据模型对数据进行初步处理与分析，并将处理结果以及相关数据上传给云端；云端提供海量数据的存储、分析与价值挖掘。边缘与云的数据协同，支持数据在边缘与云之间可控有序流动，形成完整的数据流转路径，高效、低成本地对数据进行生命周期管理与价值挖掘。

（3）智能协同。边缘节点按照 AI 模型执行推理，实现分布式智能；云端开展 AI 的集中式模型训练，并将模型下发边缘节点。

（4）应用管理协同。边缘节点提供应用部署与运行环境，并对本节点多个应用的生命周期进行管理调度；云端主要提供应用开发、测试环境以及应用的生命周期管理能力。

（5）业务管理协同。边缘节点提供模块化、微服务化的应用 / 数字孪生 / 网络等应用实例；云端主要提供按照客户需求实现应用 / 数字孪生 / 网络等的业务编排能力。

（6）服务协同。边缘节点按照云端策略实现部分 EC-SaaS 服务，通过 EC-SaaS 与云端 SaaS 的协同实现面向客户的按需 SaaS 服务；云端主要提供 SaaS 服务在云端和边缘节点的服务分布策略，以及云端承担的 SaaS 服务能力。

6.3.5 云网融合

云网融合是业务需求和技术演进双重驱动的产物，是网络架构的深刻变革。以 5G 为载体和发展契机，推动云和网的高度协同，进一步适配未来的网络需要。网络云化之后，网络将与数据中心共同构成新的融合基础设施，即云网融合。随着电信各类业务向 NFV 演进及 IT 应用不断集中，驱动数据中心成为未来的业务容器和核心载体。云网融合须重点考虑以下几个方面。

1. 云网融合驱动网络架构调整

随着全面云化的深入，网络需要围绕云和 DC 进行建设，通过云的理念优化网络架构，网络资源能够按照用户的需求动态、弹性地调度和分配，构建敏捷、弹性和智能的优质网络，真正实现“网随云动”。随着“互联网 + 政务”、工业数字化、医疗健康数字化、智能园区等需求落地，属地化政企云的需求越来越旺盛，同时企业自身生产数据承载在本地私有云，因此，混合云架构是未来云业务的常态。在混合云架构下，网络方面须协同好本地入云专线、无线网络、固移融合、政企云和企业私有云。同时由于数据中心之间的互联需求，运营商骨干网络也要顺应网络拓扑结构的变化，从南北流量转换为东西流量。另外，随着5G核心网云化及C/U分离实现用户面下沉，地市EPC和5G用户面设备融合建设，承载本地市的4G/5G业务，并实现与CDN协同。

2. 云网融合下管理及运维的适配调整

云网融合以网络架构重构为主线，将带动组织架构、生产流程、管理模式和人才重构等的深度转型。提升云网融合体验的重点是业务流程的优化，围绕云网融合的产品和业务，运营商需要构建新一代运营运维系统。

业务的多样性、业务需求的变化也驱动CT网络IT化，硬件通用化、池组化，网络功能软件化，支持业务快速部署、能力开放，也即需要打造敏捷弹性、智能开放的云化网络架构。同时设备形态、网络架构也对运维运营提出了更大的挑战，这也要求实现构建集约化和智能化的运维运营体系。云与网的SDN管控深度融合，要求网络做到主动和预测性调整，通过网络可编程和网络自动化，实现网络的自治化管理。同时构建云网统一门户和自助服务，实现业务一点受理、全程自动化开通，质量端到端保障。

3. 云网融合下要求构建可定制化的确定性网络

面向5G的云网融合未来将进一步开放网络能力，定义新产品、拓展新客户。云网融合架构结合端到端的网络及业务切片部署，需要匹配不同的网络需求，提供硬隔离、软隔离的层次化网络切片方案。对于安全性要求较低的业务，可提供基于逻辑隔离网络软切片，通过复用，最大化利用带宽。对于uRLLC和金融政企专线等要求独享资源、低时延和高可靠性类业务，可通过各类技术提供硬切片，严格保障网络资源独享和隔离。

Smart City

第 7 章

集智共享智能中枢

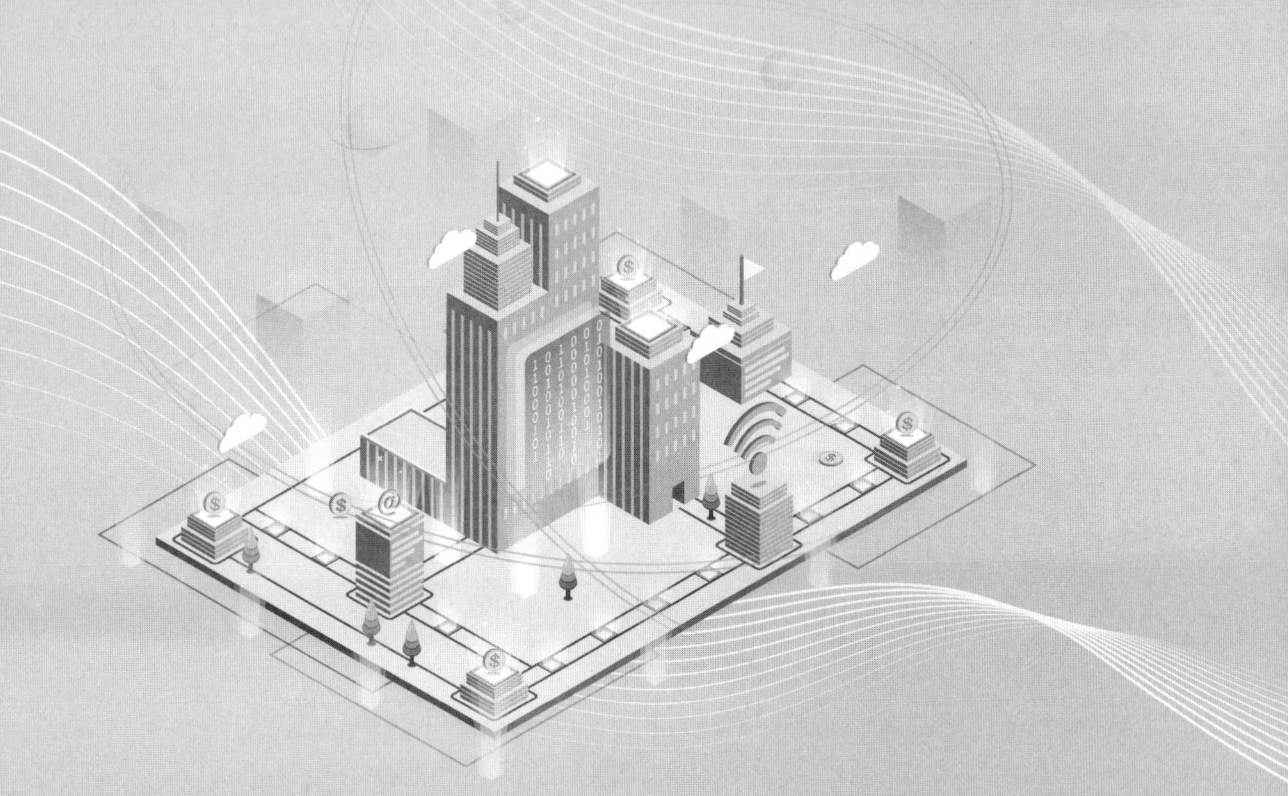

7.1 城市中枢构筑“城市大脑”

“城市大脑”作为一个城市的神经中枢，在整个智能城市基础架构中的定位是智能化技术、数据，融合共生构造的技术框架。“城市大脑”通过大连接构筑基础，通过大数据形成新要素，通过大平台给它提供新动能，其整合、汇集政府、企业和社会数据，在城市治理领域进行融合计算，实现城市运行的生命体征感知、公共资源配置、宏观决策指挥、事件预测预警、“城市病”治理等功能。它向下屏蔽网络层，向上提供各个领域的服务支撑。基础设施层是云管端，中间是“城市大脑”。“城市大脑”包含数据、平台、底图。“城市大脑”下面是城市物联网，没有物联网的建设，可能也无法建设智能城市。因为从现实城市到数字城市，需要把数据汇集到数字城市中，全域数字化之后，在数字城市进行映射，从而通过“城市大脑”自动发现问题，发现问题后，再通过网络快速传到前端设备，反向控制。

智能运行中枢是数字孪生城市的能力中台，也是“城市大脑”的核心，由 4 个核心平台承载：一是物联感知平台，对城市感知体系和智能化设施进行统一接入、设备管理和反向操控；二是城市块数据平台，汇聚全域全量政务和社会数据，与城市信息模型平台整合，展现城市全貌和运行状态，成为数据驱动治理模式的强大基础；三是城市信息模型平台，与城市块数据平台融合，成为城市的数字底座，是数字孪生城市精准映射、虚实互动的核心；四是智能应用平台，汇聚人工智能、大数据、区块链、AR/VR 等新技术基础服务能力，以及数字孪生智能城市特有的场景服务、数据服务、仿真服务等能力，为上层应用提供技术赋能与统一开发服务支撑。“城市大脑”运行逻辑如图 7-1 所示。

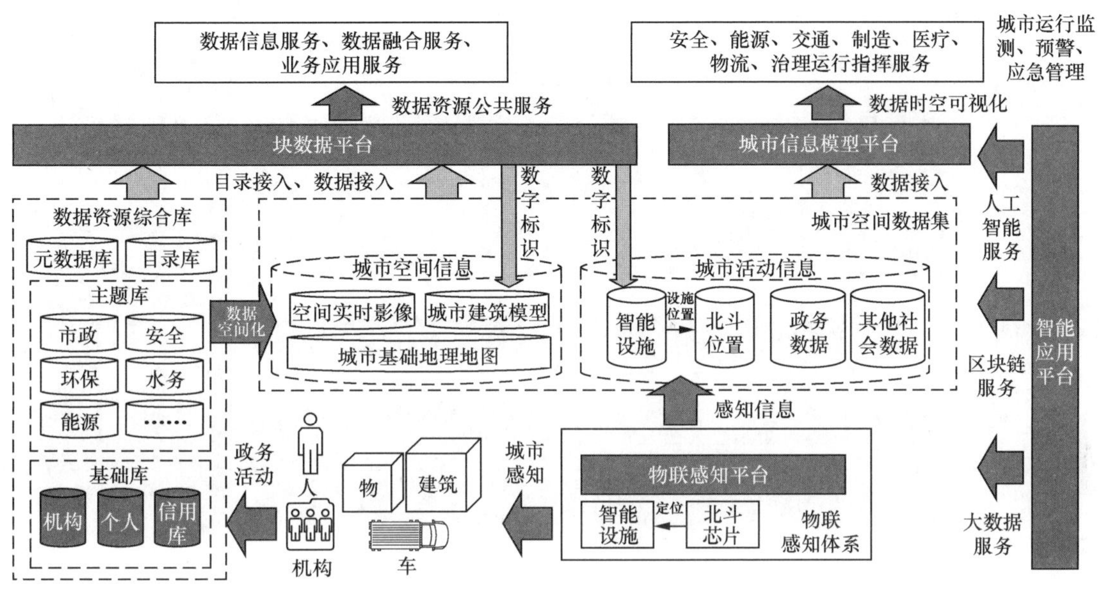

图 7-1 “城市大脑”运行逻辑

7.2 物联感知连接万物

物联感知平台是数字孪生智能城市的基础性支撑平台，以全域物联感知和智能化设施接入为基础，以统筹建设运维服务为核心，以开放共享业务赋能为理念，服务于设备开发者、应用开发者、业务管理者、运维服务者等各参与者，向下接入设备，兼容适配各类协议接口，提供感知数据的接入和汇聚能力，支持多级分布式部署，推进信息基础设施集约化建设，实现设备统筹管理和协同联动；向上开放共享数据，为各类物联网应用赋能，支撑物联数据创新应用的培育。物联感知平台是数字孪生智能城市与真实世界的连接入口，泛在感知粒度决定数字孪生城市的精细化程度。

物联感知平台架构如图 7-2 所示。

物联感知平台整体按照适配管理层、设备管理层、数据管理层、服务层、门户层、运维保障体系、运营保障体系、安全保障体系进行物联网统一开放平台架构设计，平台依托传感层、网络层实现传感源数据的接入，最终支撑各项智能应用建设。

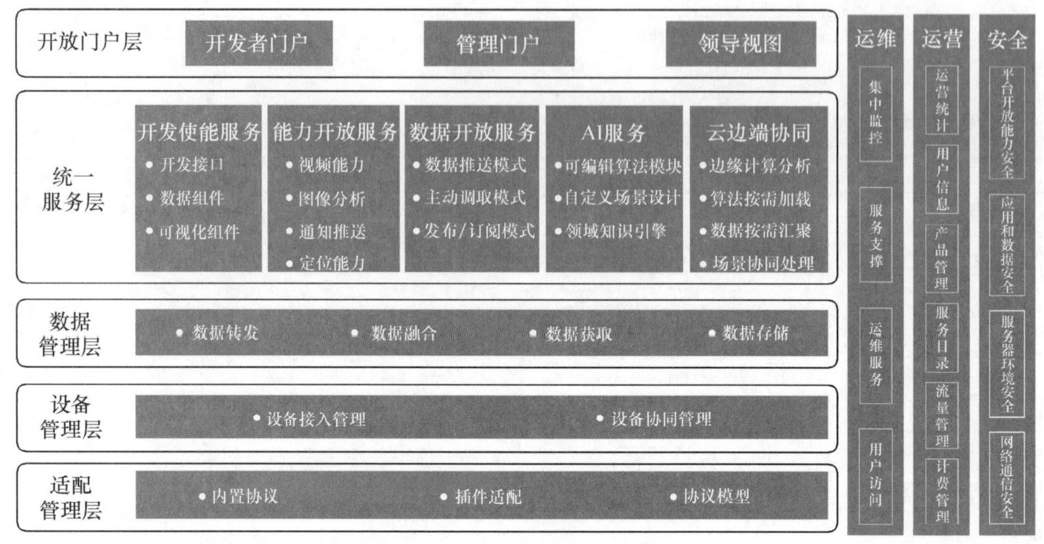

图 7-2 物联感知平台架构

（1）适配管理层：平台支持多种协议适配方式，包括内置协议适配、插件适配、协议模型适配，对接入的感知数据进行解析。

（2）设备管理层：设备管理实现物联网设备的接入管理和协同管理，包括设备连接、设备解析、设备交互等从静态信息到动态连接的管理。

（3）数据管理层：通过对传感设备采集的数据的获取、存储、融合、转发，实现对数据的处理、利用。

（4）统一服务层：提供开发使能服务、能力开放服务、数据开放服务、AI 服务、云边端协同服务，为城市信息模型平台、数据平台以及其他各类物联网应用系统提供支撑。

（5）开放门户层：基于感知数据及服务层的能力支撑，在统一界面为不同角色用户提供相应的服务。

（6）运维保障体系：构建物联网体系的运维保障体系，包括运维保障系统的建设以及运维保障体制的建立。

（7）运营保障体系：构建基于感知数据服务的运营保障体系，包括运营保障系统的建设以及运营保障体制的建立，用户管理、合作伙伴管理、服务管理、订单管理、订购管理、计费管理、出账管理、结算管理、内容管理等；负责登记用户资料、开启或停止对用户的服务、实时地根据用户订购的不同服务套餐资费标准计算用户的消费金额，实时及定期计算用户账单，实时或定期结算用户使用的服务费用；支持用户信用控制功能，负责计算用户消费情况，对欠费用户实施服务的及时关停。

（8）安全保障体系：构建物联网体系的安全保障体系，包括安全保障系统的建设以及安全策略和安全保障体制的建立。

7.2.1 物联网感知关键技术

城市级接入的感知设备形态迥异、各不相同，物联感知平台需要支持和适配广泛通用的通信网络协议，如 CoAP（Constrained Application Protocol）、HTTP、MQTT（Message Queue Telemetry Transport）、ModBus 和行业部分私有协议。同时需要形成一套完整的共享开放数据接口支持对各类感知设备采集的数据进行解析、清洗、预处理，并通过调用开放 API 为设备管理、上层应用开发提供高质量数据支撑服务。应用开发者和系统集成商可以直接通过标准开放数据接口主动获取或被动接收底层设备的实时鲜活感知数据，支撑自己的特色应用。物联感知平台涉及的关键技术主要包括接入管理、数据处理、应用使能。

1. 接入管理

设备接入管理支持任意设备的接入和网络接入，屏蔽各种复杂设备接口和私有协议，实现物联网应用与终端的解耦。设备连接管理负责前端设备的接入、管理工作，并实现对设备数据的存储、转发、共享等操作，实现对多种设备及协议的接入管理，包括协议适配、会话管理、心跳监控、消息路由等功能。接入模块严格按照幂等原理设计。对于设备连接，采用 F5 或 LVS（Linux Virtual Server）进行前端负载均衡，按不同协议暴露不同端口给设备端。对于提供的管理接口，采用 HTTP，通过 Nginx 或其他技术进行负载均衡。

2. 数据处理

数据处理包含基础大数据分析服务和机器学习两大功能。通过多角度的信息挖掘分析，建设满足城市管理者、规划建设者要求的，适用于通用海量数据挖掘分析、服务封装和开放的城市共享信息服务。

3. 应用使能

基于 PaaS 架构，提供基础、通用的中间件以及适配不同行业的应用开发使能套件，使能互联或分布式的城市物联网应用。应用使能提供应用开发和统一数据存储两大功能，具体功能包括提供成套应用开发工具（提供图形化开发工具，支持拖曳式开发）、中间件、数据存储、业务逻辑引擎、对接第三方系统 API 等。

7.2.2 物联网感知应用定位

通过构建城市基于物联网全要素集成的应用一站式孵化平台，面向政府即城市管理者提供基于物联实时数据的城市全景状态监测平台，感知城市动态、汇聚城市信息、提供策略支撑，同时基于城市物联数据开放的生态聚合体系，推动物联网应用快速复用开发，推动物联即服务跨界融合，衍生全新的交叉服务领域和商业模式。接下来围绕几个场景阐述物联感知平台的应用模式。

城市运行状态全景式透视。通过城市物联感知平台，为城市管理者提供针对性的城市运行实时状态监控、城市关键运行数据汇集以及动静态数据跨领域融合，实现城市状态全景式监测以及评估，进而实现对城市运行状态深度预测。结合行业如市政资产管理平台，城市建筑、桥梁、道路、管网、灯杆等公共基础设施可实现“被感知”，从而提高设施的安全性和可维护性；交通违章、违法停车、垃圾满溢、井盖破损等城市运行状态及市容秩序可实现智能发现，为非现场执法和政府监督管理提供技术保障，提高城市管理效能，提升城市品位和形象；车辆、人员等位置及移动轨迹可实现“被追溯”，从而提高城市管理力量和资源的科学调度。

城市综合治理（内涝防治）。城市内涝防治涉及气象、水文、水务、交通、城市应急、排水管道等多个部门系统，涵盖交通及信息中断、河道防洪、城市隐患点监控、供水污染隐患、排水管道疏通、城市应急救援多种应用场景。城市借助物联感知平台汇聚融合城市各传感器共享采集信息以及城市规划、地理信息、水利水文等共享行业数据，提前建立城市内涝综合评估模型，对城市内涝隐患、影响进行全面识别，支撑城市各部门决策。

城市交通服务快速开发。通过物联感知平台建设标准物联网 API 库，提供统一的设备接入协议、网络管理方式、设备即插即用。为交通物联网应用开发者提供涉及交通、市政、城建、公安、气象等多领域数据，跨领域视频、雷达、地磁等多种传感器及执行器，传统交通行业应用开发商的交通基础服务；通过与其他行业领域的跨界融合，物联网独立应用开发商可构建包括实时交通气象、V2I（Vehicle-to-Infrastructure）、基于路权的车辆优先同行服务、基于高精地图精确导航等的创新物联网应用。

7.3 块数据理城市数据

块数据平台作为城市的全域数据汇聚中心、数据管理中心、AI 赋能中心和数据服务中心，推动未来城市的信息化系统直接在块数据平台上生长，让各个领域的数据从产生初期就在平台上共同生长。未来的数据更加多元、多源异构复杂，覆盖政府业务数据到城市全域感知数据、互联网数据等，数据形态不仅包括结构化小数据，还包括大量的空间数据，未来所有的数据将叠加时空信息，每个物理实体在任何时间、任何地点的状态，均可以映射到数字孪生世界，实现物理实体在时空上的连续精准映射，并且割裂的条状数据将围绕实体本身通过关联逐步形成知识图谱。

块数据平台逻辑架构如图 7-3 所示。

数据搜索采集能力。数据搜索采集解决数据数量和数据价值获取效率之间的问题。面对网络中浩如烟海的数据，以及每天新产生的数据，需要将数据整合为一个整体存放到关联数据体系的数据库中，并进行融合和自我深度学习。通过数据抽取、清洗、融合、关联、推理，从信息碎片中深度挖掘数据关联关系，从传统的“即搜即得、即搜即用”转变成智能化感知用户需求的“不搜即得”和个性化的数据推荐。推进数据搜索的范围更全面、效果更显著，数据搜索逐渐呈现出智能化、个性化、场景化和交互便捷化的发展趋势。

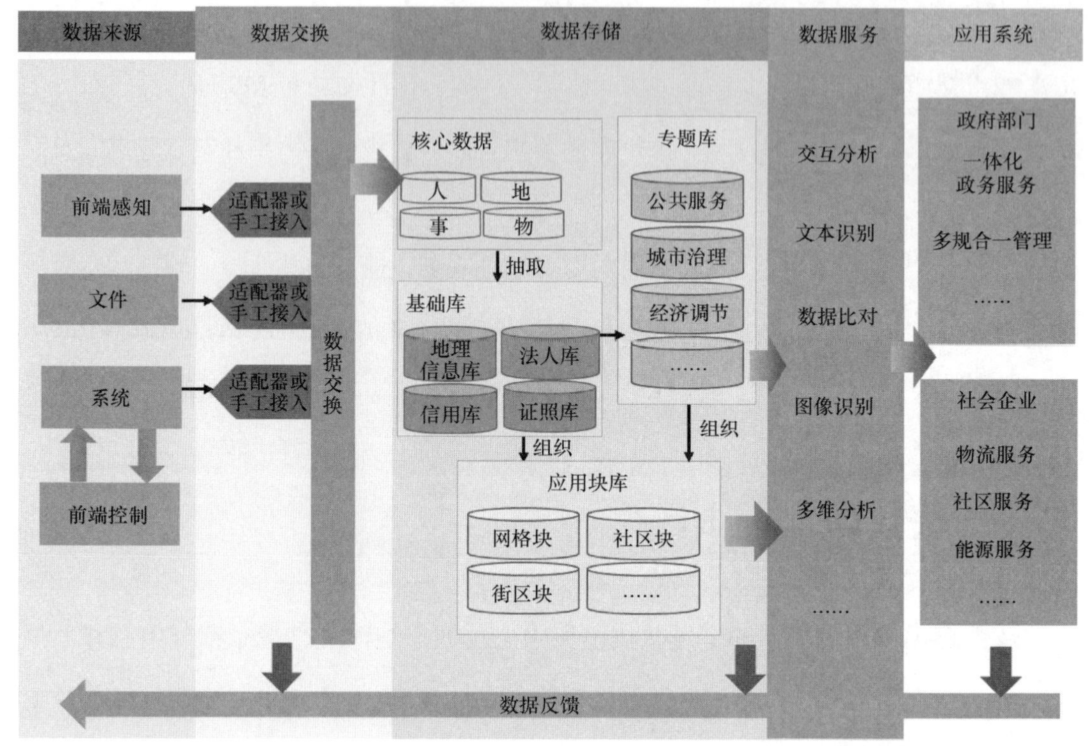

图 7-3 块数据平台逻辑架构

基础数据汇聚融合能力。获取数据源后，通过数据级融合、特征级融合、决策级融合把时空上互补和冗余的数据按照某种组合规则进行优化处理。基于人脑模式的数据关联融合，即从知识组织的角度对多源、分散、重复的数据资源进行融合，对数据搜索出来的模糊结果数据集进行降维去噪、关联识别、融合重构。在数据重构过程中，需要具备数据融合、数据互补、存异求同和综合创新等能力。数据融合即多源数据经过通用规则转换为可以彼此交互的数据，破除数据壁垒，在此基础上进行数据价值重构；数据互补将关联识别后的数据，通过维度互补、属性互补等，最大限度补充数据完整信息，充分显现数据特征，进而对数据进行重构；存异求同则需要保持数据多样性，通过对多样的数据进行价值重构，找到平衡点，实现多源数据内部动态平衡；综合创新则需要对整个过程进行突破创新，比如构建基于核心数据模型的统一的数据结构体系，实现任意接口数据的自由交互，降低数据处理成本。

数据分析挖掘能力。按照各业务部门的需求定制数据模型，通过开放基于规则的数据分析、挖掘接口，允许各部门基于大数据平台的数据资源和基础服务能力，定制出本业务部门所需的数据分析、挖掘应用。基于 Hadoop、Spark 等大数据处理框架，实现大数据分析及数据挖掘等相关工作，用机器学习的方式解决传统计算对于大数据处理的局限问题，提高业务效率，为方案决策提供科学的数据依据。

数据服务能力。以接口调用、数据查询、数据推送、数据交换等服务形式为相关业务系统和业务人员提供目标数据模型、分析模型、数据资源、基础算法等服务，并采用安全可靠的数据权限管理机制对出口数据进行过滤。

数据管理能力。基于元数据管理使不同时期、不同载体、不同维度、不同规格的数据可以被统一、规范、科学、全面的描述，保证数据的一致性、可解释性、可追溯性，支持数据资源的统一管理、共享和利用，提供统一的用户体系、统一的数据资源目录、统一的数据应用服务接口、统一的授权。

7.3.1 块数据关键技术

数据体系须从组织架构、管理制度、操作规范、IT 应用技术、绩效考核支持等多个维度对数据模型、数据架构、数据质量、数据安全、数据生命周期等各方面进行全面的梳理、建设以及搭建持续改进的体系。数据治理工程建设重点从动态角度围绕数据平台架构、数据流转、数据管控、数据应用等方面进行，其中涉及的关键技术包括数据采集、数据存储、数据融合等。

1. 数据采集技术

大数据采集主要包括数据传感、网络通信体系、传感适配、智能识别体系及软硬件资源接入系统，实现对结构化、半结构化、非结构化的海量数据的智能化识别、定位、跟踪、接入、传输、信号转换、监控、初步处理和管理等。必须着重攻克针对大数据源的智能识别、感知、适配、传输、接入等技术。跨网等的数据采集主要借助网络爬虫或网站公开 API 方式，从网站上获取数据信息。对于利用关系型数据库 MySQL 和 Oracle 存储数据，采集数据可用的工具有 Sqoop 和结构化数据库 ETL 工具，可通过触发器或时间戳方式从数据库采集增量数据。对于不适合建立触发器的数据可通过数据库日志分析技术进行数据同步采集。对于视频、图片等非结构化数据，可考虑采用FTP服务器方式采集数据。

2. 数据存储技术

根据数据类型、数据大小、数据规模、访问需求、数据特点等因素和指标，智能化地判断数据的最佳存储介质。总体上，结构化热数据主要存储在关系型数据库、NewSQL数据库中，结构化冷数据及半结构化数据、非结构化数据主要存储在非关系型数据库（NoSQL，Not Only SQL）中，对于一些经常参与计算的数据，可以存放在内存数据库。

关系型数据库基于关系模型，借助集合代数等数学方法处理数据，为结构化信息查询、录入和管理提供便捷、弹性扩展的数据库服务，常用于信息采集、信息管理等系统。目前常用的关系型数据库引擎包括PostgreSQL、MySQL、Oracle和SQL Server。另外，针对PB级别的数据仓库和结构化数据分析考虑基于列存储 + 大规模并行处理（MPP，Massively Parallel Processing）架构的新型数据库。

非关系型数据库主要分为键值（Key-Value）存储数据库、列存储数据库、图存储数据库以及文档型数据库等类型。键值存储数据库主要会使用到一个散列表，这个表中有一个特定的键和一个指针指向特定的数据。键值模型对于IT系统来说，其优势在于简单、易部署。列存储数据库是以列相关存储架构进行数据存储的数据库，主要适合于批量数据处理和即时查询。图存储数据库使用灵活的图形模型，并且能够扩展到多个服务器上，这类数据库专注于构建关系图谱。文档型数据库可以看作是键值数据库的升级版，允许之间嵌套键值，在处理网页等复杂数据时，文档型数据库比传统的键值数据库的查询效率更高，主要支持Web应用。

内存数据库是以内存为主要存储介质的数据库，它将数据存放在内存中直接操作，能提高应用的性能，有效地使用CPU周期和内存。其在数据缓存、快速算法、并行操作等方面也进行了相应的改进，所以内存数据库的数据处理速度比传统数据库的数据处理速度快很多。常用的内存数据库有Memcached、Redis、MongoDB。

3. 数据融合技术

数据融合技术主要有以下几个发展趋势：算力融合、流批融合、事务 / 分析融合、模块融合、云数融合、数智融合。

（1）算力融合。当前以 CPU 为调度核心，协同 GPU、FPGA、ASIC 及各类用于 AI 加速“xPU”的异构算力平台成为行业热点解决方案。算力融合主要用于支持多样性的任务负载，如视频解析、高性能计算、复杂分析。

（2）流批融合。流处理能够有效处理即时变化的信息，从而反映出信息热点的实时动态变化，而离线批处理则更能够体现历史数据的累加反馈。随着技术架构的演进，流批融合计算正不断向更实时、更高效的计算推进，以支撑更丰富的大数据处理需求。近些年出现的一些解决方案如 Apache Flink、伯克利大学 AMPLab 开源的 Ray 框架都利用一套引擎来融合多种计算模式。

（3）事务 / 分析融合。混合事务 / 分析处理（HTAP，Hybrid Transaction and Analytical Process）是 Gartner 提出的一个架构，它的设计理念是为了跨越事务和分析之间的“墙”，实现在单一的数据源上不加区分地处理事务和分析任务。直接在单一数据源上不加区分地处理 TP（Transaction Processing）和 AP（Analysis Processing）的方案，目前还不能有效实现。当前的方案是采用一种折中方式——快照，分开处理联机事务处理（OLTP，On-line Transaction Processing）和联机分析处理（OLAP，On-line Analytical Processing）请求，使 OLAP 的请求在 OLTP 的最新的一致性快照上执行。同时对外暴露一套接口，从而从逻辑上来看是一套系统。

（4）模块融合。大数据的工具和技术栈已经相对成熟，围绕工具与数据的生产链条、数据的管理和应用等逐渐形成了能力集合，并通过这一概念来统一数据资产的视图和标准，提供通用数据的加工、管理和分析能力，当前多个公司搭建了数据中台来实现数据处理模块融合。

（5）云数融合。不少大数据产品从设计之初就遵循云原生的概念进行开发，生于云、长于云，更适合云上生态。云化趋势使用户不用担心如何维护底层的硬件和网络，能够更专注于数据和业务逻辑，在很大程度上降低了大数据技术的学习成本和使用门槛。

（6）数智融合。大数据与人工智能的融合则成为大数据领域当前最受关注的趋势之一。融合体现在大数据平台的智能化和数据治理的智能化方面。大数据平台和机器学习平台朝着深度整合趋势发展，大数据平台除支持机器学习算法之外，还将支持更多的 AI 类应用。数据治理与人工智能发展也存在相辅相成的关系，数据治理为人工智能应用提供高质量合规数据，人工智能使能数据治理，使数据治理更加智能化、自动化。

7.3.2 块数据应用定位

大数据、块数据促进数据价值的发挥，使各行业逐步向精细化、科学化、自动化和智能化方向发展。过去，大数据应用主要集中在互联网、营销、广告领域，近些年则逐步向医疗、工业、金融、教育、交通等领域广泛渗透。

（1）营销大数据将从“流量营销”走向“精细运营”。在精细运营阶段，更精准的用户触达、更明智的预算分配成为广告主关注的核心。在更精准的用户触达方面，线下场景的需求更为精准，通过整合线下和线上数据，定向推送广告，有助于提升营销效率；在更明智的预算分配方面，当前的中小广告主更青睐于全渠道的整合营销平台建设，以平衡投资回报率（ROI，Return on Investment），同时广告主高度重视内容和社交媒体的深度运营，未来将通过大数据分析技术推动精细化的运营来实现可持续的商业变现。

（2）在医疗大数据方面，2018 年是医疗大数据的政策元年，7 月颁布的《国家健康医疗大数据标准、安全和服务管理办法（试行）》为健康行业大数据服务指明了方向，2019 年，医疗大数据成为大数据应用的热点方向，如电子病历升级管理、慢性病管理、个性化诊疗、临床决策支持系统、传染病防治。

（3）工业大数据立足工业企业的降本增效，当前主流的应用场景以电网和离散型制造业为主，设备故障预测与健康管理、综合能耗管理、智能排产、库存管理和供应链协同成为应用热点。未来，工业大数据将围绕“小场景”从“项目”走向“产品”。

小场景由于投入相对少，需求更精准，有助于在短期内取得成效，培育企业的数字化认知，也便于供应商积累行业数据和经验，降低实施成本，推动从项目到标准产品的转变。以龙头企业和行业特色企业为引领，加速布局一批小场景，持续推进工业设备数据化和应用产品化，工业大数据有望加速落地。

（4）自 2017 年以来，金融大数据主流的应用场景集中在基于数据规范行业秩序、降低金融风险方面。金融大数据将逐步由“强管控”走向“创新服务”，通过汇集多源多维的数据，提供创新服务支撑。例如，与社会信用体系建设相融合，提供基于金融数据的个人信用报告、企业财务信用报告、授信评估、贷中预警、中小微企业信用评估等新服务。

（5）教育大数据将全面冲击教育行业，它能够改变个体学习者的学习状况、对教育规律的认识深度、教育政策的制订方式，乃至整个教育系统的结构。从需求的角度看，教育大数据的应用可以概括为 5 个层次，即学习、教学、研究、管理与政策。学习层与教学层需求着眼于适应性学习，运用大数据分析、人工智能等新技术，精准掌握学情及个体差异，重塑课堂教学模式与方法，建设网络化、开放式、定制化的教育学习模式；研究层需求着眼于发现教育教学规律，建立优质教育资源共建共享机制；管理层需求着眼于精细管理和科学决策，推动人工智能在教学、管理等方面的全流程应用，利用智能技术加快推动人才培养模式、教学方法改革，探索泛在、灵活、智能的教育教学新环境建设与应用模式；政策层需求来自获得机制设计的依据。

（6）交通大数据应用广泛，如结合前端高清视频监控、卡口数据、线圈采集数据等，再辅以智能研判，基本可以实现路口的自适应以及信号配时的优化。根据工作日、节假日、早晚高峰和其他时段，主要干道关键路口、次关键路口、普通路口，白天、夜间等不同情况，人工或系统自动设置不同的配时，大幅提高区域内交通通行能力。结合大数据分析研判功能，支持对卡口数据、视频监控数据进行二次识别，利用大数据实现轨迹分析、落脚点分析、隐匿车辆分析等功能，支持对车辆违法违章、案事件等线索分析，实现事前全面监控、事中及时追踪、事后准确回溯的不同场景需求。

7.4 孪生镜像显城市信息

建设城市信息模型（CIM，City Information Modeling）平台，构建现实空间与虚拟空间的映射关系。运用地理信息系统（GIS）实现从地下到地上地理信息的数字化，运用 BIM（建筑信息模型）系统实现城市建筑、设施的数字化标识，同时整合城市遥感、北斗导航、地理测绘信息、智能建筑等城市空间数据，在数字空间模拟仿真组建出虚实映射的数字孪生城市模型。通过城市模型可视化全域终端信息、城市运行效果等，同时还要融合各类城市运行数据、IoT 传感数据以及其他各类社会数据，形成从地上到地下，从时间到空间的动态的城市时空数据集。

城市模型是三维城市空间模型和城市时空信息的有机综合体，关联各行业数据进行整合、叠加计算，提升城市建设管理的智能程度。真实、即时反映城市现状，贯穿城市规划、建设、运营管理全过程，与真实的城市保持高度同步，为地表各类建筑、地下综合管廊、交通设施、城市绿化，以及交通、治安、城管、城建、产业、园区、环保、旅游等众多智能城市应用提供基础平台支撑。城市信息模型平台如图 7-4 所示。

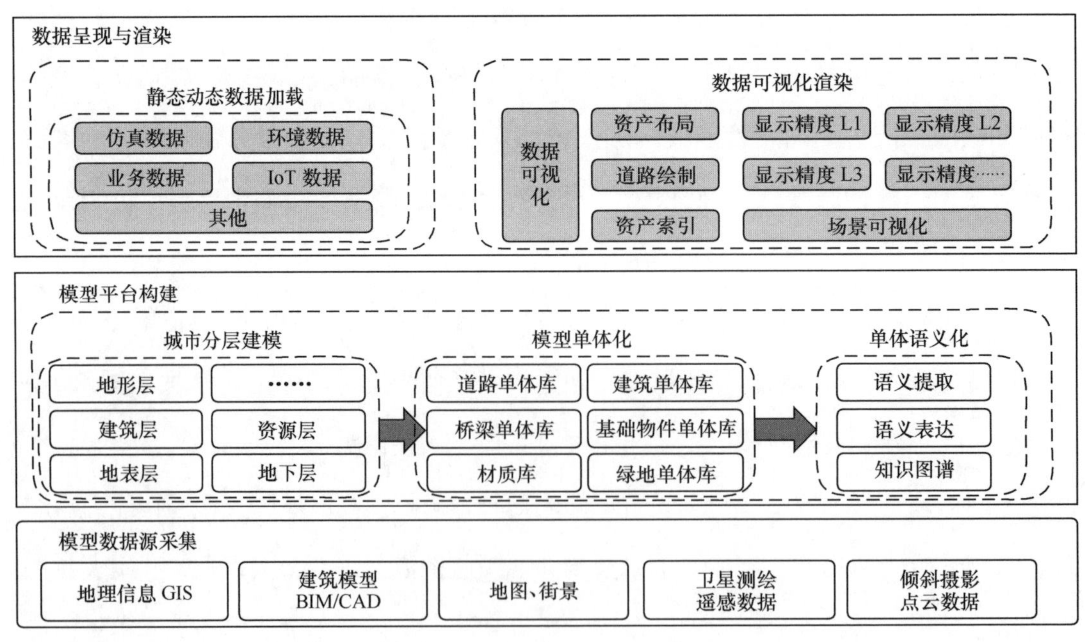

图 7-4　城市信息模型平台

多源模型数据采集。充分利用多视角航空摄影测量、三维激光扫描、无人机、三维建模软件、城市建筑模型 BIM/CAD 等采集工具实现对城市（地上、地下、空中）包括城市建构筑物、地质、水体、地表高程属性、纹理、地下管线等的数据采集。数据类型包括基础地理数据、BIM/CAD 建筑模型数据、城市街景数据、倾斜摄影数据、激光点云数据等多源异构的三维数据。

城市信息模型平台构建。整合规划、矢量及影像、基础地理信息、智能感知 IoT、从 BIM1 到 BIM5 的公共设施及建筑物 BIM 模型、地下三维空间模型等数据资源，形成时空一体化数据资源管理体系。同时，构建数据共享交换引擎、数据自动优化引擎、BIM 数据转换插件、数据处理工具条、地图配置工具，提供地图服务、影像服务、倾斜服务、BIM 服务和其他服务。

实时数据呈现与模型渲染提供可视化决策支撑能力。物联网感知数据实时在模型平台上快速加载、融合和实时呈现，实现实时运行监测数据可视化，如实时视频图像、空气污染指数、交通流量、行人轨迹等。根据城市地理信息数据源、模型精度、业务场景需求、不同的精度标准呈现现实场景，如城市管理应用场景可以按百米级或十米级呈现，交通、应急等特殊场景的模拟仿真和 AI 训练可以按照米级或厘米级呈现；数据模拟和真实场景效果渲染，比如通过图形学技术，对光源、聚光灯、天光等多种光源类型的实时模拟；根据天气的动态数据如云层高度、风向、边缘噪波尺寸等，对阴、晴、雨、雪等多种真实天气的模拟；运用动态光追踪距离场阴影技术，实时计算阴影状态，最终模拟还原物理世界的运行情况。

时空数据服务统一通过块数据平台提供。以计算、存储、数据、功能、接口和知识服务为核心，形成服务资源池，建立服务引擎、地名地址引擎、业务流引擎和知识引擎，连通时空大数据的数据引擎。根据应用场景的需要对外提供服务，所有的时空数据服务统一通过块数据平台对外提供，满足各应用系统的数据需求。

7.4.1 孪生镜像关键技术

数字孪生智能城市需要新型测绘的强力支撑，在时空大数据管理、地理监测、高精度实体化测绘等方面提出更高要求，基于新型测绘构建的城市三维模型是数字孪生智能城市运行的主要载体。未来在测绘方面需要充分利用自动化程度更高的测绘采集设备、测绘数据处理方法、测绘作业方式等来更好地整合各方面测绘资源，快速构建城市的纹理，实现服务数字孪生智能城市建设，其中涉及的关键技术包括倾斜摄影测量、可量测实景影像（DMI，Digital Measurable Image）等数据采集技术，三维建模技术，三维空间数据的存储、组织与管理技术，海量空间数据调度技术，渲染技术等。

1. 倾斜摄影测量技术

倾斜摄影（Oblique Image）是指由一定倾斜角的航摄像机所获取的影像。倾斜摄影技术是国际测绘遥感领域近年发展起来的一项高新技术，它打破了以往正射影像只能从垂直角度拍摄的局限。通过在同一飞行平台上搭载多台传感器，同时从 1 个垂直、4 个倾斜这 5 个不同的角度采集影像，获取地面物体更为完整的信息。

2. 可量测实景影像技术

移动测量系统（MMS，Mobile Mapping System）是在移动载体上装配 GPS、摄影测量系统（CCD，Charge-Coupled Device）、惯性导航系统（INS，Inertial Navigation System）等先进的传感器和设备，在载体的高速行进中，通过摄影测量的方式快速采集地面物体的空间位置数据和属性数据，并同步存储在系统计算机中，经专门软件编辑处理，形成多种有用的专题数据成果。

依托 MMS 技术手段获取的可量测实景影像是一体化集成融合管理的时空序列上具有像片绝对方位元素的地面立体影像的统称。它不仅直观可视，还通过相应的应用软件、插件和 API 具有按照用户需要在专业应用系统直接浏览、相对量测（高度、坡度等）、绝对定位解析测量和属性注记信息挖掘的能力。同时，具有时间维度的 DMI 在空间信息网络技术上形成历史搜索挖掘，为警情分析、辅助决策等一系列深度应用提供用户自身可扩展的数据支持。它成功解决了地理空间数据快速获取、处理、组织、检索以及与应用系统集成，并具有可浏览、可按需测量、可标注链接的强大功能。

3. 三维建模技术

三维重建（3D Reconstruction）是指对三维物体建立适合计算机表示和处理的数学模型，是在计算机环境下对其进行处理、操作和分析其性质的基础，也是在计算机上建立表达客观世界的虚拟现实的关键技术。

物体三维重建是计算机辅助几何设计（CAGD，Computer Aided Geometric Design）、计算机图形学（CG，Computer Graphics）、计算机动画、计算机视觉、医学图像处理、科学计算和虚拟现实、数字媒体创作等领域的共性科学问题和核心技术。在计算机内生成物体三维表示主要有两类方法，一类是使用几何建模软件通过人机交互生成人为控制下的物体三维几何模型；另一类是通过一定的手段获取真实物体的几何形状。第一类技术已经十分成熟，现有若干软件支持，如3DMAX、Maya、AutoCAD、UG等，它们一般使用具有数学表达式的曲线曲面表示几何形状；第二类一般称为三维重建过程，三维重建过程是指利用二维投影恢复物体三维信息（形状）的数学过程和计算机技术，包括数据获取、预处理、点云拼接和特征分析等步骤。

4. 三维空间数据的存储、组织与管理技术

三维城市包含的三维空间信息类型较多，不同的信息类型根据其信息获取方式、影响表现效果的重要程度及其自身特点，需要采取不同的管理方式。数字正射影像模型可以采用同尺度的标准化网格划分，以网格图幅为粒度实施数据的网格化维护与管理；而独立个体的三维模型（如建筑）则不宜采用标准网格化划分，可以采用自然网格划分原则，即依据道路、河流等自然边界合理划分管理网格。这样做的好处是基本可以避免独立个体三维模型的网格拆分，网格边界清晰，易于模型的更新、维护。

另外，随着数据处理和融合的发展，需要利用机器学习或深度学习算法以及实时定位与制图（SLAM，Simultaneous Localization And Mapping）算法对测绘地理大数据进行自动识别、数据挖掘，快速提取地物特征、发现隐藏在大数据中的知识和还原地物模型，结合各地理实体的社会经济属性，形成涵盖地上地下、室内室外、二维三维一体化的全息、高清、高精度的结构化实体和城市数字空间，从较为单一的GIS数据

升级为融合多源、异构、多时态空间数据。

基础地理数据、地理编码数据、部分行业专题地理数据随着时间推移，数据量将会成倍增加，NoSQL 数据库具有原生的分布式部署能力和海量数据管理能力，并支持在低性能机器上部署，具有较好的扩展性，基于其大数据管理能力可以构建时空一体化的海量数据管理系统，对于时空信息数据库的建设具有重要意义。

5. 海量空间数据调度技术

无论是地形还是模型场景的表现都需要解决实时的数据调度及显示问题，在同等硬件资源条件下，如何加速图形生成，在不影响表现效果的前提下首先需要解决复杂图形的简化问题。

层次细节模型（LOD，Level Of Detail）技术是当前三维图形加速应用的主要方法，分为静态 LOD 技术和动态 LOD 技术。静态 LOD 技术是通过事先预处理生成离散的几个不同层次细节模型，实时显示时根据预先设定的简化标准加载合适的层次细节模型来表达三维物体；动态 LOD 技术则是通过 LOD 算法动态生成层次细节模型数据结构，并在实时显示时提取所需的层次细节模型数据，因而动态 LOD 可以获得连续变化的层次细节模型，但需要占用和消耗更多的资源。

在实际应用中，LOD 技术主要有两种应用模式：地形 LOD 技术一般采用四叉树结构组织数据，建立金字塔结构的 LOD 模型，属于静态 LOD 技术；建筑模型等三维物体一般采用二叉树结构组织数据，同时综合考虑模型间的遮挡关系、尺寸大小、视野深度、运动速度、偏心率等因素设计调度算法，形成更复杂的层次细节模型 LOD 算法，属于动、静结合的 LOD 技术，既有对三维模型、材质贴图的事先预处理，又有后期数据调度、渲染过程中的模型智能化简。

6. 渲染技术

在硬件方面，主要有 GPU 实时渲染技术，在软件方面，主要有实时流计算、多视频 3D 融合、基于深度学习的超分辨，以及实时光线追踪技术。GPU 实时渲染技术采用 Nivida 体系、上层驱动 directX 或开放图形库（OpenGL，Open Graphics Library），各公司自研引擎，应用于城市规划、游戏、医疗等各领域。利用 WebGL、

VR、AR、MR、全息投影技术等，可增强对城市地理环境的真实化表达，给人们提供沉浸式体验。WebGL（Web-based Graphics Language）提供了JavaScript与GPU交互的方法，它本身是HTML5规范的一部分，通过Html5 Canvas元素对外暴露DOM编程接口，可以为HTML5 Canvas提供硬件3D加速渲染，这样Web开发人员就可以借助系统显卡在浏览器中更流畅地展示3D场景和模型，还能创建复杂的导航和数据视觉化。VR通过隔绝式的音视频内容带来沉浸感体验，对显示画质要求较高。AR强调虚拟信息与现实环境的“无缝”融合，对感知交互要求较高。MR技术通过全息图，将现实环境与虚拟环境相互混合，即在新的可视化环境中物理和数字对象共存，并实时互动。全息投影技术利用干涉和衍射原理记录并再现物体真实的三维图像，实现虚拟影像跃然于眼前，栩栩如生，令人难辨虚实，视觉效果强烈。

7.4.2 孪生镜像应用定位

来自政府部门的城市管理需求占据主导地位，包括在规划、交通、公安、应急、消防、水务、能源等领域对实景三维数据的应用。与此同时，三维建模应用也正在向建筑工程、生态环保、文化遗产、景区服务、园区和社区信息化管理等新的市场广泛渗透，市场需求强烈。

在城市规划领域，统筹城市各类规划，推动空间、产业、生态等多种规划要素在“一张图”上呈现和协调，实现城市规划“一张图”管理，提升城区空间引导能力，优化产业发展布局，打造宜居的生态环境。精确反映整个城市的建筑物分布情况及城市地形，促进有关部门和人员做出科学的城市规划决策，以及城市重点区域动态监测、违建取证与执法等，推动城市健康发展。

在建筑工程领域，在设计阶段，帮助设计师分析待建区域周边建筑和地形信息，将设计好的建筑模型置入场景中，进行日照分析、风能分析等；在建筑施工阶段，可准确反映施工进程，为施工管理做出决策；在建筑运营与管理阶段，辅助决策建筑物维护与装修。

在城市交通出行领域，使用人工智能、大数据、实景三维、语义化等技术进行复制，将物理世界中复杂的交通系统构建成可被机器理解的数字孪生交通路网环境，融合多源、异构、多模态交通实时数据，构建交通信息知识图谱，对交通时空大数据进行展示、挖掘、分析，提供三维数据服务，结合智能交通系统开展交通仿真模拟，构建交通仿真模型，并利用交通仿真模型开展通行能力评测，为道路规划、建设提供参考，为交通监测预警、应急处理，以及拥堵治理、联程联运等提供支撑。

在地下管网管理领域，利用城市信息模型平台建立地下管网单体模型，提供管线标注、管网查询、沿路开挖、断面分析、覆土分析、净距分析、碰撞分析、填挖方分析、管线统计等功能，为地下管网提供专业的分析工具。

7.5 核心大脑聚城市知识

搭建城市共性关键技术、应用开发组件的模块化集成平台，为整个城市汇聚城市知识。重点考虑搭建开源、开放的区块链应用创新环境，推动区块链在城市管理、运行、服务各领域试验应用，实现不同领域和行业间数据互信互认，形成可自动监督、自我优化的城市信用体系，为智能城市的发展提供安全、可信的支撑保障能力；建立人工智能开放平台，鼓励技术创新研发，探索人工智能在各个领域的深度应用，不断强化“城市大脑”的感知能力、学习能力、决策能力和持续优化能力，逐步提升城市智能化水平；建设集算法管理、资源管理、业务场景管理、指标评估、监控预警等于一体的城市算法服务平台，用于在“城市大脑”体系架构上快速构建面向解决行业自身问题的人工智能算法模型开发、部署和生命周期管理功能模块。

智能应用平台为上层的智能应用提供底层技术支撑、元数据集、城市元部件模型等资源，实现自定义分析与调用、灵活配置和高效开发利用。智能应用平台的功能架构包括两大类：第一类是核心共性使能技术，包括 AI 服务、区块链服务等；第二类是基于底层数据的共性应用服务能力，包括身份认证、电子证照、统一定位、API 网关、音视频协同等。智能应用平台架构如图 7–5 所示。

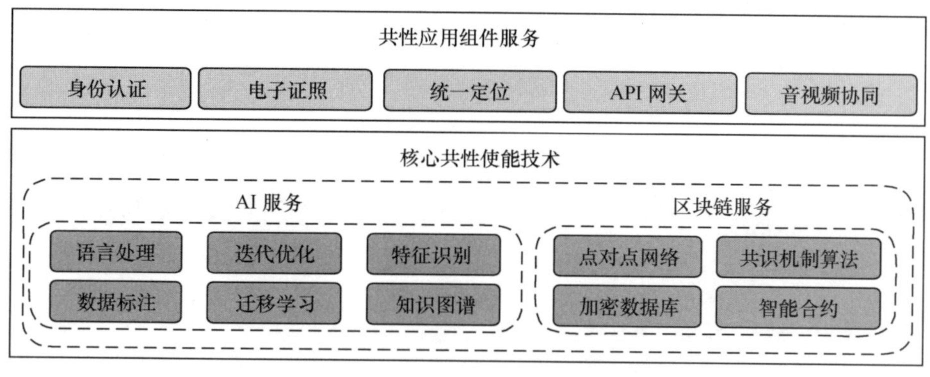

图 7-5 智能应用平台架构

AI 服务。通过“城市大脑”算法开发和“城市大脑”行业系统数据智能应用封装，实现通用算法的积累，提高算法复用程度和利用率，丰富城市数据大脑通用算法库。基于城市数据大脑人工智能算法服务平台的标准化的统一接口，快速封装扩展新的行业系统数据智能应用。“城市大脑”算法服务平台提供如下人工智能基础能力：支持多种主流深度学习框架和算法组件及一体化算法管理；提供语音识别、自然语言理解、大规模视频码流分发管控、视觉计算资源调度管控、实时流数据并行处理、智能规则配置、目标检测算法引擎等能力。

区块链服务。把云计算和区块链技术结合起来，采用容器、微服务以及可伸缩的分布式云存储技术等创新方案构建区块链即服务（BaaS，Blockchain as a Service），提供一种在不可信的竞争环境中低成本建立信任的新型计算范式和协作模式，实现穿透式监管和信任逐级传递。BaaS 服务核心能力包括块链式数据结构验证与存储数据、利用分布式节点共识算法生成和更新数据、利用密码学的方式保证数据传输和访问的安全、利用自动化脚本代码组成的智能合约和操作数据的一种全新的分布式基础架构与计算范式的区块链基础能力，推动区块链 3.0 时代各应用场景下区块链解决方案的实现。

API 网关。API 网关提供 API 注册、发布、管理、授权、监控、维护等主要功能，结合云平台上下游的资源和服务调度能力，支持服务 API 的自动发布、生命周期管理、服务质量管理等需求。常见的几种应用场景包括将云服务的接口提供给移动平台的应用以进行调用；将应用系统的 WebService 转化为基于 RESTful 的 HTTP 服务；

为所有的服务进行统一的安全管理；为应用系统安全审计提供日志审计及访问监控等服务。

统一定位。利用 GPS、北斗、基站定位、标准地址库等多种定位技术实现对人员、车辆、物品准确定位，各种定位手段无缝切换，定位数据统一管理、数据沉淀优化。

7.5.1 核心大脑关键技术

人工智能核心技术包括硬件层面的芯片技术、机器学习、知识图谱、自然语言处理、计算机视觉、语音识别、人机交互、生物特征识别等关键技术。芯片技术以 CPU、GPU、FPGA 为当前主流，CPU 芯片兼顾控制和计算，是构成笔记本电脑、智能终端及服务器计算硬件的主体。 GPU 芯片适合通用并行处理，应用领域由早期图像处理逐步拓展至通用加速。FPGA 芯片具备可重构特性，可根据客户需求灵活定制计算架构，更适合需求量偏小的航空航天、车载、工业等细分行业。机器学习是一门涉及统计学、系统辨识、逼近理论、神经网络、优化理论、计算机科学、脑科学等诸多领域的交叉学科，研究计算机怎样模拟或实现人类的学习行为，以获取新的知识或技能，重新组织已有的知识结构使之不断改善自身的性能是人工智能技术的核心。基于深度学习的人工智能算法主要依托计算机技术体系架构实现，软件框架是算法的工程实现，深度学习算法通过封装至软件框架的方式供开发者使用。基于深度学习技术的服务及产品主要涉及 3 类软件框架，按照应用场景分为云端训练、云端推断和端侧推断。知识图谱本质上是结构化的语义知识库，是一种由节点和边组成的图数据结构，以符号形式描述物理世界中的概念及其相互关系，其基本组成单位是“实体—关系—实体”三元组，以及实体及其相关“属性—值”对。知识图谱在搜索引擎、可视化展示和精准营销方面有很大的优势，已成为业界的热门工具。自然语言处理是计算机科学领域与人工智能领域中的一个重要方向，研究能实现人与计算机之间用自然语言进行有效通信的各种理论和方法，涉及的领域较多，主要包括机器翻译、机器阅读理解和问答系统等。计算机视觉是使用计算机模仿人类视觉系统的科学，使计算机拥有类似人类提取、处理、理解和分析图像及图像序列的能力。自动驾驶、机器人、智能医疗等领域均需要通过计算机视觉技术从视觉信号中提取并处理信息。语音识别技术使机器通过识别和理解过程将语音信号转变为相应的文本或命令。语音识别本质上是一种模式识别的过程，基于统计模式来实现识别，未知语音的模式与已知语音的参考模式逐一进行比较，最佳匹配的参考模式被作为识别结果。人机交互按照交互方式分为语音交互、情感交互、体感交互、脑机交互。语音助手发展已相对完善，脑机交互包含植入式和非植入式技术。生物特征识别包含指纹识别、人脸识别、虹膜识别、指静脉识别、声纹识别以及眼纹识别，其中，指纹识别是最成熟、成本最低的生物识别技术，通过分析指纹全局和局部特征，如脊、谷、终点、分叉点或分歧点，再经过比对来确认一个人的身份。人脸识别通过面部特征和面部器官之间的距离、角度、大小、外形而量化出一系列的参数来进行识别。虹膜识别技术利用虹膜终身不变性和差异性的特点来识别身份。

区块链技术处于高速发展阶段，发展热点主要体现在以下几方面。一是多技术措施保障区块链安全。在账本数据、密码算法、网络通信、智能合约、硬件等方面采用技术措施保障区块链安全。在账本数据方面，业界普遍采用数据校验、数据容灾备份、数据归档等技术来加强账本数据的安全；在密码算法方面，国密加密逐渐成为区块链应用的主流选择；在网络通信方面，节点认证机制、账本隔离技术、数据分片技术等网络准入技术及网络防护不断完善；在智能合约方面，主要采用形式化验证技术和代码审计手段减少合约漏洞；在硬件方面，厂商纷纷推出以可信执行环境为代表的硬件安全防护解决方案。二是互操作性成为应用需求新热点。互操作性技术包括散列锁定、公证人机制、侧链与中继链等技术。区块链互操作性目前处于技术发展早期，随着从业者的持续研究，将会加速技术不断突破，带来应用的不断迭代与创新。三是链上存储可扩展性需求日益迫切，随着链上数据日益增多，链上存储可扩展性成为迫切需求，当前的解决方案包括从单点存储转换为多点分布式存储、降低链上数据可追溯性效率等。四是隐私保护手段逐渐多样化。不同的保护对象有不同的保护手段，针对交易信息的隐私保护，主要有混币、环签名、机密交易等方式；针对智能合约的隐私保护，主要有零知识证明、多方安全计算、同态加密等方式；针对链上数据隐私保护，主要有账本隔离、私有数据和数据加密授权访问等方式。

统一定位的关键技术主要有全球卫星定位系统、移动通信基站系统和基于室内场景局域定位系统三大技术体系。单一定位技术难以实现全空间无缝定位目标，聚合多类定位技术是打造增强型定位网络的唯一路径。北斗卫星定位是中国自主研发的，利用地球同步卫星为用户提供全天候、区域性的卫星定位系统。它能快速确定目标或用户所处的地理位置，向用户及主管部门提供导航信息。基站定位一般应用于手机用户，手机基站定位服务又称为移动位置服务（LBS，Location Based Service），它是通过电信移动运营商的网络获取移动终端用户的位置信息（经纬度坐标），在电子地图平台的支持下，为用户提供相应服务的一种增值业务，精度较低。要实现室内、地下和隧道等空间的定位，提高移动通信基站（宏基站、微基站、室分系统等）的覆盖范围是关键。对于高精度定位业务，需要采用基站定位与其他定位技术协同。室内定位系统技术主要有 Wi-Fi、RFID、UWB、蓝牙、ZigBee、伪卫星、红外线和超声波等。

7.5.2　核心大脑应用定位

人工智能在推进城市治理、政务服务、公共服务、经济发展等各领域智能化方面发挥着重要作用，对医疗、教育、交通、公共安全、金融等各领域赋能效果显著。医疗各环节能效初显，在以患者为中心的医疗方面中的应用尚处于初级阶段，在医药、医保、医院方面则更多是面向企业、医疗机构用户，业务模式相对成熟，医疗影像应用领域取得很大突破，医疗器械服务水平也有较大提高。在医保监管领域，利用人工智能技术实现住院和门诊医疗费用 100% 智能审核。在智能教育方面，逐步改变现有的教学方式，解放教师资源，如通过教学成果智能测评，构建个性化学习系统推动自适应教育、自主教学。在解放教师资源方面实现作业智能批改、拓展学生课后学习途径，通过在线语音互动方式实现课后辅导与答疑，延展学习时间和空间。教育资源、教育学科不断扩充，如将计算机编程、算法设计纳入中学学科中。教育学习场景也不断突破，VR/AR 技术使人们可以沉浸式学习，提升学习体验。在交通方面，重点在交通管理、公众出行、节能环保等方面应用人工智能技术提升管理和服务水平：在交通管理方面实时分析城市交通流量，利用人工智能算法和交通控制理论融合应用，动态调配路权，有效疏导交通流量；在公众出行方面推动汽车辅助驾驶、无人驾驶、智能停车。在节能环保方面，推动新能源汽车发展，形成多能互补、主动服务的低碳出行智能充电网格。在公共安全方面，人工智能已在社会治安、反暴反恐、灾害预警搜救等公共服务领域得到一定程度的应用。在社会治安领域，人工智能用于警方侦查过程，通过动态人像布控、计算机视觉技术及时发现异常，协助警方破案；在反恐反暴领域，各类反恐机器人已应用于反恐安全、目标探测、可疑物检查与打击等领域；在灾后救援领域，可利用人工智能技术，快速处理航拍影像，并及时向救援人员提供评估与指导，提升救援效果。在金融方面，人工智能已被广泛应用到银行、投资、信贷、保险和监管等多个金融业务场景，智慧银行、智能投顾、智能投研、智能信贷、智能保险和智能监管是当前人工智能在金融领域的主要应用。

区块链通过与不同领域结合，对行业与活动将产生深刻影响，正在贸易金融、供应链、农业、社会公共服务、司法存证、税务、医疗健康等多个垂直行业探索应用。区块链与金融行业具有天然的契合性，最早在金融领域发挥优势作用。目前，国内一定数量的金融业应用已经通过了原型验证和试运营阶段，涉及供应链金融、跨境支付、资产管理、保险等细分领域。基于区块链的供应链协同应用将供应链上各参与方、各环节的数据信息上链，做到实时上链。区块链在供应链协同领域的主要应用方向包括数据共享与可视性、去中间环节与数据安全、自动验证执行与高效协同。在产品溯源方面，区块链也在发挥重要作用，如山东省寿光市新规划建设的重点农业园区全面推广区块链追溯系统，实现农产品源头可追溯、流向可跟踪、信息可查询、责任可追溯，由粗放分散发展向组织化、集约化发展转变。在政务、民生领域，区块链技术可以大大提升政府数据的开放度、透明度，促进跨部门的数据交换和共享。在政务方面，区块链技术主要应用于政府数据共享、数据铁笼监管、互联网金融监管、电子发票等；在民生方面，区块链技术主要应用于精准扶贫、个人数据服务、医疗健康数据、智慧出行、社会公益服务等。另外，区块链可为司法存证、知识产权、电子合同管理、税务等业务赋能，利用区块链技术打造可信数字身份，可支持电子病历个人身份认证等功能。

统一定位服务作为基础服务，可应用于各种室外、室内定位导航场景。例如，室内定位技术可用于人员管理，在办公楼、工程、施工地等可以对人员、设备、物资进行实时定位，通过查看被定位对象的实时位置，便于调度管理、岗位管理、工作流程优化。统一定位服务还用于协助养老院照看老人，在养老院部署室内定位方案，结合蓝牙网关、智能手环、胸卡等终端就可以进行精细化管理，在后台实时查看老人所在的位置和移动轨迹等，还可以通过设置电子围栏，避免老人走失或出现意外。在商超中，通过定位服务导航找到需要的店面。在医院，通过定位技术实现电子导诊、特殊病患实时监护。在监狱中，给被监管人员带上智能手环，在狱警后台即可实时监控人员位置、移动轨迹、停留时间等。在安防方面，通过为物品贴上定位标签，利用定位技术实时定位和跟踪物品的位置。

Smart City

第8章

场景共创智能应用

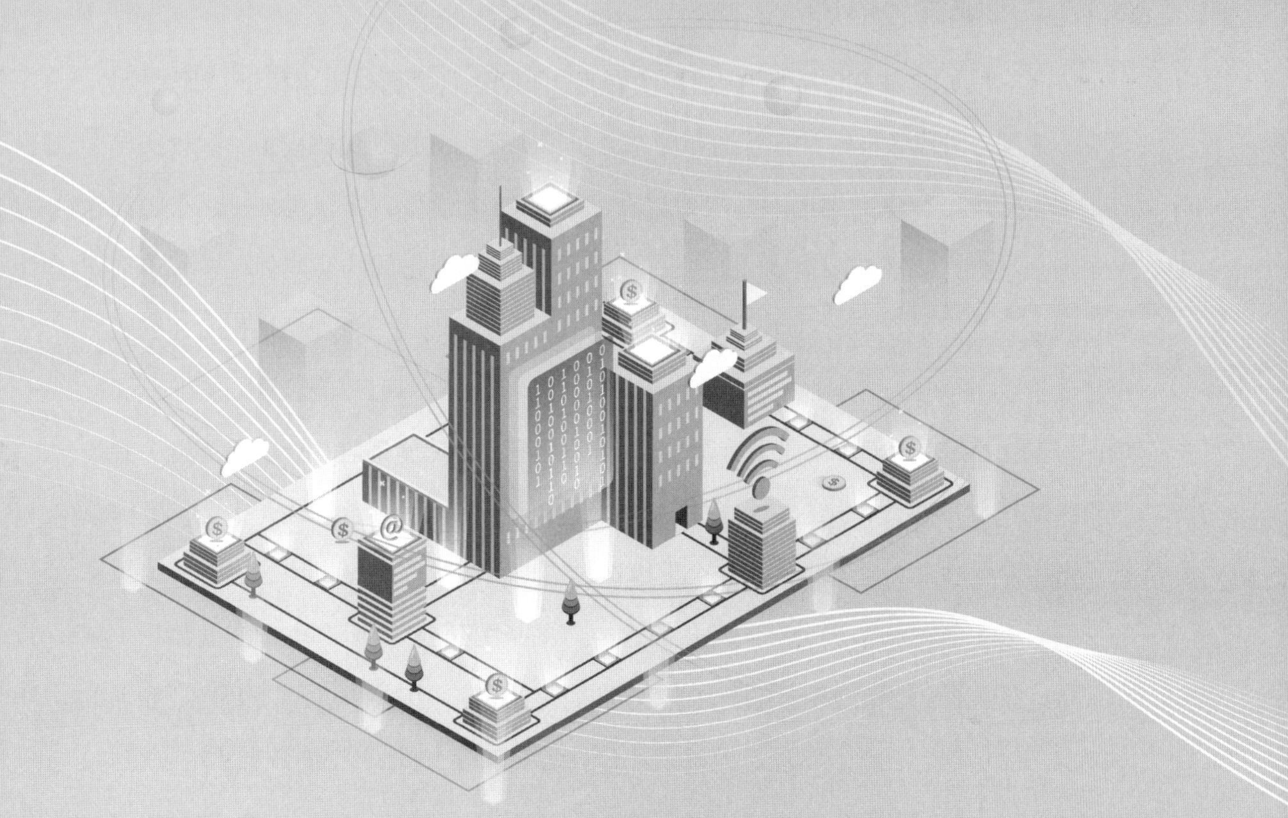

8.1 智能治理

数字孪生智能城市可实时展示城市运行全貌，助力形成城市一盘棋集中治理模式，立足城市运行监测、管理、处理、决策等治理领域，建立物理世界与虚拟世界的数据映射和数字展示平台，实现跨层级、跨地域、跨系统、跨部门、跨业务的城市治理协同，形成全程在线、高效便捷，精准监测、高效处置，主动发现、智能处置的城市智能治理体系。

8.1.1 规建管一体化

综合应用 GIS，BIM，CIM 构建持续更新、不断迭代的智能城市模型，促进规划、建设、管理各阶段数据的共享互通和动态更新，实现空间规划精确模拟，建设实施实时仿真，管理运行主动调控。在规划阶段，基于 CIM 模型，将多规合一，有效消除空间规划冲突，实现城市规划“一张图”，实现城市功能布局的智能优化、城市形态的协同设计、规划方案的自动评价，优化审批流程，实现规划管理精准化。在智能城市建设阶段，推进建设项目 BIM 管理，依托智能工地将工程现场与监管中心实时互联，依托可视化技术，实现从设计图纸审查、建造过程监督（施工监督、项目监管）到竣工交付的全周期监管，构建建设监管一张网；在运营阶段，通过 CIM 平台，敏捷掌握城市生命线安全、应急、生态和突发事件，实现城市治理一盘棋。

基于多源数据和多规融合实现规划管控“一张图”。整合所有基础空间数据（城市现状三维实景、地形地貌、地质等）、现状数据（人口、土地、房屋、交通、产业等）、规划成果（总规、控规、专项、城市设计、限建要素等）、地下空间数据（地下空间、管廊、浅层、次浅层、次深层、深层地质等）等城市规划相关信息资源，形成内容完善、结构合理、规范高效的现状和规划数据统一服务体系，在数字孪生空间实现合并叠加，消除潜在的冲突差异，统一空间边界控制，形成规划管控的“一张图”，以此为基础进行规划评估、多方协同、动态优化与实施监督。在充分保证“一张图”实时性和有效性的前提下，通过对各种规划方案和结果进行模拟仿真及可视化展示，实现方案的优化和比选。

基于项目进度可视化管控实现城市建设管理科学化。通过工程建设过程的数据汇聚和服务共享，实现城市建设的同生共长，辅助领导跟踪工程项目进度及项目群推进、投资利用状况，全面把控城市建设面貌。在城市建设项目设计阶段，利用数字孪生技术，充分考虑设计方案和已有现实环境的影响度，利用虚拟设计方式，及时对设计缺陷进行优化；在施工阶段，利用数字孪生技术的时空特性，将施工方案和计划进行模拟，分析计划方案的合理性，全面对施工过程进行科学管控。通过建设时序模拟、进度协调、资源协调、城市建设安全管理，实现城市建设管理科学化。

加强城市资产虚实管控，推动城市基础设施运维管理自动化。项目建设完成后将设计、施工等各类数据全面留存导入数字孪生城市时空数据库中，同时采集包括政务、产业、民生等城市各个领域的实时传感数据，对各类数据进行数据智能分析，并针对设备健康运行等进行预测、预警，利用虚拟控制现实、边缘计算和工业控制等技术实现远程操控和远程维护。

8.1.2 智能化城市管理

创新立体化的治理机制，提升社会风险预测、预警、预防能力和应急指挥调度能力，形成智能感知、快速反应、精准指挥、科学决策的现代化社会治理体系。基于城市信息模型平台，打造安全、能源、交通、制造、医疗健康、物流等城市各领域的运行指挥平台，同时依托城市运行指挥平台，形成集城市运行态势监控、灾害预警、应急管理、信息发布等功能于一体，借助智能大屏、城市仪表盘、领导驾驶舱、数字沙盘、立体投影等，一张图全方位展示城市各领域综合运行态势，并根据不同专题如交通、医疗进行分类呈现，帮助城市决策者、管理者、普通大众从各个角度观察和体验城市发展情况，分析趋势规律，及时做出决策。

城市部事件智能化管理。传统网格化城市部事件管理模式耗费大量人力、物力，而在数字孪生智能城市运行管理模式下，基于统一的数字编码标识体系和全域感知设施为物、事打造“数字身份证”，实现远程感知、精准定位、故障预警和远程处理。

多部门协同处置提高协同调度能力。实施全周期管理，建立跨部门互通互联及信息共享、共建的协同管理机制，建立城市突发事件的预测、预警、预报体系，构建高效的多组织协同的扁平化指挥体系，打造全面感知、反应灵敏、快速决策的指挥平台，建立响应及时、服务全面的社会联动机制，全面提升城市运营中心应对事件的协同处置能力和效率，主要提供预案启动、协同会商、指挥调度、全程监督管理等功能。

加强应急演练仿真，提升事前预防能力。利用数字孪生技术以及虚拟现实技术，就突发事件做好事前、事中和事后各个环节的工作。模拟真实发生的突发事件的场景，例如，火灾或暴雪等场景，使用户犹如身临其境，更加生动地体验在紧急事件发生时每个行动所带来的后果。通过应急现场环境快速还原、应急资源可视化管理、应急预案科学仿真、应急预案模拟演练等为应急场景下灾情研判、分析、排查、重建等工作提供科学支撑，提升处理应急事件水平。

8.1.3 平安城市

平安城市也被称为天网工程，由政府主导建设，指的是城市级的视频监控系统建设，以视频数据为核心，涵盖卡口建设，部分项目也涉及电子警察。平安城市建设从模拟监控摄像点建设开始，逐步过渡到模拟网络的升级，再从网络升级到高清的建设历程。早期平安城市建设强调摄像机的覆盖，解决“看得见、看得清”的问题，随着摄像机智能分析技术的升级，平安城市建设逐渐过渡到“看得懂”的阶段，而“看得懂”依赖于视频结构化处理技术，最新的视频结构化技术可以实现人脸识别、性别、年龄、身高、人体识别、车牌识别、车辆特征识别、物体识别。视频结构化处理技术出现后，平安城市建设逐步过渡到以视频大数据为核心的“互联网 +”时代。从早期的模拟监控主要实现视频的监视、录像和回放，重点用于事后防范，逐渐演进到网络监控，实现简单的视频划线报警、移动侦测、遗留物探测、人员聚集等功能，能够进行一些简单的预警。目前“视频云 +”是一种新型的建设理念，依托视频大数据可以实现“视频云 + 门禁”“视频云 + 停车场”“视频云 + 治安”等，间接地促进了安防市场的发展，而视频结构化处理技术大大盘活了巨量的平安城市监控录像数据。

立体化前端防控网络。平安城市整体以“前端网络立体化，数据处理结构化，上层应用智能化”为建设核心理念，基于犯罪地理学的防卫空间理论，开展具有针对性、因地制宜的场景式布建，密织“空中、地面、动态、静态、物联”5 张防控网络，实现多角度、多层次、多维度的信息采集，对人、地、物、组织开展全方位、全天候的整体防控。

“视频云 +”智能化处理服务。根据未来 5 年人脸监控点位、车辆卡口点位以及城市重点场所点位的数量、带宽容量、资源下载性能需求、并发用户规模等，建设视频压缩、分发、转码、清晰化等处理服务，建设视频对象结构化提取、摘要检索、浓缩播放以及视频检索、视频与情报数据关联检索等服务，实现视频结构化、数据云存储、资源云调用、分析云智能、服务云共享、信息云检索。

多源人脸大数据防控应用。基于“视频云 +”平台提供的视频人脸大数据应用，结合视频中隐含的时间、地点、方位等信息以及视频智能分析所生产的人员特征、行为模式、同行人等补充信息，结合公安网监系统、情报系统、警综系统、电子围栏数据、Wi-Fi 热点采集数据等关联业务资源，真正基于视频和警务大数据为公安机关提供更为灵活的、面向社会治安数据防控所需的人员分布分析、身份比对、轨迹分析、特征检索、聚集分析、昼伏夜出分析、异常被访分析、频繁出入分析、长期不出门分析、同伙分析、落脚点、关系人分析、布控告警等，关联分析出行记录、住宿记录、犯罪记录、出入境记录、暂住记录等，实现对高危人员、外来人口、异常人脸的大数据定位、追踪、布控。

多源车辆大数据防控应用。基于“视频云 +”平台，建设车辆大数据防控应用，通过与现有的卡口稽查布控系统互联，结合视频中隐含的时间、地点、方向等信息以及视频智能分析所产生的车辆特征、乘车人特写、乘车人特征等补充信息，结合情报业务数据、车驾管业务数据、电子围栏数据、Wi-Fi 热点采集数据等关联业务资源，实现车辆轨迹分析、车辆停放地点分析、车辆追逃布控、车辆关联人员分析、车辆技战法应用等，实现对治安领域的车辆布控、交管领域的肇事车辆追逃、情报领域的车辆追踪以及人车关联分析等，实现各种车辆大数据情报分析和治安防控应用。

视频大数据治安巡控应用。基于“视频云 +”服务平台，整合警综、情报、警力报备等关联业务数据，实现对历史视频警情大数据的 GIS 展现；实现基于警情规律的视频巡控计划和任务管理；实现业务关注对象的检索和分析；实现重点场所异常事件的智能预警、布控范围智能提示、大数据辅助智能围堵；实现警车车载视频、警员单兵视频和执法记录仪视频的实时接入；实现重点人员、车辆的全省范围内布控；实现重点场所的案（事）件防控。推动以视频大数据感知情报、“视频云 +”服务智能防控、警情大数据预测和巡控大数据指挥调度的新模式，实现区域治安情报大数据描述、社会治安事件大数据防控的新型社会治安立体化防控模式。

视频大数据情报追踪。情报人员能基于视频大数据快速分析关注对象近期的活动轨迹、异常行为、重点场所的活动人员、异常事件，关联分析人、车、物的各种信息。与相关业务系统对接，能快速进行身份比对、社会关系情报分析、车驾管数据关联和案（事）件串并等，能让情报人员真正享受视频大数据对嫌疑人特征、行为和轨迹的精细刻画，享受“视频云 +”平台带来的海量视频的快速处理、线索的快速检索、情报信息的关联比对等智能服务。享受对任何关注对象的大数据多维度情报关联分析、串并分析、关系分析、异常活动分析等。推动公安大数据情报融合分析、情报智能推送的视频侦查实战新模式。

视频大数据指挥调度。视频大数据指挥调度系统应能实现历史警情数据的 GIS 定位、历史案（事）件视频线索的展现，接入当前视频大数据巡控的警车、警员的分布情况、巡逻轨迹、巡逻片区、巡逻任务，当前各分局、派出所警务值班视频数据等。实现对任何一个固定视频点位、车载视频、单兵视频、执法仪视频的远程调用，可接收治安巡控平台推送的案（事）件告警视频，可针对案（事）件启动视频指挥调度预案，实现基于音视频的警车、警员指挥调度，在案（事）件指挥调度过程中可关联显示案发点周边视频、嫌疑人视频大数据查询、嫌疑车视频大数据查询等。

视频大数据侦查实战。侦查人员能快速下载案发地周边的视频资源和其他结构化信息，并实现快速的清晰化处理、浓缩摘要、对象提取、特征检索、时空碰撞、轨迹分析等，与网监、情报、警综等业务系统对接，快速进行身份比对、车驾管数据关联、案（事）件串并等，让侦查人员真正享受大数据对嫌疑人特征、行为和轨迹的精细刻画，案件过程的还原，云服务带来的海量视频的快速处理、线索的快速检索、情报信息的关联比对等，推动公安大数据融合分析、多警种合成作战的侦查实战新模式。

8.1.4 畅通城市

推进交通信息化感知设备、展示设备等智能化基础设施建设，打造包括“车—车”“车—基础设施”在内的交通信息通信网，促成交通状态的实时感知、检测，实现交通基础设施数字化；以交通信息化基础设施为基础，构建包括交通数据采集、大数据分析、综合决策、服务支撑等业务模块的智能交通体系架构，形成完善的智能交通方案；采用人工智能、云计算等技术，深入挖掘交通信息，精准掌握交通运行状况，精细化制订交通管控方案，建成全局感知、精准控制的交通管控系统，提升城市交通管理水平；实时分析公交出行需求，准确把握公交运营状态，采用“定线公交＋响应式公交”的运营模式，提供快速、优质的公交出行服务，促进绿色出行大幅度提升；针对个性化出行需求，建设一批共享运载工具。伴随着智能交通、科技出行、共享出行、无人驾驶、智能泊车等交通出行模式的逐渐成熟，最终将实现智能交通管控与停车系统融合，达到“出行自动化”。

智能出行（智能驾驶）。在电动化、共享化、智能化、网联化的推动下，以移动互联网、地理位置服务（LBS）、大数据等技术为支撑，打造以新能源（电动）为驱动力的初级智能网联汽车为主要载体，旨在满足用户多样化的出行需求和解决信息不对称的智能化出行模式。智能网联汽车集中运用了汽车工程、人工智能、计算机、微电子、自动控制、通信与平台等技术，是一个集环境感知、规划决策、控制执行、信息交互等于一体的高新技术综合体，其关键技术分为车辆设施关键技术（环境感知技术、智能决策技术等）、信息交互技术（V2X通信技术、云平台与大数据技术、信息安全技术）、基础支撑技术（高精地图、高精定位、标准法规与测试评价等技术）等。

车路协同。建设覆盖全域主要交通道路的车路协同信息基础设施，部署车路协同路侧单元（RSU，Road Side Unit），实现全域道路的V2I无缝通信，通过视频流量检测器、微波雷达检测器等设施，综合感知道路交通运行状态。借助智能路口的信息发布能力和车载单元的通信能力，实现车—车、车—路之间的信息交互；通过道路信息发布、交通出行诱导、事件预测预警、行驶安全辅助信息推送等功能，实现路网均衡畅通、提高交通安全系数，同时为全网自动驾驶提供技术和数据的全面支持。

智能停车。将区域内住宅共享停车位、非住宅共享停车位和集中停车换乘点共享停车位等各类停车资源融合起来，通过合理的管理方式和运营机制，刻画城市静态交通多维度的空间画像，打造城市一体化停车方案，为主管单位监督管理、运营机构规划运营、城市居民出行服务提供完善的基础保障。结合城市动态交通数据建设新的交通组织模式，充分发挥技术创新的能力优化停车资源，实现停车智能化、管理可视化和运营高效化，能够为出行者提供车位查询预定、车位导航、新能源车充电、周边信息推送等价值体验。

智能交通管控。内置于交通设施及车辆中的传感器通过收集实时、精确的交通流量，结合各智能交通子系统的接口交互、功能集成和信息交互，在信息的处理、挖掘、融合、分析、预测的基础上，实现城市交通的精细化管控，为辅助决策、指挥调度提供支撑。

出行即服务（MaaS，Mobility as a Semce）。在MaaS系统中，出行者将出行视为一种服务，不再需要购买交通工具，而是依据出行需求购买由不同运营商提供的出行服务，通过一个唯一账户访问提供出行服务的程序，并通过单一支付渠道进行全部出行费用支付。MaaS系统基于公共交通智能调度、个人习惯分析、绿色出行优先，整合互联网支付能力，实现出行行程预定、路径一键规划、公共交通无缝衔接、费用一键支付等功能，整体提升公众公共交通出行满意度，改善公众绿色出行良好体验。

8.2 智能生活

数字孪生智能城市将全面采集城市居民的日常出行轨迹、收入水准、家庭结构、日常消费、生活习惯等，洞察提取居民行为特征，在“数字空间”上，预测人口结构和迁徙轨迹、推演未来的设施布局、评估商业项目影响等，以智能人机交互、网络主页提醒、智能服务推送等形式，实现城市居民政务、教育文化、诊疗健康、交通出行等服务的快速响应和个性化，形成具有巨大影响力和重塑力的服务体系。

8.2.1 智能医疗

以人民健康为中心，树立大健康、大卫生理念，推动医疗、医保、医药三医联动，建设体系完整、功能互补、密切协作的现代医疗卫生服务体系，提供优质、高效的医疗卫生服务，提高中医药服务能力，使健康政策融入全局、健康服务贯穿全程、健康福祉惠及全民。以健康决定因素为抓手，实现全环节无缝隙的连续性医疗服务。利用人工智能技术对全体居民健康数据进行长期监测和统计分析，建立集健康远程教育、医疗在线咨询、医疗健康信息分享、网上互动社区为一体的健康平台，推进居民健康档案、电子病历、医疗影像等信息的整合和共享，提供健康干预策略和智能化服务。医疗智能应用主要集中在医疗机构信息化类、药品/器械研发类、医学影像类、医疗服务类、精准医疗类、健康管理类。

医疗机构信息化类。目前，医疗机构的信息化已经进行了很多年，但在信息标准化方面，医院的数据大部分没有形成标准化，即便有电子病历，内容上也是医生主观输入，而非系统化标准语言。如果在医疗领域无法形成各类信息的标准化，精准医疗等无异于纸上谈兵。与此同时，医疗机构数据、信息分散，如何集合各种异构数据，推动数据融合、关联、分析，进行数据挖掘，对于全面提升医院信息管理水平、提升医保结算效率等有非常重要的意义。

药品/器械研发类。目前，医药研发主要存在研发周期长、研发成本高、研发失败率高等问题，大数据可以应用到医药研发多个阶段以缓解痛点。在临床前的研究阶段，可通过大量的文献挖掘和生物信息分析，较快确认药物作用靶点、提升化合物筛选效率；在临床试验阶段，通过大数据优化临床试验设计，提高药物试验有效应答率，筛选受试对象，降低临床试验成本，缩短研发时间；在上市后的评价阶段，可较快实现不同数据库不良事件的识别、计算不良事件的发生率，收集大量用药反馈并做出分析，指导后续研发设计。基于大数据和人工智能技术，通过数据计算模拟药品/器械研发过程来帮助药企/器械厂商缩短研发周期，降低研发成本。

医学影像类。基于人工智能、深度学习技术，帮助医生更快、更准确地读取病人的影像数据，以更好地做出判断，即从CT、MRI、PET或SPECT等影像中高通量地提取大量影像信息，实现感兴趣区（通常指病灶）图像分割、特征提取与模型建立，凭借对海量影像数据信息进行更深层次的挖掘、预测和分析来定量描述影像中的空间时间异质性，揭示出肉眼无法识别的图像特征。影像组学可直观地理解为将视觉影像信息转化为深层次的特征来进行量化研究。当前，腾讯打造首个医学领域的人工智能产品——腾讯觅影，即借助人工智能技术开展医学图像检测，大大提高读片效率，辅助医生提升诊断效率。

医疗服务类。通常所理解的临床诊断辅助系统包括早期筛查、诊断、康复、手术风险监测、用药安全等。未来将推广辅助诊疗系统、智能导医系统、智能检测仪器、手术机器人、智能问诊等智能医疗设备和智能医疗服务。

精准医疗类。精准医疗是由基因医学、转化医学、个性化医疗演变而来的，其基于系统学方法，利用大数据分析，实现患者驱动的医疗管理新医学模式。实施精准医疗的前提是必须建立起一个庞大的生物信息数据库，并有与之相配的健康人体和疾病群体的大数据分析、海量数据高效整合、高通量信息资源共享等支持。基于对人体本身的数据化，并通过对这些数据的分析提供精准治疗。基因检测及测序将发挥重要作用，但是这项服务目前尚处于初级阶段，谈商业模式还为时过早。检测报告的准确性尚不可保障，检测维度也较为单一，其结果仅供参考，无法用于临床诊断，同时，消费级基因检测还面临伦理、数据安全、监管等问题。

健康管理类。健康管理是指对个体或群体的健康进行全面监测、分析、评估，并提供健康咨询和指导，以及对健康危险因素进行干预的全过程，其核心是健康风险的评估和控制。新型健康管理系统是利用云计算、大数据技术充分挖掘大量人群健康状态的数据，整合出针对不同健康状态的个性化的健康干预诊断指标体系，成功地阻断、延缓，甚至逆转疾病的发生和发展进程，从而达到维持健康状态、“治未病”的目的。重点通过建立完备的个人医疗健康档案，打造可智能感知的个人健康管理体系，提供面向个人全生命周期的预防、治疗、康复和自主健康管理一体化的健康服务。

8.2.2 智能教育

鼓励应用慕课（大规模开放在线课程）、翻转课堂（先学后教模式）等新型教育学习方式，因材施教，形成网络化、数字化、终身化的教育、学习模式，形成“人人皆学、处处能学、时时可学”的学习环境，打造学习型社会。推广沉浸式教育，在历史、地理、生物等学科中加大增强现实/虚拟现实等技术的引入力度，建设虚拟教室、虚实互动实验室等智能化教学环境。搭建教育综合服务共享平台，推动国际、国内优质教育资源共建、共享，推动城乡教育服务均等化。

校园智能管理。提供面向学校、教师、学生和家长的智能管理服务，提供交流平台和教学空间。通过视频监控、人脸识别、行为分析、门禁管理等开展对校园的安全管理。通过校园一卡通实现学籍管理、图书借阅、食堂就餐、校园就医、校园上网、校园门禁、小额支付等功能，打造协同办公、人力资源管理、教育管理、教育科研一体化的教学资源管理和服务应用。

虚拟现实教育。在教育场景中，虚拟现实技术可通过自然的交互方式，将抽象的学习内容可视化、形象化，为学生提供传统教材无法实现的沉浸式学习体验，提升学生获取知识主动性，实现更高的知识保留度。针对一些在现实中不可能完成的实验，也可通过虚拟现实技术来实现，在多媒体计算机上建立虚拟实验室，学习者可以走进这个虚拟实验室，身临其境地操作虚拟仪器，操作结果可以通过仪表显示，反馈给学生，以判断操作是否正确。另外，还可以通过虚拟现实仿真技术将难以观测的现象放到虚拟世界中进行观测。

远程互动教学。通过建立互动课堂、名师讲堂、全景课堂等方式，实现在线学习，并结合微课、慕课、翻转课堂等创新学习模式。主讲教室画面能够自动在教室全景、教师特写、板书特写、学生特写、学生全景、电脑课件之间切换。

人工智能辅助智能教育。基于大数据和人工智能，对课堂、学习、运动和教学等行为进行智能分析和可视化管理，更好地指导和促进智慧教学。开展课堂情感识别与分析，通过识别学生的情感变化，关注每个学生的学习状态，分析课堂活跃度、课堂专注度，从而调整教学进度和授课方式。依托人工智能技术，基于伴随式数据的采集与动态评价分析，通过线上线下相结合的测试手段，针对每一位学生输出评测结果、学业报告和个性化的智能提升计划；针对每一位学生的不同需求，精准化推送学习资源和知识点拆解；针对不同的用户群体（例如主管、校长、教师、家长、学生等）输出多维度、多层次的报告，并为适应不同区域要求，提供高覆盖、货架式灵活可定制的数据分析维度，从而满足国内各区域、各类型、各用户的分析需求，制订多维度教学报告和个人成长档案。

8.2.3 智能文旅

随着消费升级及人们对美好生活的追求，文旅行业将迎来高速发展。目前，文化体验成为人们的重要需求之一，旅行者更愿意把钱花在“体验”而非“物质”上，当前国内文旅也逐步从纯观光向深度体验、全域旅游转变。由科技推动的文旅数字化开发与应用正掀起一场场景与内容体验提升的革命。以全息投影、互动投影、球幕影院等为代表的数字技术和以三维建模、增强现实、虚拟现实、人工智能等为代表的场景科技不断发展，将数字技术与景区的游览体验项目开发结合在一起，创造出全新的“沉浸式互动体验”产品，为智能旅游的发展开启了一扇新的大门。更多的互动、代入感是现代数字信息技术在文旅行业的一个应用方向。充分利用数字化技术，通过智能数据挖掘和移动终端应用，文旅度假体验已逐渐从传统的“吃、住、行、游、购、娱、商、养、学”等简单组合升级为定制化、个性化的智能度假生态链，打造万物互联、全球领先的智能型文旅体验的“域”。基于大数据算法的精准营销模式正在不断兴起和迭代，未来也将逐渐发展个性化定制旅游服务，主动推送针对性的旅游资讯、推荐个性化的旅游线路。

智能景区服务。以各类主题打造和文化内容创新为内涵，结合科学技术为游客提供全流程、个性化的服务体验。重点围绕各类风景区的升级改造、特色小镇建设、主题公园构建、主题酒店打造等，提供包括视频直播业务、基于增强现实的智能导游导览业务、各类水幕电影、独立的数字产品鉴赏等产品服务。

数字场馆。通过全息投影、互动投影、球幕影院等数字技术和三维建模、增强现实、虚拟现实、混合现实、人工智能等场景科技建设数字图书馆、数字展示中心、数字文化宫、数字青少年活动中心、数字体育场馆等，公众可以通过终端查看各类数字场馆中的在线体验，享受健康、优质的数字文化资源。同时，针对赛事承办、场馆日常运营、设备设施运行、能源监管等管理服务需求，建设场馆运营平台，推动场馆设施智能管理、智能服务与智能营销，形成一体化、智能化的场馆环境。

智能旅游一站式服务。以旅游娱乐为核心，贯通吃、住、行各领域，为游客提供主动式、定制化的一站式服务。结合5G、人工智能、虚拟现实/增强现实技术提供包括出行路线推荐、人流密度信息推送、辅助讲解、沉浸式体验等丰富多彩的旅游服务。

8.2.4 智能能源

探索搭建包含“清洁能源接入—分布式储能—直流电器”的低压直流用电智能生态系统，形成清洁能源实时并网、削峰填谷动态平衡、能源故障提前预警的高效安全用电环境。全面推广“四表合一”等智能终端高级量测系统及其配套设备，实现电、冷、热、气等能源消费的实时计量、高耗能自动预警与智能调控。充分利用能源使用数据，分析掌握城市实时用能状态和波动特征，实现供给侧清洁能源与传统能源的主动补给、动态响应，提高能源供需平衡能力。

充分利用现代信息通信技术、控制技术，实现智能设备状态监测和信息收集，激发新型作业方式和用能服务模式是打造智能能源的有效手段。对电力、燃气、热（冷）等能源的生产、存储、传输、消费环节实施智能化监管，实现能源安全、高效、绿色环保、节能、智能的目标。

能源全方位、全过程感知。实现综合能源（电力、燃气、供热、供冷）全方位、全过程的数字化建设，利用各类感知设备对源、网、荷、储全过程采集运行状态信息、安全管理信息等。

能源生产分层级、多维度监控。分层级、多维度对城市能源全局监测，对能源生产、能源输配网络、能源消费及多元用户的综合情况进行监控，实现城市能源的综合监控管理。集成能源监测、运行控制、设备控制、智能告警、辅助应用、可视化展示等功能，为城市提供综合能源监控服务，并实现与包括能源生产调控等其他管理系统的高效互联互通，为运营管理部门提供一个综合的信息化平台。

打造综合能源生产运营系统。支持电、热、冷、气、水等多种能源形式的综合能量管理与调度，建立多能互补优化方案模型，加强需求侧管理、科学运维管理和运营管理，提升综合能效和能源管理水平。

提供多元化综合服务。立足客户需求，在消费侧提供多元化需求响应服务，为客户提供能效数据监测与分析，配套开展能源规划设计、多类型能源建设运营等综合服务，优化、提升客户服务体验与感知。

构建灵活的能源交易市场。构建能源交易电子商务平台，实现热（冷）、电、气多种能源灵活交易，并提供灵活用能、辅助服务、能效管理、节能服务差异化的能源商品，支持终端用户灵活、自主参与市场。

8.2.5 信息无障碍

数字鸿沟（Digital Divide）指的是那些拥有信息时代的工具与未曾拥有信息时代的工具的人之间存在的鸿沟。数字鸿沟体现了当代信息技术领域中存在的差距。政府是弥合数字鸿沟的责任者、主导者、组织者，更需要以数字赋能提升政府治理能力，推动信息无障碍发展，即任何人（无论是健全人还是残疾人，无论是年轻人还是老年人）在任何情况下都能平等地、方便地获取信息、利用信息。围绕障碍群体居住、出行、办事、康复、学习、就业、文体娱乐的需求，信息无障碍的建设主要包括无障碍生活、无障碍出行、无障碍办事以及无障碍公共服务 4 个方面。信息无障碍重点推动无障碍环境建设及信息系统建设，无障碍环境为障碍群体提供无障碍活动场所及无障碍辅助设施，无障碍信息系统通过障碍人士可及的信息门户、信息系统以及信息服务平台自主查询信息。通过无障碍建设，打造包容、平等的未来城市。

信息无障碍建设是一个系统工程，不仅需要技术力量的支撑，还需要政策法规、标准规范、机构机制的保障，需要社会各相关部门对自身在此方面所承担职责的有效履行及各部门之间的相互协调、合作、支持，包括残障人士在内的社会各阶层人员的共同参与及努力。

加快完善相关政策法规体系，打通信息无障碍发展路径。我国在信息无障碍方面的政策法规制订还较欠缺，这也导致了我国在推进信息无障碍方面发展仍处于较初级阶段。重点围绕鼓励性政策（资金补贴、信贷融资）制订、法规条例制订、具体推进措施落实等方面引导规范信息无障碍产业投入和落实。

建设标准规范体系，夯实信息无障碍顺利实施的基础。信息无障碍标准规范的制订应充分遵循已有国际、国家信息无障碍相关标准，紧跟信息无障碍技术研究和应用，促进形成新的行业标准。围绕标准规范体系框架重点从技术维、管理维和评价维等方面制订新的行业标准。其中，技术维主要围绕信息终端类、信息系统类、信息服务类等技术要求进行规范、约束。管理维主要贯穿规划、设计、建设、运营各环节进行规范、约束；评价维主要围绕目标能力、业务服务、管理机制 3 个方面对信息无障碍建设运营进行规范、约束。

设置体制机制体系，促进产业链形成和健康发展。推动技术研究、产业联盟、管理等组织机构的完善，为产业链各个环节提供政策促进、技术研究、产业孵化、产业合作、行业监管等服务，促进信息无障碍产业快速、健康、有序的发展。

搭建技术支撑体系，落地信息无障碍信息化建设。重点推动公共服务场所、公共服务门户、公共服务业务信息无障碍，围绕居住、出行、公共场所、应急环境等打造信息无障碍场所环境，打造智能家居、无障碍便捷出行、公共场所各类终端辅助、应急系统等。通过字体放大、对比增强、语音辅助、字幕配置、无障碍阅读指引服务等能力的建设，构建无障碍化的信息公共门户，为障碍群体提供高品质的门户信息浏览服务，使障碍群体平等、便利地获取社会公共信息。面向障碍人士建立障碍群体公共服务平台，构建信息无障碍基本中间件，例如，语音转文字、文字转语音、测试、图片识别、文字识别、人脸核身、语音识别、声纹识别等系统，汇聚障碍人士在出行、生活、教育、就业、文体、维权方面的信息无障碍服务资源，为障碍群体提供信息无障碍公共服务。未来的软件和硬件建设都基于这些中间件进行开发和封装，有效地保障经济成本，同时也提供可持续统一升级的机制，为人们提供一致性的用户体验，降低学习成本。

8.3 智能经济

智能经济是数字发展的下一个阶段，已经逐渐成为共识。智能经济是在“数据 + 算力 + 算法”定义的世界中，以数据流动的自动化，化解复杂系统的不确定性，实现资源优化配置，支撑经济高质量发展的经济新形态。智能经济的 5 层架构包括底层的技术支撑；“数据 + 算力 + 算法”的运作范式；“描述—诊断—预测—决策”的服务机理；消费端和供应端高效协同、精准匹配的经济形态；“协同化、自动化、全球化”的治理体系。

未来智能经济是 AT 化的经济时代，也是互联网的下半场——产业互联网时代，经济发展的动能将由人口红利驱动向创新红利驱动。互联网正从消费互联网向消费—生产型发展，推动 2B 与 2C 的融合，也就是产业互联网化的过程，即价值经济。产业互联网服务企业的服务对象是企业或机构，其主要诉求是创造新价值，流量将不再是企业关注的核心。推动制造业与互联网融合，有利于形成叠加效应、聚合效应、倍增效应，有利于激发“双创”活力，培育新模式、新业态，有利于加快新旧发展动能、新旧生产体系的转换。

8.3.1 工业互联网

工业互联网的概念最早由美国通用电气于 2012 年提出，2018 年在我国工业和信息化部的推动下，进一步确立工业互联网在工业发展上的位置。直至 2020 年“新基建”引爆国内市场与媒体，工业互联网更是成为其中一个炙手可热的领域。工业互联网的关键点是新基础设施和创新要素，推动制造业和互联网融合实质上是发挥互联网对制造业创新的驱动作用，使制造业转移到以互联网为代表的新的基础设施上，实现工业体系由机械化、电气化、自动化迈向信息化的第三次飞跃。

工业互联网是工业数字化、网络化和智能化发展的基础，是互联网的“下半场”。工业互联网需要满足企业应用的高安全性、超可靠、低时延、大连接、个性化以及 IT 与 OT 兼容的要求，需要开发对工业互联网优化的 ICT，虽然现在有很多技术不够成熟，但并不意味着工业互联网还不能启动。工业互联网的全面实现是一个长期的过程，任何企业都可以启动，可以从任何阶段启动数字化转型的工作，以管理创新和技术创新并重来应对发展中的挑战。

“互联网 +”实际上是产业互联网、消费互联网和政务互联网的组合，三者有不同的特点，既有关联性，又有很大的不同。产业互联网与工业互联网很多时候是同义词。工业互联网具有与消费互联网不同的特点。首先，个性化消费互联网尽管面向十多亿的网民，但其是共性的，而工业互联网的企业都是个性的；消费互联网是全球的，易于标准化，而企业网不需要全球联网，所以企业内网连接的设备多种多样，标准化难度很大。其次，工业互联网门槛高，消费互联网终端比较简单，很容易普及、升级，而工业互联网涉及的生产设备多种多样，业务链条很长，模型复杂，需求多样，不仅仅需要提供工业互联网产品，还需要提供解决方案。最后，工业互联网在性能上有更高的要求——快速响应，可靠性、安全性更高；工业互联网对资本需求比较大，从人才上来看，既需要了解信息技术，又要了解企业的生产流程。企业对涉及技术和商业秘密的数据十分敏感，生产线联网可能会增加数据泄露的风险。

微服务架构为工业互联网平台开发应用创造了条件。在消费互联网领域的平台建设过程中均采用微服务架构，实现新技术与新功能的快速测试、发布、部署，满足多变的用户需求。在工业领域，现有工业软件架构体系越来越难以满足制造业生产体系的复杂性和不确定性需求，微服务架构为各类工业知识、经验、方法、技术等在工业互联网平台上的沉淀创造了条件，实现了工业知识的复用、重构、创造和传播，极大地提高了工业 App 的开发、测试、部署效率。

人工智能将在工业互联网上大量应用。目前的人工智能还只是人工加机器智能，而单纯的机器智能是不完善的。首先工业数据可能不够全面、准确；其次基于数据导出的模型并不一定优于企业常年积累的对生产规律的认识，即便训练出的模型准确率达到 99%，而实际上系统还是会犯很多错误的。目前的机器学习通常用曲线拟合数据，所谓的机器学习和神经网络事实上是一个分类器，我们找出分类的规律，有一些处于分类边缘上的微小差异是很容易被模糊掉的。而且目前神经网络的过程缺乏透明性和解释性，其结果可能失去理化意义。机器真正拥有智能的关键在于能够使用因果推论而非相关关系推论，因此，须营造工程师与人工智能协同工作的环境，由人工经验加以解释。

区块链与物联网和第三方机构结合赋能工业互联网。工业互联网的征信问题可以借助区块链来解决。区块链通过块链式的数据结构、分布式账本、数字签名和智能合约四大加密安全方式，采用算法而无须第三方机构的介入可获得交易过程诚信保证。虽然区块链在产品溯源中已有很多成功的应用案例，但并非没有问题，区块链采用信任算法代码来代替信任，而代码也会被黑客破解。将区块链与物联网、第三方机构结合可以提高安全性。

构建工业互联网网络层，实现互联互通功能。网络层面建设主要围绕线下设备线上化、线上设备互联互通开展。网络层面需要在现场级和车间级实现底层设备横向互联以及与上层系统纵向互通的连接。在终端侧，需要在工业终端通过内嵌通信模块或附加标签等方式增加与工业系统的信息交互功能。同时，根据工业低时延场景需求，部署边缘计算节点，汇聚生产现场数据及来自工业控制系统，如可编程逻辑控制系统（PLC，Programnable Logic Controller）历史数据库的数据，进行数据的边缘处理。为每台工业设备设置唯一的地址是实现线上设备互联互通的基础要求，当前通过工业互联网标识解析体系来完成数据的互通和设备身份的认证。标识解析体系赋予每一个产品、零部件、机器设备唯一的“身份证”。

开展工业互联网平台建设，推动行业平台与区域平台同步进行。工业互联网平台要实现中小企业的全产业覆盖，不仅需要巨头引领的行业级或企业级平台，同时还需要区域级平台建设，实现“并联式”的产业升级。工业互联网平台是工业互联网建设的核心，其向下连接海量设备，自身承载工业经验与知识的模型；向上对接工业优化应用。现阶段工业互联网平台仍以数据建模和分析为主要功能，将技术、知识、经验和方法以数字化模型的形式沉淀到工业 PaaS 平台，待发展成熟后再面向工业企业开发 App，提供实时监控、生产管理、能效监控、物流管理等工业互联网应用和服务。工业互联网平台明显区别于传统 IT 架构，采取云化、敏捷开发等方式，降低了工业企业投入信息化、数字化的成本。

安全是工业互联网建设的重要保障。工业互联网安全问题从实施角度可分为设备安全、控制安全、网络安全、平台安全和数据安全等几个部分。工业互联网安全的问题主要是工控组件和工控设备暴露的问题。工业互联网平台的建设尚处于初期阶段，当下设备的安全问题最为严重。从理论上讲，工业互联网连接的设备总数越多，设备的联网和数据交换越频繁，因此，越有可能暴露在互联网上。除设备暴露外，工业控制系统漏洞问题也日益严重。工业互联网的发展使越来越多的通用协议、硬件和软件应用于工业控制系统产品中，并以各种方式与互联网等公共网络连接，使针对工业控制系统的攻击行为大幅度增加。工业生产实时、复杂的特征决定了工业互联网安全更倾向于主动防御、态势感知等新兴的安全运维方式。当前，工业互联网安全建设以资产端点保护、漏洞防护、周期渗透测试等方式为主。主动防御型工业互联网安全平台应当以工业控制设备资产管理为主线，以安全信息集中管理为手段，以威胁发现和处置为核心，帮助用户构建威胁监控及威胁处置的统一安全管理中心。平台体系和安全体系坚持同步规划、同步建设、同步运行，对于安全厂商而言，工业互联网的建设带来了海量的新的安全需求。由于越来越多的生产和决策依托网络与数据，提升安全防护的能力将成为制造企业下一步升级改造的重点。

8.3.2 智能制造

新消费时代下个性化定制的消费观已经越来越普遍，消费品产业链条中生产者和消费者间的关系正在被重塑，对供给端的生产效率、产品质量、敏捷反应等提出了更高的要求，制造产业的智能升级迫在眉睫。物联网、5G、人工智能、数字孪生等技术的爆发也逐步奠定了以“数据 + 算力 + 算法”为核心的智能制造技术体系基础。在工业和信息化部公布的《关于开展 2015 年智能制造试点示范专项行动的通知》中，将智能制造定义为基于新一代信息技术，贯穿设计、生产、管理、服务等制造活动各个环节，具有信息深度自感知、智慧优化自决策、精准控制自执行等功能的先进制造过程、系统与模式，其具有以智能工厂为载体、以关键制造环节智能化为核心、以端到端数据流为基础、以网络互联为支撑等特征。智能制造可以帮助企业缩短产品研制周期，降低资源、能源消耗，降低运营成本，提高生产效率，提升产品质量。

智能制造的需求发现将从间接转向直接。互联网、大数据和智能化为消费者参与到制造业的各个环节提供了越来越大的可能性。在互联网上，在智能化时代，随着“数据 + 算法 = 服务”这一逻辑的持续演绎，越来越多的个性化需求正在被进一步地识别、激发出来。越来越多的消费者都已经开始主动地参与到研发设计环节，如服装在线定制、新闻阅读定制等。

智能制造研发环节从串行向并行转变。自工业革命以来，企业产品的研发模式基本上是一种串行工程，也即企业把产品开发过程拆分成需求分析、结构设计、工艺设计等诸多环节。按照一个一个环节顺序进行的逻辑，研发活动在不同部门、不同人员、不同项目及设备资源等之间顺序推进。这一研发流程的突出问题是效率低、成本高、周期长。如今，随着数据采集技术、计算机辅助制造（CAM，Computer Aided Manufacturing）、计算机辅助工艺规划（CAPP，Computer Aided Process Planning）、数字孪生等技术大量使用，高度集成的数字化模型以及研发工艺仿真体系逐步实现，同时，基于互联网、云计算的高效协同平台，传统上相互独立、顺序进行的研发工作在时空上逐步实现了交叉、重组和优化，一些原本处于下游的开发工作也提前到了上游进行，跨区域、跨企业、跨行业的研发设计资源被有效整合，研发流程在整体上实现了从串行向并行的演进。

智能制造将推动采购环节变得自动化、低库存化和社会化。传统模式下，信息在供应链上各主体之间传递速度慢，信息共享不及时，使供应链的“牛鞭效应”难以避免，来自零售端的无序在供应链各个环节之间进一步地层层扭曲，最终使成品库存大量积压。而随着人工智能对客户需求挖掘的日益精确化，企业可以更精准地预测和把握某个时间、某个空间上的消费需求，从而更有计划地安排采购和生产，这将使各个企业的成品库存水平进一步下降。传统的供应链体系是一个相对封闭、固化、稳定、范围狭小的体系。在大数据和智能化的环境下，数据将驱动更多的企业由原有相对稳定的供应链体系，走向一种更大范围、更灵活、更多向、更社会化的协同体系。随着人工智能应用的不断深化，未来的采购领域将可能呈现出这样一种场景——一些相对日常化和高频化的采购将会借助AI系统的算法推荐使采购决策更加快速、高效。例如，过去寻找供应商的途径主要来自于行业会议、大型展览、朋友圈介绍等；后来的搜索引擎（如百度）、电商平台（如阿里巴巴）、社交网络（如腾讯）等在一定程度上也成为企业寻找部分供应商的渠道；而未来的AI系统借助算法和数据，可以帮助企业更准确、更高效地寻找潜在匹配度更高的供应商。

智能制造的核心载体——智能工厂。从生产环节来看，未来的“工厂车间”将呈现出多方面的巨大变化。未来的制造业将引入包括芯片、传感器、网络设备等硬件，以及数据库、生产管理软件在内的复杂系统，同时，类似机器人等智能化设备也将被引入工厂车间中。同时，车间组织方式将更加灵活化。工业时代的制造业基本上概括为“全球采购 + 集中生产 + 全球分销”，这种高度一体化、集中化的制造业体系逐步被互联网、大数据、云计算等跨地区的协同组织模式所代替，另外3D打印等生产方式的不断演化也推动了本地生产、本地消费这一形态出现。

智能制造的营销和售后实现无所不在的智能化。在数字化、智能化的环境下，随着消费者数据的不断沉淀，消费者逐渐变成“产消合一”视角下的“价值共创者”。

在与消费者互动的环节中，智能机器人、智能推荐、智能导购等都是智能化的产品或服务形态，节省了人力成本，提高了效率。

8.3.3 智能物流

电子商务、网络消费等新兴业态快速发展，推动快递物流需求持续增长。信息技术和供应链管理不断发展并在物流业得到广泛运用，为广大生产流通企业提供了低成本、高效率、多样化、精益化的物流服务，以新技术、新管理为核心的现代物流体系日益形成。物流行业模式不断创新，未来也在逐步重点发展多式联运、共同配送、无车承运人等高效现代化物流模式。科学规划、合理布局综合物流园区和各级分拨中心，建设自动、立体、无人仓库；将智能末端纳入公建配套同步建设，推进社区自提柜和配套设施标准化，自动配置最优配送路径，利用智能网联车、无人车、无人机等智能运载工具开展“最后一公里”配送。建设智能化冷链共配中心，建立冷链配送自动控温全链条覆盖系统，保证食品、药品信息全程可追溯。开展智能地下物流，通过地下物流廊道将货物直接运送到户，提高配送时效，缓解地面交通压力。建设智能物流中枢系统，汇聚共享物流数据，实现资源优化调度、货物自动分拨、订单智能派单、异常物流信息主动预警和智能处理。

搭建物流公共信息系统。集物流信息采集、在线交易、在线客户服务、资金结算、数据交换和信息发布等主要功能于一体，实现物流运作流程的电子化交易和在线客户服务。通过集成条码、GPS/北斗、GIS、动态规划、数据仓库、决策支持等先进物流技术和信息技术，构成适用于采购物流、生产物流、销售物流、回收物流等各种物流方式的信息解决方案，实现各个物流环节的信息集成。

打造智能物流园区。借助云/边缘计算、物联网、电子商务、AI等技术，推动园区信息化、智能化。依托物流信息化平台及物流业务系统，为园区提供信息服务、交易服务、数据交互服务，优化供销配运环节中运输、仓储、配送管理，实现物流自动化、信息化与智能化。重点打造自动化仓储管理，实现物料传输、识别、分拣、堆码、仓储、检索和发售各环节全程自动化作业。打造智能物流车辆管理系统，推动可视化车辆跟踪追溯、智能车辆调度建设。推动园区可视化管理、安全管理等。

建设冷链物流管理系统。通过对分拣、仓储、运输、配送等各个节点的物品标签识别、数据全流程可视化，同时结合区块链平台和技术实现溯源防伪，支持消费者利用二维码等技术对物品进行历史数据追溯。

探索地下无人自动化物流。通过物流主干廊道搭配毛细运输管道系统，高效解决物流的“最后一公里”问题。地下物流以无人物流运载工具为主，如无人车、无人机。

8.3.4 新零售

“新零售”概念出现于2016年，在2016年10月13日的阿里云栖大会上，马云提出电子商务将被淘汰，新零售将取而代之。新零售的最终目的是提升线下零售的效率，从数据运用的角度去提升，把合适的东西带给需要的人。新零售的“新”即“新”在海量且精准的数据上。新零售是以消费者体验为中心的数据驱动的泛零售形态，围绕人、货、场进行新的变革，有以下3个主要特点。第一，围绕消费者需求重构人、货、场。由生产为导向转变为消费驱动生产，数字技术创造力千变万化，无限逼近消费者内心需求，掌握数据就是掌握消费需求，最终实现以消费者体验为中心。第二，数理逻辑实现价值链重塑。任何零售主体、消费者、商品既是物理的，又是数字化的。基于数理逻辑，将消费者与商品转化为数据，通过分析大数据，企业内部与企业间流通损耗最终可达到无限逼近于“零”的理想状态，最终实现价值链重塑。第三，多元的泛零售形态。借助数字技术，批发零售业、物流业、文化娱乐业、餐饮业等多元业态延伸出零售形态，更多零售产品即将孵化产生，因而将出现“人人零售”的情况。

新零售为精准化消费者提供新服务。传统的零售往往以百货公司、购物中心、大卖场、便利店等形式出现，对于消费者而言，观察颗粒粗糙，只是笼统地把他们归结为一个群体，对其年龄、职业、喜好、经济地位等不做具体的识别与分析；在供货方面，生产引导消费，以经验的推式供货为主，计划生产。新零售则不同，其消费场景以各种方式存在，在各种服务场景内，通过感应器、交易记录等各种手段对消费者类型、特点、职业、收入等进行个性化识别，构建全息消费者画像；在商品方面，转变以往的功能诉求的方式，在追求更高性价比的同时，提供标准化 + 个性化的定制商品、贴心的个性化服务，同时为商品赋予社会价值认同和文化认同，增加消费者的参与感，把消费者的体验也作为零售的商品，迎合商品 + 服务 + 内容方面的新消费诉求；在货物供应方面，按消费者需求智能制造、智能供货。

产业链从 B2C（Business to Customer）向 C2B（Customer to Business）模式转变。传统零售的中台是以时间和地域为基础的经验化的 B2C 模式，极易导致盲目营销，难以有效针对潜在消费者，片面化的数据也无法为营销决策提供有力支撑。新零售是以消费者运营为核心打造全域营销，通过多维度数据打通消费者认知、兴趣、购买、忠诚及分享反馈的全链路；基于数字经济打造统一的新市场，打破基于地域和营业时间的传统商业逻辑，任意场景下的任何两个主体可瞬时达成交易；数字化智能生产、智能物流、数字化门店构成新零售服务商高效流通链；由供应链后端的消费者反馈数据转到研发与生产的供应链前端，真正实现消费方式逆向牵引生产方式的 C2B 模式。

新技术贯穿新零售全过程。新零售的后台主要基于大数据与人工智能等新技术的应用。与传统的地域性的工厂、铁路交通、现金交易、实体零售等工业经济基础设施不同，在数字经济下，全球化、云数据、电商、物流等基础设施极大地赋能于新零售业。3D 与 4D 打印正在改变商品的生产方式，AR、VR 技术为消费者提供虚实结合的消费体验，传感器和物联网使库存优化、门店布局优化、个性化促销、自动结账等成为可能。总之，大数据与人工智能贯穿新零售的全流程。

8.4 5G赋能千行百业

“5G+”构建泛在智能，赋能千行百业。5G 作为新一代的无线通信技术，其超高速率、超低时延、超大连接特性对智慧城市建设产生巨大的影响。以 5G 为基础的泛在传感网络实现智能城市万物智联，人、机、物深度融合发展；同时，与云计算、大数据、人工智能以及物联网等为代表的新一代信息技术的深度融合，赋能城市治理、产业、民生等多个领域，在政策支持以及基础设施日益完善的基础上，各个领域的创新应用逐渐丰富，在交通、安防、环保、医疗等垂直行业已有较多试点项目进行试验，技术与场景相辅相成，互相推动。

5G独具满足智能城市多场景对网络和计算差异化需求的能力。5G超高速率、超低时延、超大连接特性，将全面支撑智能城市的创新发展。“5G+网络切片”实现公网专用，为智能城市的不同垂直行业提供5G智能化专网解决方案。例如，针对媒体客户重大赛事转播时，可通过网络切片临时快速配置大宽带网络，构建虚拟专网，满足高清直播要求；针对政府机构、工业园区等可通过建立高可靠、高隔离性的行业专网满足行业客户要求。“5G+MEC”搭建边缘智能设备的计算体系，有效降低数据传输量，为应用使用方提供高清视频监控、AR/VR、车联网等应用的本地化快速处理分析能力，更好地匹配用户诉求，降低访问时延。同时通过内容与算力的下沉，实现网络从连接管道向信息化服务使能平台转型，支持时延敏感型业务（车联网、远程控制）、大数据高处理能力需求的业务。5G推动云、边、端全域一体的城市智能体系构建，5G网络与AIoT（人工智能+物联网）、MEC（移动边缘计算）、云脑IOC（智能运营管理平台）的融合发展，串联起“端—边—云”分级智能场景，赋能城市一体智能。通过5G网络，向下连接基础的端云底座，向上承载开发的能力与应用，为海量数据赋能赋智，重塑城市智能体系。

5G与其他技术融合实现智能城市的协同智能。5G与AI技术的融合，可满足智能城市海量智能设备的并发接入需求以及设备之间虚实互动的毫秒级响应，进而推动多场景AI应用落地，如VR/AR、车联网多源传感器信息融合，真正实现万物智联。5G与IoT融合，推动万物连接，未来多样化的智能终端得到规模化的部署和应用，例如，智能机器人、智能电表、智能井盖、工业智能模组等。5G作为新一代网络的基础设施，是万物智联的基石，其广连接的特性将进一步提升智能终端的部署，实现人与人、人与物、物与物之间的泛在连接。通过感知化、物联化的方式，连接并收集城市中的各项数据和信息，构建城市中庞大的末梢神经系统，为数字孪生智能城市的建设提供坚实支撑，助力城市管理者更为高效、精确地掌握并管理城市信息。“5G+大数据”，5G大带宽、多连接使能数据采集、数据融合、数据建模、数据挖掘等大数据分析过程，从繁杂冗余的城市数据中及时提取有价值的信息，能够实现数据价值化并及时有效地辅助城市管理者进行科学管理与决策。“5G+ 区块链”，区块链底层分布式账本技术与 5G 融合，可应用于信息认证、地址、标识等管理，以及频谱资源共享等方面，还可以改变未来网络的商业模式和体系架构，实现从信息网络到价值网络的变革，实现网络与信息资产的价值化。

5G 作为新基建的核心引擎，赋能千行百业。全国各地以 5G 网络建设为抓手，培育 5G 产业体系，推动 5G 建设与垂直行业应用融合建设，融入智能城市建设的方方面面，已涉及“感知、分析、服务、指挥、监察”等多个环节，为市政基础设施、海洋管理、水务等提供实时反应、高效联动的 5G 应用解决方案。随着智能城市概念的不断传播、技术手段和基础设施的日益完备，智能城市的细分应用场景越来越丰富，基本覆盖了政府事务以及城市民生的方方面面。

5G 赋能智能城市各行业的场景和关键能力见表 8-1。

表 8-1　5G 赋能智能城市行业的典型场景和关键能力

智能城市领域分类	子领域	典型应用场景举例	所需5G核心能力
智能治理	智能政务	政务服务一网通办； 重大公共应急事件处置； 人脸识别身份认证	eMBB/uRLLC
	智能环保	环境监测； 智能垃圾桶	eMBB/uRLLC
	智能安防	超高清实时监控； 机器人巡逻； 无人机巡逻	eMBB/uRLLC/MEC
	智能交通	远程驾驶、自动驾驶； 车内娱乐通信； 智能交通规划	eMBB/uRLLC/MEC
智能生活	智能能源	电网实时监控； 能源智能分配； 电网远程维护	eMBB/uRLLC/mMTC/MEC

续表

智能城市领域分类	子领域	典型应用场景举例	所需5G核心能力
智能生活	智能医疗	健康数据自动采集； 远程手术； 远程诊疗	eMBB/uRLLC/MEC
	智能教育	沉浸式教学； 远程互动教学	eMBB/uRLLC/MEC
	智能文旅	沉浸式体验； 虚实互动	eMBB/uRLLC/mMTC/MEC
智能经济	智能制造	AR远程辅助/指导； 预测性维护； 远程控制； 巡检机器人	eMBB/uRLLC/mMTC/MEC
	智能物流	自动化无人仓储系统； 无人机配送； 无人驾驶运输； 货品实时定位跟踪	eMBB/uRLLC/mMTC/MEC

Smart City

第 9 章

自主可控安全体系

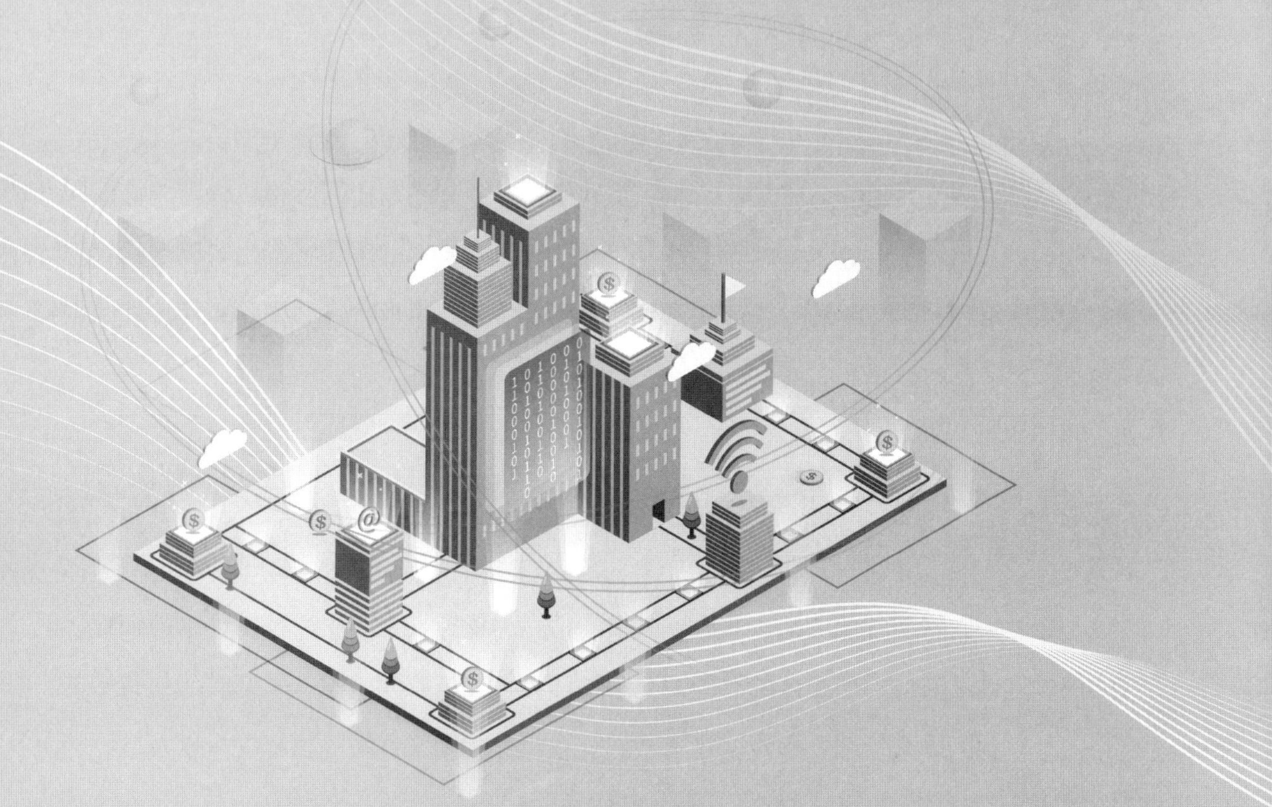

以“整体、动态、开放、相对、共同”的网络安全观为指引，构建泛在安全的物联感知、数据融合能力，构筑安全可控的数字孪生环境。坚持信息安全与智能城市同步规划、同步建设，通过科学的顶层设计理念和方法，打造智能城市安全基因，共建城市安全生命体，构建以密码技术为基因、多种技术相互融合的新网络安全体系，建设以密码基础设施为支撑的新网络安全环境，形成安全互信、开放共享的新网络安全文明。重点围绕以下安全能力打造城市安全体系。

9.1 密码安全基础支撑

需要在城市公共基础设施、天地一体融合通信网络、计算设施、数据服务以及各类业务应用等多层次、多领域提供基础的密码、安全及信任服务。一是基于区块链等技术，提供多方共识、全域共享的信任基础信息资源和高效协同、跨域认证的信任服务体系；二是基于对称 / 非对称密码统一管理等技术，提供统一完备的密码密钥管理和数字证书管理；三是基于云服务、弹性密码等技术，提供方式多样、弹性扩展的密码服务和安全服务，从而形成泛在互信、弹性扩展的安全基础支撑能力。

9.2 物联感知安全防护

针对物联网设备低功耗、低运算能力的特点，依托轻量级密码技术，构建覆盖感知层、网络层和应用层等多层次的安全防护能力，保证感知数据从感知端到执行端的全通信链路的隐蔽性和安全性。在感知层，重点保护感知终端的物理安全以及数据通信的机密性、完整性和实时性。在网络层，重点实现网络的安全接入，确保不同物联网间的安全互联、互通和有效隔离。在应用层，重点保护物联网各类应用及业务的安全。

针对共建共享的视频监控、环境监控等物联感知设备，重点实现不同业务部门的细粒度访问控制，保证设备访问权限和数据使用范围得到有效控制；构建安全的车联网络，针对智能网联汽车，重点保障汽车内部网络和互联网访问的安全。

工业控制系统与其他系统之间应划分为两个区域，区域间应采用符合国家或行业规定的专用产品实现单向安全隔离；工业控制系统内部应根据业务特点划分为不同的安全域，安全域之间应采用技术隔离手段；涉及实时控制和数据传输的工业控制系统，应使用独立的网络设备组网，在物理层面上实现与其他数据网及外部公共信息网的安全隔离；在工业控制系统内使用广域网进行控制指令或相关数据的交换，应采用加密认证技术实现身份认证、访问控制和数据加密传输。

9.3 城市通信网络防护

面向以5G为代表的移动通信网、有线接入网、承载网、光纤网、信息化专网、WLAN、广播电视网等融合通信网络，打造统一接入认证、网络安全互连、数据安全传输等核心承载安全能力，构建统一安全策略、智能协同的融合通信信息安全防护体系，有效应对来源多样、层次不同的各类型高等级网络攻击。

应划分不同的网络区域，重要网络区域与其他网络区域之间应采取可靠的技术隔离手段。应在通信前基于密码技术对通信双方进行身份认证，采用密码技术保证通信过程中数据的完整性和保密性。应保证云计算平台不承载高于其安全保护等级的业务应用系统；应提供开放接口或开放性安全服务，允许云服务客户接入第三方安全产品或在云计算平台选择第三方安全服务。

应实现不同云服务客户虚拟网络之间的隔离；根据云服务客户业务需求提供通信传输、边界防护、入侵防范等安全机制的能力；应具有根据云服务客户业务需求自主设置安全策略的能力，包括定义访问路径、选择安全组件、配置安全策略。

9.4 数据全生命周期的安全防护

以密码为核心，从技术、管理、过程和运行等多维度提供覆盖数据采集、传输、存储、处理、共享、开放和销毁等全生命周期的安全保护能力。针对敏感数据和个人隐私数据在共享和使用中可能面临的数据泄露、数据篡改、数据盗取、数据遗失等安全问题，构建数据分级分类防护体系，全面保障数据和大数据应用安全，实现“数据流动到哪里，数据服务扩展到哪里，数据安全服务能力就延伸到哪里”的整体保障效果。

建立完善的数字化标识安全管理机制，实现现实空间与网络空间的数字映射关系的唯一性和有效性，为虚实交融的数字镜像城市安全健康发展提供支撑。提供政务数据与社会数据融合应用的数据安全共享交换服务，统一数据资源流通归口，加大数据流程安全监管服务力度，促进城市数据治理和数据开放利用效率，推动数据按需使用和安全有序流通，提升城市数据安全防护与服务水平。

大数据平台应对数据采集终端、数据导入服务组件、数据导出终端、数据导出服务组件的使用实施身份鉴别；大数据平台应能对不同客户的大数据应用进行标识和鉴别；应跟踪和记录数据采集、处理、分析和挖掘等过程，保证溯源数据能重现相应过程，溯源数据满足合规的审计要求；应启用安全审计功能，审计覆盖到每个用户，对重要的用户行为和重要的安全事件进行审计；审计记录应包括事件的日期和时间、用户、事件类型、事件是否成功及其他与审计相关的信息；应对审计记录进行保护、定期备份，避免受到未预期的删除、修改或覆盖等；应对审计进程进行保护，防止发生未经授权的中断事件，应使用密码技术的完整性功能来对日志记录进行完整性保护。

应提供重要数据的本地数据备份与恢复功能；应提供异地实时备份功能，利用通信网络将重要数据实时备份至备份场地；应提供重要数据处理系统的热冗余，保证系统的高可用性。

应采用数据标签管理服务和统一身份管理、跨域信任服务、统一电子证照管理服务、信息资源安全共享监管等技术能力实现在跨部门、跨区域的共享交换环境中的数据安全防护，保障共享数据的可追溯、可追责功能。

针对统一汇聚的共享感知终端数据，实施访问接入认证，根据业务应用的内容设置访问范围和访问权限，并对感知终端数据应用的全流程进行监管。

9.5 城市安全中枢打造

以边缘计算、云计算和超级计算为能力支撑，通过对各类数据的综合运用，打造数据驱动的城市智能安全中枢，为智能城市的综合监测、综合管理、智能运营、协同指挥、智能决策、智能优化提供安全服务保障，形成智能城市信息安全体系脉络，为城市综合治理、犯罪防范打击、网络内容管控和社会稳定运行提供支撑。

立足全局、统一规划，以城市关键信息基础设施为依托，通过泛在物联感知技术对虚实环境进行全数据镜像，汇聚城市全域海量异构数据，构建城市规模的物联数据感知平台和大数据汇聚平台，建立城市现实空间与网络空间相互影响、相关渗透、相互映射的整体视图控制机制。通过综合采用身份认证、鉴别授权、数据加密、数据防泄露、流量清洗等安全措施，在充分保证传感设备安全、平台安全和承载数据安全的基础上，构建数据的安全保障能力、服务能力和快速恢复响应能力。

依托城市智能安全中枢，打造专业、高效的城市信息安全运营服务能力。注重人工智能与专家服务的结合，为智能城市不同层级各类应用的安全健康运行提供服务保障；整合国内优势资源，面向城市管理、公共服务等领域，开展安全运营服务，重点提供“网络信任、密码服务、监测预警、综合治理、决策指挥、应急响应”为代表的安全服务。

9.6 城市网络空间治理

基于大数据和人工智能技术，构建情报大数据挖掘、智能监控识别、网络溯源取证、综合智能管控等智慧治理能力，建立跨领域、跨部门的综合治理决策协同机制，探索新形势下城市网络空间治理工作的新思路、新方法、新举措，创建共建共治、敏捷智能的网络空间治理新模式。

应编制并保存与保护对象相关的资产清单，包括资产责任部门、重要程度和所处的位置等内容；应根据资产的重要程度对资产进行标识管理，根据资产的价值选择相应的管理措施；应对信息分类与标识方法做出规定，并对信息的使用、传输和存储等进行规范化管理。

应对各种设备、线路等指定专门的部门或人员定期进行维护管理；应建立配套设施、软硬件维护方面的管理制度，对其维护进行有效管理，包括明确维护人员的责任、维修和服务的审批、维修过程的监督控制等；信息处理设备应经过审批才能带离机房或办公地点，含有存储介质的设备带出工作环境时对其中的重要数据应加密；含有存储介质的设备在报废或重用前应进行完全清除或被安全覆盖，保证该设备上的敏感数据和授权软件无法被恢复重用。

应划分不同的管理员角色进行网络和系统的运维管理，明确各个角色的责任和权限；应指定专门的部门或人员进行账户管理，对申请账户、建立账户、删除账户等进行控制；应建立网络和系统安全管理制度，对安全策略、账户管理、配置管理、日志管理、日常操作、升级与打补丁、口令更新周期等方面做出规定；应制定重要设备的配置和操作手册，依据手册对设备进行安全配置和优化配置等；应详细记录运维操作日志，包括日常巡检工作、运行维护记录、参数的设置和修改等内容；应指定专门的部门或人员对日志、监测和报警数据等进行分析、统计，及时发现可疑行为；应严格控制变更性运维，经过审批后才可改变连接、安装系统组件或调整配置参数，操作过程中应保留不可更改的审计日志，操作结束后应同步更新配置信息库；应严格控制运维工具的使用，经过审批后才可接入进行操作，操作过程中应保留不可更改的审计日志，操作结束后应删除工具中的敏感数据；应严格控制远程运维的开通，经过审批后才可开通远程运维接口或通道，操作过程中应保留不可更改的审计日志，操作结束后立即关闭接口或通道；应保证所有与外部的连接均得到授权和批准，应定期检查违反无线上网规定及其他违反信息安全策略的行为。

应明确变更需求，变更前根据变更需求制订变更方案，变更方案经过评审、审批后方可实施；应建立变更的申报和审批控制程序，依据程序控制所有的变更，记录变更实施过程；应建立中止变更并从失败变更中恢复的程序，明确过程控制方法和人员职责，必要时对恢复过程进行演练。

应识别需要定期备份的重要业务信息、系统数据及软件系统等；应规定备份信息的备份方式、备份频度、存储介质、保存期等；应根据数据的重要性和数据对系统运行的影响，制订数据的备份策略和恢复策略、备份程序和恢复程序等。

应及时向安全管理部门报告所发现的安全弱点和可疑事件；应制订安全事件报告和处置管理制度，明确不同安全事件的报告、处置和响应流程，规定安全事件的现场处理、事件报告和后期恢复的管理职责等；应在安全事件报告和响应处理过程中分析和鉴定事件产生的原因，收集证据，记录处理过程，总结经验教训；对造成系统中断和造成信息泄露的重大安全事件应采用不同的处理程序和报告程序；应建立联合防护和应急机制，负责处置跨单位安全事件。

应规定统一的应急预案框架，包括启动预案的条件、应急组织构成、应急资源保障、事后教育和培训等内容；应制订重要事件的应急预案，包括应急处理流程、系统恢复流程等内容；应定期对系统相关的人员进行应急预案培训，并进行应急预案的演练；应定期对原有的应急预案重新评估，修订完善；应建立重大安全事件的跨单位联合应急预案，并进行应急预案的演练。

应确保外包运维服务商的选择符合国家的有关规定；应与选定的外包运维服务商签订相关的协议，明确约定外包运维的范围、工作内容；应保证选择的外包运维服务商在技术和管理方面均具有按照等级保护要求开展安全运维工作的能力，并在签订的协议中明确能力要求；应在与外包运维服务商签订的协议中明确所有相关的安全要求，如可能涉及对敏感信息的访问、处理、存储要求，对 IT 基础设施中断服务的应急保障要求等。

9.7 体系化主动防御

为防范不断变化的信息安全环境所带来的风险，抵御不断升级的信息安全攻击，必须要从被动式、应急式防护体系向主动式、预警式防御体系转变，打造防御为主、攻防兼备，具备溯源反制、可持续改进的智能城市信息安全主动防御体系，提升信息安全重大事件的事前预警、事中控制和事后处置能力。

综合运用物联感知、大数据、人工智能等新一代信息技术，依托全域部署的感知终端，全时、全程监测城市信息安全动态，以城市感知数据为驱动，支撑实现指挥决策的精准化、智能化，打造智能监测、实时感知、自动预警、智能决策、快速响应和协同处置的城市信息安全风险防控体系，建立城市信息安全的态势感知、监测预警与溯源反制能力，构筑自主可控的智能化、立体化城市信息安全防线，保障城市安全稳定运行。

面向城市网络空间，以循环、迭代、演进的理念为指导，综合利用攻防演练、安全评估等方式，对城市公共基础设施、数字基础设施、大数据安全服务平台等进行全方位安全评估，形成城市信息安全风险客观、快速、准确的评估能力，促进智能城市信息安全防御体系的自我迭代与完善升级。强化信息安全与信息化融合，加强异构网络、多源数据采集、大数据汇聚和分析处理、边缘计算、城市数据协同感知和泛在接入等新技术、新应用的安全保障研究，持续提升应对物联网、大数据、人工智能等新技术融合应用的安全保障能力。制订配套的人员培训方案和应急响应措施，加强人员的安全技能和风险意识。

Smart City

第 10 章

有章可循标准体系

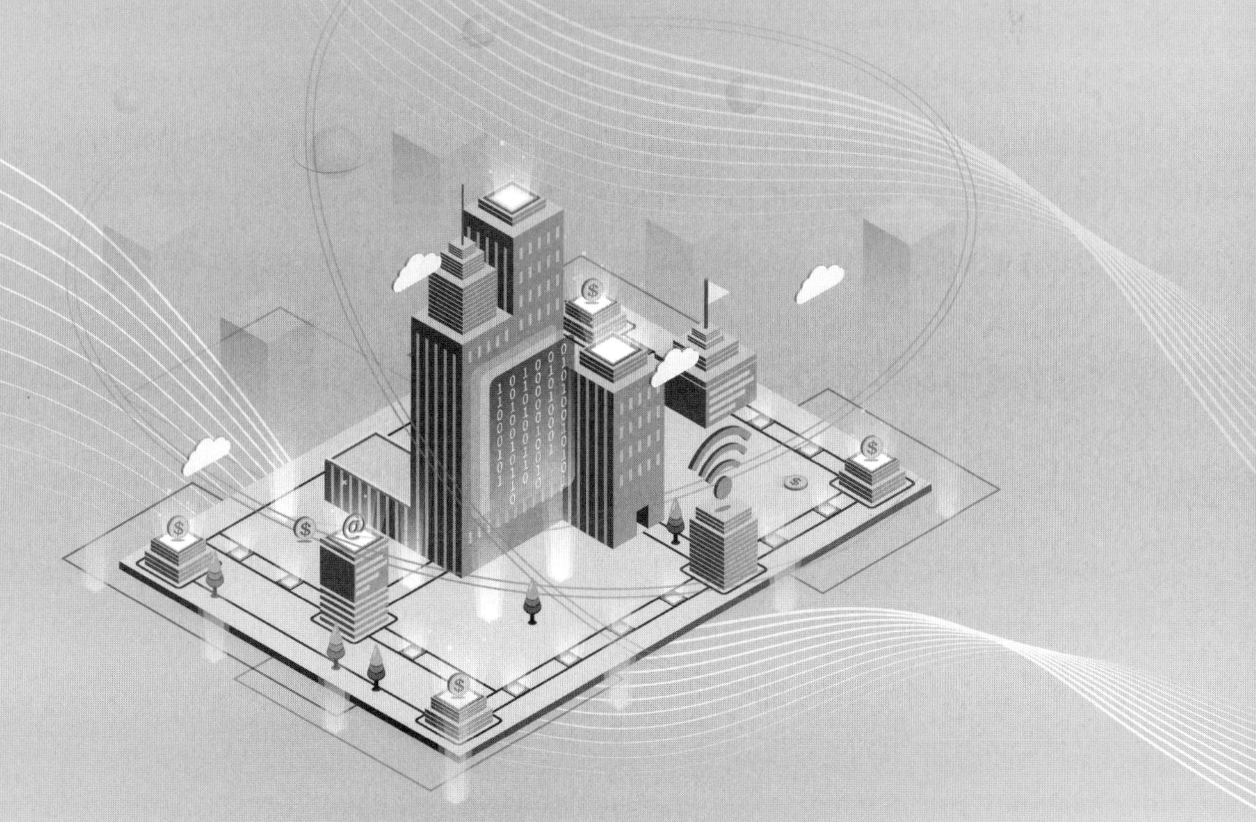

10.1 国外标准情况

10.1.1 国际标准化组织

国际标准化组织（ISO）与国际电工委员会（IEC）于20世纪80年代组建了JTC1联合技术委员会，负责信息技术领域的国际标准化工作，包括软件工程、大数据、物联网、人工智能等领域，该联合技术委员会已制定并发布3 000多项国际标准。

目前，ISO/IEC JTC1智慧城市领域标准化工作落在WG11智慧城市工作组，该工作组于2015年10月正式成立，属于较年轻的工作组，其召集人和秘书均由中国专家担任。中国专家在筹建WG11工作组的过程中，对智慧城市的标准化需求进行了深入分析，提出了智慧城市的标准化需求框架，如图10-1所示。

该标准体系框架从智慧要素、智慧应用领域以及建设生命周期过程3个维度进行构建，其中智慧要素包括智慧化的技术与平台、基础设施、生态与宜居、管理与服务、产业与经济、安全与保障；智慧应用领域包括健康、能源、社区、物流、交通等；生命周期过程则涵盖了规划、建设、验证、运营等环节。

目前，ISO/IEC JTC1/WG11智慧城市工作组依据上述框架组织制定了ICT参考框架、ICT评价指标、数据互操作性、高层本体论、智慧城市顶层设计指南、公共服务与支撑平台等多项标准，其中，ICT参考框架、ICT评价指标、智慧城市顶层设计指南、公共服务与支撑平台等标准均以我国国家标准为原型，这是我国智慧城市标准获得国际范围内认可的重要体现。

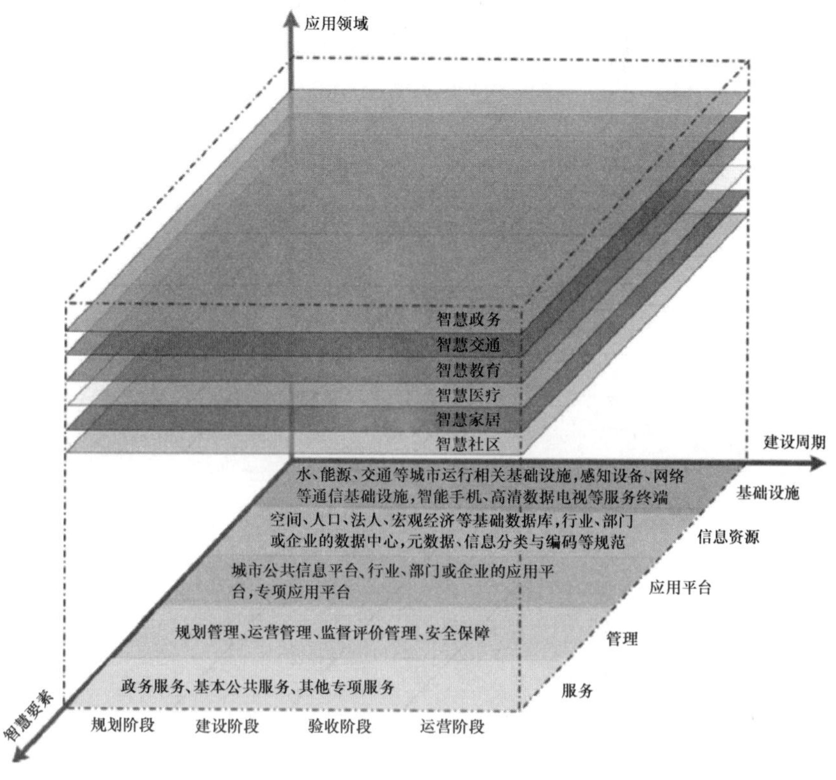

图 10-1 ISO/IEC JTC1/WG11 智慧城市标准化需求框架

10.1.2 国际电信联盟（ITU）

2013 年 2 月，ITU-T 智慧城市可持续发展焦点组（FG-SSC）/ 环境与气候变化组（SG5）成立，其主要工作是评估智慧可持续发展城市的标准化需求。2015 年 5 月，FG-SSC 结束了两年的标准化预研工作，完成了 21 项技术报告和技术规范，包括智慧可持续发展城市指南、总体规划、评价指标、ICT 框架、网络空间安全、标准化路线图等内容。

《智慧可持续发展城市标准化路线图》的技术报告中给出了智慧可持续发展城市的标准体系框架，如图 10-2 所示。标准体系框架分为框架与术语定义标准、建筑和物理基础设施标准、ICT 技术标准、智慧城市服务标准、智慧城市管理和评价标准。与国内智慧城市标准化的关注点不同的地方在于，ITU 的标准体系更关注以下几方面内容。

（1）建筑与物理基础设施的数字化标准化；

（2）城市的可持续发展，如弹性与恢复力，低碳设计；

（3）从城市功能角度关注智慧可持续发展城市可提供的服务，如城市提供的数字政府、交通、物流、公共安全、医疗卫生等服务；

（4）城市相关方的合作关系。

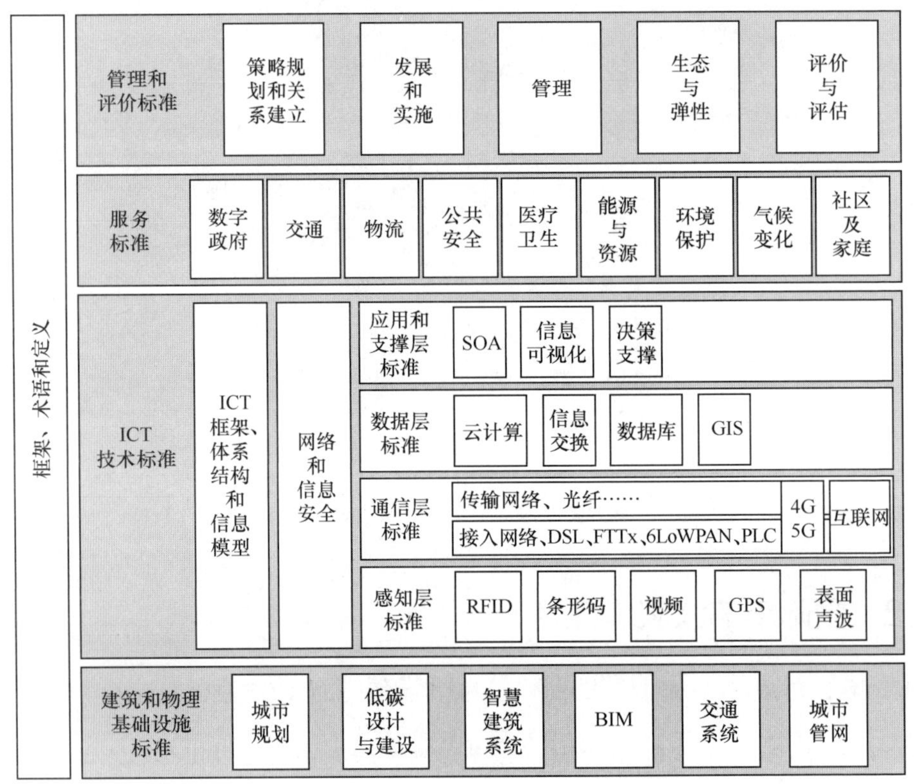

图 10-2　ITU 智慧可持续发展城市标准体系框架

10.2 国内标准情况

10.2.1 国家标准体系建设情况

我国于 2015 年发布的《关于开展智慧城市标准体系和评价指标体系建设及应用实施的指导意见》（国标委工二联〔2015〕64 号）提出了我国的智慧城市标准体系

框架。该体系框架与 ISO/IEC JTC1/WG11 的智慧城市标准体系框架都是以相同的维度进行划分的，包括总体标准、支撑技术与平台标准、基础设施标准、建设与宜居标准、管理与服务标准、产业与经济标准、安全与保障标准 7 类，如图 10-3 所示。

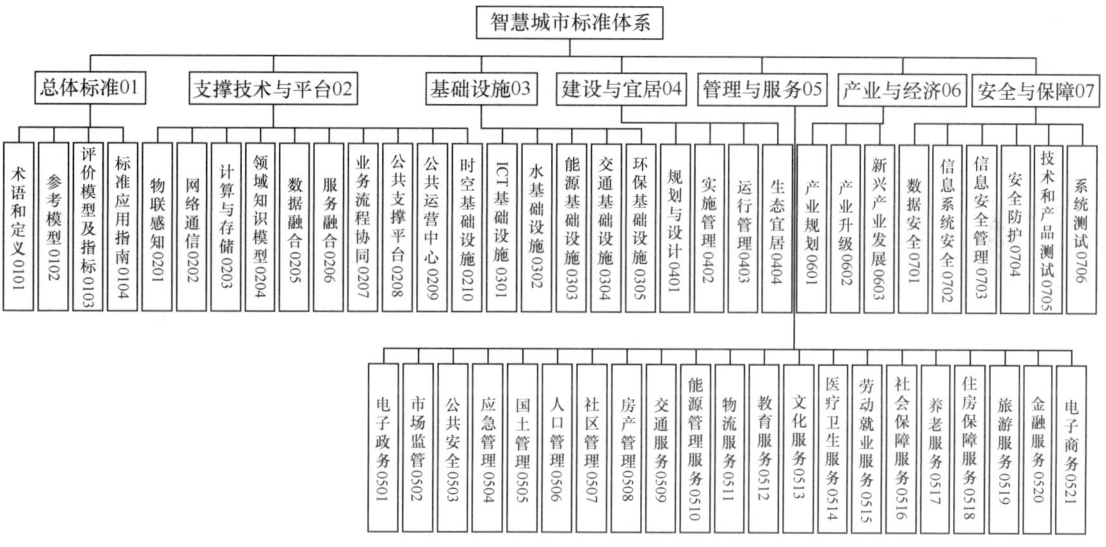

图 10-3 我国智慧城市标准体系框架

智慧城市标准体系中的各类标准相互联系，其中，总体标准是支撑技术与平台、基础设施、建设与宜居、管理与服务、产业与经济类标准的基础，各类标准都应符合总体标准的要求；安全与保障类标准贯穿支撑技术与平台、基础设施、建设与宜居、管理与服务、产业与经济类标准，对其中的各类标准起到指导作用。

各标准子体系建设内容包含如下。

（1）总体标准。

总体标准是智慧城市的总体性、框架性、基础性标准和规范，包括智慧城市术语和定义、智慧城市参考模型、智慧城市评价模型及指标和标准总体应用指南 4 个子类标准。其他 6 类智慧城市标准规范应遵循智慧城市总体标准。

（2）支撑技术与平台标准。

支撑技术与平台标准是智慧城市建设中所需的关键技术、共性平台及软件的标准规范的总称，包括物联感知、网络通信、计算与存储、领域知识模型、数据融合、服务融合、业务流程协调、公共应用支撑平台、公共运营中心、时空基础设施 10 个子类标准。

其中，数据融合类标准包括智慧城市项目建设中结构化与非结构化的虚拟数据模型、数据汇聚及存储、数据融合与处理、智能挖掘分析 4 个方面的标准，以支撑实现智慧城市的信息汇聚、共享、交换和有效利用。

服务融合类标准包括 SOA（面向服务的架构）技术、开发服务、服务管理等，与业务流程协调标准共同支撑解决智慧城市建设所需的大量跨部门、跨系统的资源整合和业务协同问题。

（3）基础设施标准。

基础设施标准是支撑和确保智慧城市项目建设和运营的基础设施的相关标准和规范，包括智慧城市的 ICT 基础设施、水基础设施、能源基础设施、交通基础设施、环保基础设施 5 个子类标准。

（4）建设与宜居标准。

建设与宜居标准是智慧城市相关建设中的规划设计和宜居体验等方面的标准及规范，包括规划与设计、实施管理、运行管理、生态宜居 4 个子类标准。

（5）管理与服务标准。

管理与服务标准是支撑和确保智慧城市项目建设和运营过程中的监理验收、评估方法以及相关运行保障的标准和规范，包括电子政务、市场监管、公共安全、应急管理、国土管理、人口管理、社区管理、房产管理、交通管理、能源管理服务、物流服务、教育服务、文化服务、医疗卫生服务、劳动就业服务、社会保障服务、养老服务、住房保障服务、旅游服务、金融服务和电子商务 21 个子类标准。

（6）产业与经济标准。

产业与经济标准是针对智慧城市中相关产业规范、升级和发展所涉及的相关的标准和规范，包括产业规划、产业升级、新兴产业发展 3 项子类标准。

（7）安全与保障标准。

安全与保障标准是智慧城市项目建设中的信息数据安全、关键系统安全及管理等方面的标准及规范，包括数据安全、信息系统安全、信息安全管理、安全防护、技术和产品测试、系统测试 6 个子类标准。

依据该标准体系，当前我国已制定并发布了 23 项智慧城市领域国家标准，同时在研 21 项国家标准，具体标准信息见表 10-1。

表 10-1　智慧城市国家标准

序号	分类	标准号/计划号	标准名称	标准组成部分名称	标准进展
1	术语与定义	GB / T 37043-2018	《智慧城市 术语》		已报批
2	参考模型	GB/T 34678-2017	《智慧城市 技术参考模型》		已发布
3	参考模型	GB/T 36332-2018	《智慧城市 领域知识模型 核心概念模型》		已发布
4	评价模型及标准	GB/T 33356-2016	《新型智慧城市评价指标》		已发布
5	评价模型及标准	GB/T 34680.1-2017	《智慧城市评价模型及基础评价指标体系》	第1部分：总体框架及分项评价指标制订的要求	已发布
6	评价模型及标准	20130121-T-339		第2部分：信息基础设施	已报批
7	评价模型及标准	GB/T 34680.3-2017		第3部分：信息资源	已发布
8	评价模型及标准	GB/T 34680.4-2018		第4部分：建设管理	已发布
9	评价模型及标准	GB/T 35775-2017	《智慧城市时空基础设施 评价指标体系》		已发布
10	标准应用指南	20161921-T-469	《智慧城市 多规融合规划设计导则》		已征求意见
11	标准应用指南	GB/T 36333-2018	《智慧城市 顶层设计指南》		已发布

续表

序号	分类	标准号/计划号	标准名称	标准组成部分名称	标准进展
12	标准应用指南	GB/T 36445-2018	《智慧城市SOA标准应用指南》		已发布
13	标准应用指南	GB/T 36620-2018	《面向智慧城市的物联网技术应用指南》		已发布
14	数据融合	GB/T 36625.1-2018	《智慧城市 数据融合》	第1部分：概念模型	已发布
15	数据融合	GB/T 36625.2-2018	《智慧城市 数据融合》	第2部分：数据编码规范	已发布
16	数据融合	20152346-T-339	《智慧城市 数据融合》	第3部分：数据编码规范	已报批
17	数据融合	20152349-T-339	《智慧城市 数据融合》	第4部分：开放共享要求	已报批
18	数据融合	20153676-T-469	《智慧城市 数据融合》	第5部分：市政基础设施数据元素	已报批
19	领域知识模型	20152348-T-339	《智慧城市 跨系统交互》	第1部分：总体框架	编制中
20	领域知识模型	20152044-T-333	《智慧城市 跨系统交互》	第2部分：技术要求及测试规范	编制中
21	领域知识模型	20152345-T-339	《智慧城市 跨系统交互》	第3部分：接口协议及测试规范	编制中
22	服务融合	GB/T 36622.1-2018	《智慧城市 公共信息与服务支撑平台》	第1部分：总体框架及建设要求	已发布
23	服务融合	GB/T 36622.2-2018	《智慧城市 公共信息与服务支撑平台》	第2部分：目录管理与服务要求	已发布
24	服务融合	GB/T 36334-2018	《智慧城市 软件服务预算管理规范》		已发布
25	服务融合	GB/T 36621-2018	《智慧城市 信息技术运营指南》		已发布
26	公共支撑平台	20152351-T-339	《智慧城市 城市运营中心》	第1部分：指挥中心建设框架及要求	已报批
27	公共支撑平台	GB/T 36622.3-2018	《智慧城市 公共信息与服务支撑平台》	第3部分：测试要求	已发布

续表

序号	分类	标准号/计划号	标准名称	标准组成部分名称	标准进展
28	公共支撑平台	20181813-T-469	《智慧城市 设备联接管理与服务平台技术要求》		编制中
29	时空基础设施	GB/T 35776-2017	《智慧城市时空基础设施 基本规定》		已发布
30	ICT基础设施	20150021-T-339	《基于2GHz TD-SCDMA数字蜂窝移动通信网的智慧城市管理系统总体技术要求》		已报批
31	运行管理	GB/T 36553-2018	《智慧安居 应用系统基本功能要求》		已发布
32	运行管理	GB/T 36552-2018	《智慧安居 信息服务资源描述格式》		已发布
33	运行管理	GB/T 36554-2018	《智慧安居 信息服务资源分类与编码规则》		已发布
34	运行管理	GB/T 36555.1-2018	《智慧安居应用系统接口规范》	第1部分：基于表述性状态转移(REST)技术接口	已发布
35	社区管理	20152044-T-333	《智慧城市 建筑及居住区综合服务平台通用技术要求》		已送审
36	社区管理	20180987-T-469	《智慧城市 建筑及居住区》	第1部分：智慧社区建设规范	编制中
37	能源管理服务	GB/T 34679-2017	《智慧矿山信息系统通用技术规范》		已发布
38	能源管理服务	20150020-T-339	《泛在物联应用 智慧油田总体技术要求》		已报批
39	教育服务	GB/T 36342-2018	《智慧校园总体框架》		已发布
40	医疗卫生服务	20161920-T-469	《智慧城市 智慧医疗》	第1部分：框架及总体要求	已征求意见
41	医疗卫生服务	20152350-T-339		第2部分：移动健康	编制中

续表

序号	分类	标准号/计划号	标准名称	标准组成部分名称	标准进展
42	旅游服务	20153397-T-469	《物联网 智慧酒店应用平台接口通用技术要求》		编制中
43	信息安全管理	20141405-Z-469	《信息安全技术 智慧城市建设信息安全保障指南》		已征求意见
44	信息安全管理	20170563-T-469	《信息安全技术 智慧城市安全体系框架》		已征求意见

当前，我国主要通过“以评促建、以评促改”的方式推进城市提升智能化和智慧水平，我国新型智慧城市的评价工作已经开展了两届，其评价结果对我国分级分类推进智慧城市建设具有较好的指导意义。

10.2.2 各地标准体系建设情况

各地方政府为了满足智慧城市与日俱增的建设需求，纷纷出台《关于促进智慧城市健康发展的指导意见》，并在资金上给予大力扶持。由于各地实际情况不一致，有其独特的发展需求，因此，各地方的标准化建设行动计划方案也不尽相同。

浙江省于 2015 年发布了《浙江省智慧城市标准化建设五年行动计划》（2015—2019 年），该行动计划以浙江省智慧城市标准体系总体框架为依托，按照完备性、指导性、科学性、系统性、开放性、层次性等要求分析当前智慧城市建设面临的资源共享、信息交换、流程再造、服务协同、信息安全、模式创新等存在的主要问题。浙江省智慧城市标准体系由基础标准、支撑技术标准、建设管理标准、信息安全标准、应用标准 5 个标准子体系，以及智慧高速、智慧物流、智慧健康、智能电网、智慧政务等 31 个标准小体系构成。

雄安新区在城市空间规划中加入了智能城市建设的专项规划，并在 2020 年 5 月发布了雄安新区智能城市标准体系框架（1.0 版本）和第一批标准成果，该标准体系框架包含基础设施与感知体系建设、智能化应用、信息安全三大类共9个方面的智能城市标准体系，规划了近百项标准。首批8项标准成果分别为物联网终端建设导则（道路）、物联网终端建设导则（楼宇）、物联网网络建设导则、5G通信建设导则、建构筑物通信建设导则、数据资源目录设计规范、数据安全建设导则和智慧工地建设导则。这些标准为未来城市建设和规划管理树立了一个样板，为确保雄安新区数字城市和物理城市同步规划建设提供了重要保障。

重庆市出台全国首例省级层面智慧城市管理行业标准《重庆市智慧城市管理信息系统技术规范》，其内容主要包含适用范围、规范性文件的引用、术语和定义、业务系统架构、性能要求、运行环境、信息安全、系统验收要求、运行维护要求和系统运行评价等内容。

江苏省制订的《江苏省智慧城市（试点）建设验收标准》，作为智慧城市建设、运行、管理、服务和发展的重要依据，涉及政府、高校、企业、科研院所及公众等多元主体。

Smart City

第 11 章

统筹共建，专业运营

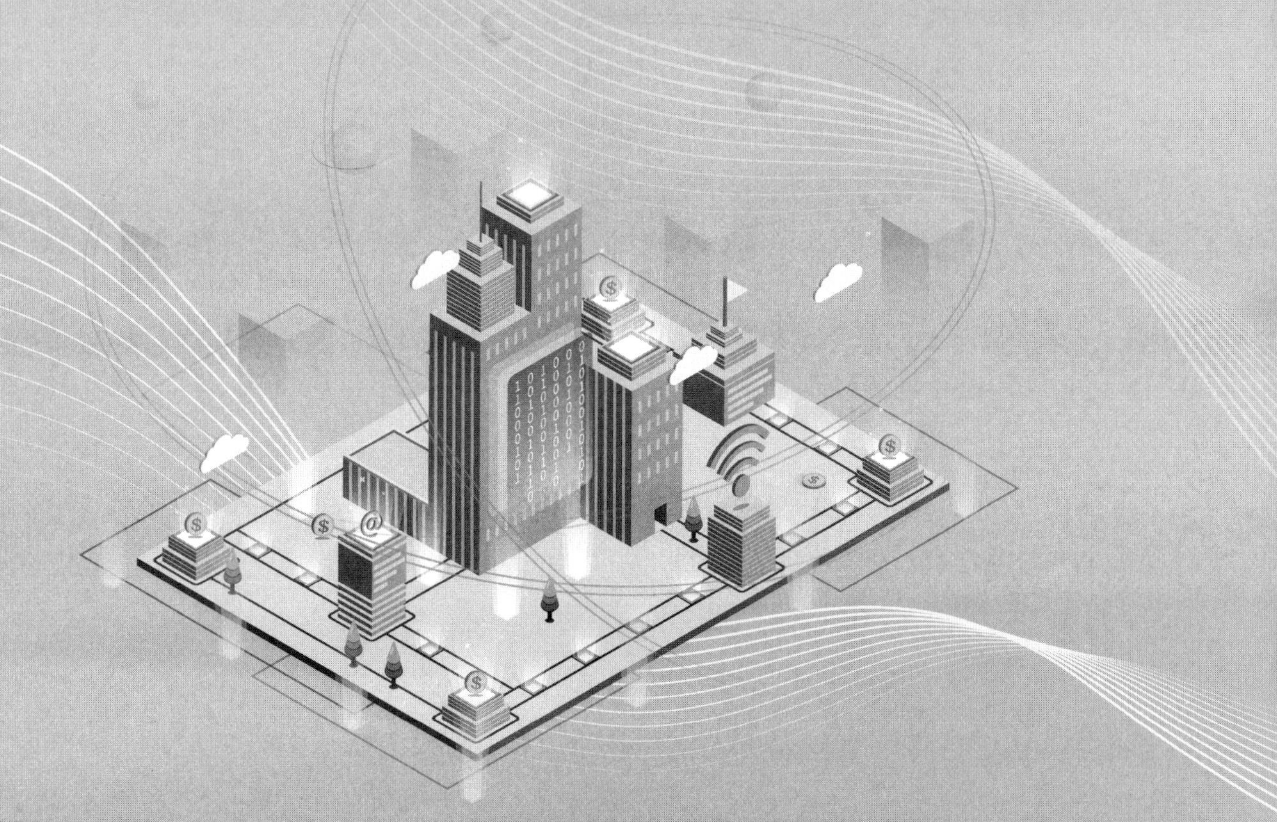

11.1 一体化运维

智能城市的运维开发体系通过主动分析、主动优化、驱动开发促进 DevOps 落地，结合数据分析、知识库、机器学习技术促进运维智能化。DevOps 意味着智能城市运行是一个长期维护、操作和持续开发的过程性工作，由于定期更新服务、组件和应用，智能城市将持续得到支持，并始终保持高质量的服务提供，从体系上保证了智能城市可持续演进。DevOps 的建设需要遵循以下原则。

数据化。采集设施层、数据层、服务层和应用层数据用于故障定位和性能优化的数据可视化分析，为故障、瓶颈和功能开发提供数据驱动，并针对问题提供预见性的报警。

自动化。针对资源层缩扩容、告警处理、故障处理等自动化，平台及应用发布、变更、配置调整、日志或数据提取等自动化，减少人为导致的运维问题，并提高系统敏捷性。

精细化。为分层、分业务域、分应用配置专用的运维团队、手段和流程，实现组件服务通用化和运维流程标准化，提高运维效率。

根据上述原则，需要建立一个 DevOps 支撑系统，实现可视化、数据驱动、自动化的运维服务。例如，一个智能应用包从代码编译到构建出来，再部署到环境中，经过自动化的测试，再部署到准发布环境中。

11.2 探索持续运营

智能城市建设运营管理的核心主要反映在对运营资源和投资主体的界定，以及投融资模式上，包括从筹资、建设、经营到管理的一系列活动中采用的方式和方法。智能城市建设运营总体围绕政府引导、市场为主体的原则，引入多方参与，合作共赢，同时商业模式须具备盈利模式，政府也需要制订一系列配套的政策法规以针对个人隐私进行安全保护，约束数据运营商、信息服务运营商等。

在智能城市建设运营过程中涉及的运营主体包括政府、企业和市民，其中，政府为智能城市建设运营的核心，负责承担构筑契合智能城市建设和发展的总体目标，统筹智能城市建设与发展总体规划，充分发挥引导和协调职能，整合和集中智能城市各方主体的智慧和力量。企业等社会经济组织是智能城市建设运营的主体，也是智能城市产业发展和技术创新的主体。在智能城市的建设和发展过程中，企业等社会经济组织需要投入人力、物力、财力等资源，开展与智能城市建设相关的技术攻关、产品研发、系统建设、投产运营等，打造智能城市产业群。而市民作为服务对象和需求主体，是驱动以人为本的智能城市建设的源泉和基础。

伴随智能城市建设的深入，新的运营模式乃至政企关系应运而生，催生了“智能城市运营商”角色，帮助政府统筹推进智能城市的建设、运营和管理。智能城市运营商可以分为两类。一类是政企合作成立专门的运营公司，“政企合作、管运分离”模式是广东“数字政府”改革的体制创新，政府部门对业务需求和服务评价担负起更重的“管理端”责任，腾讯联合中国移动、中国联通、中国电信三大电信运营商出资成立了数字广东网络建设有限公司，承担“运营端”责任，负责从标准制订到需求对接乃至数据融合、系统运营等一系列工作；二是依托大公司开展智能城市建设运营，例如，在浙江，政府和服务商之间的关系发生了变化，如阿里巴巴提出做深度合伙人，不仅是业务，甚至是资本的合作，在从过去单一的项目建设，到现在从规划、设计、建设、服务、运营等全方位地参与进来。

11.2.1 建设项目分类

围绕智能城市运营客体即运营资源的可经营性，将智能城市建设项目分为非经营性项目、准经营性项目、经营性项目 3 类。

1. 非经营性项目

此类项目的建设主要是为了获得社会效益和环境效益，而不是经济效益，所以投资由项目所在地政府或上级政府来承担。项目的资金主要以财政投入为主，以固定的税收或收费为辅，项目的所有权益归政府所有，但在项目建设过程中一般引入竞争机制，采用代建制等方式进行专业化管理，从而可以提高投资决策的科学性和规范性，提高投资效益。这类项目主要包括城市生态环境智能监控、应急指挥系统、平安城市、数字城管、数据库、基础网络建设等。

2. 准经营性项目

准经营性项目属于半公益性项目，有利润潜力，但由于政策和收费价格等客观原因，还无法收回成本。它不具有明显的经济效益，属于市场失效或低失效类项目，如果进行市场运作，则必然形成资金供给缺口，所以必须依靠政府给予的适当补贴或优惠政策来维持项目运营。这类项目主要有智能交通、智能旅游、智能水务、智能医疗、市民一卡通等，一般采用市场运作、政府贴息或给予政策优惠等方式运营，市场运作所占比重因项目的不同而不同，条件成熟、项目价格到位后，这类项目可逐渐转化为经营性项目。

3. 经营性项目

此类项目有较好的经济效益，能通过提供产品和收费来收回投资并获得回报，属于全社会投资类项目。国有企业、民营企业，甚至外资企业通过公开、公平、公正的招投标，获得符合城市发展规划和产业导向政策的项目建设经营权，对项目进行融资、建设、管理和运营，项目收益也归投资方所有。

经营性项目在确定收费价格时，由公司报价、政府核价、公众议价的方式定价，政府作为主导者，要考虑公众的实际承受能力和投资方利益，尽量使投资方、政府、公众三方实现共赢。经营性项目可以将经营权和所有权分开，通过转让所有权、经营权和收益进行融资，盘活现有资产、吸引投资，扩充城市建设的资金来源，探索以城建城的城市建设市场化道路，使城市建设资金逐步实现投资—回收—再投资的良性循环。

11.2.2 不同项目的运作模式

1. 非经营性项目

非经营性项目具有公益性、非竞争性和非排他性的特点，此类项目的正外部性较强，资产在使用过程中无收费基础，因此，此类项目在PPP模式下，对政府财政资金依赖性很高，“政府购买服务”方式比较合适。对于政府而言，社会资本参与了非经营性项目的后续运营和管理，一方面社会资本分担了项目运营管理风险，另一方面项目管理效率也可能会得到提高，并且在运营期内政府分期付费使社会资本可逐年回收投资成本，获得合理回报，政府也可缓解一次性集中支付的压力。因此，非经营性项目采用PPP模式也是合理有效的。

结合财政部、国家发展和改革委员会的相关文件规定和国际上的成熟做法，非经营性项目可参考O&M（Operations & Maintenance）、BTO（Build–Transfer–Operate）、BTL（Build–Transfer–Lease）、DBFO（Design–Build–Finance–OPer）等模式运作。

（1）委托运营。委托运营是指政府将存量公共资产的运营维护职责委托给社会资本或项目公司，社会资本或项目公司不负责用户服务的政府和社会资本合作项目运作方式。政府保留资产所有权，只向社会资本或项目公司支付委托运营费。合同期限一般不超过8年。

（2）建设—移交—运营。BTO是指社会资本负责基础设施的建设和融资，项目建成后资产所有权归属政府，在特许期内政府将资产的运营维护职责委托给社会资本或项目公司，由社会资本或项目公司按约定提供运营服务并向政府收取运营费用及前期投资成本。

（3）建设—移交—租赁。BTL是指社会资本负责基础设施的建设和融资，项目建成后所有权归属政府，在特许期内特许权人将项目出租给政府使用，政府承担租赁费用，租期届满后政府完全取得项目。

（4）设计—建设—融资—运营。DBFO是指项目从设计开始就特许给社会资本，直到项目经营期满收回投资和取得投资效益。在此期间主要由政府分期向社会资本购买服务。DBFO 合同期限一般为 25 年或 30 年。DBFO 最早适用于有收益的公益性项目，现在也常被用于非经营性项目。

2. 准经营性项目

准经营性项目具有受益对象，具备收费条件，因而具有一定的经济效益，但同时，此类项目相较于经营性项目有较强的社会效应，项目自身的运营收益不足以完全覆盖投资成本。因此，多数情况下还需要政府授予特许经营权附加部分补贴或直接投资参股等措施进行弥补。通常可采用建设期补偿、运营期补偿、资源补偿等模式运营。

（1）建设期补偿模式是指将准经营性项目中涉及的基础设施分为两部分：与运营效率及运营成本密切相关的设施（可称为经营性设施）的投资、运营和维护由 PPP 项目公司来投资完成；其他永久性设施（可称为基础性设施）则由公共部门投资建设。在项目成长期，政府将其投资的部分基础性设施无偿移交或以象征性价格租赁给项目公司，为项目公司实现合理的投资收益提供保障，在项目的成熟期，再通过调整政府投资部分资产租金的形式，避免项目公司产生超额利润。建设期补偿模式适用于前期资金要求高、中后期经济强度比较高的项目。

（2）运营期补偿模式是指基础设施或公共服务由 PPP 项目公司投资建设，公共部门与 PPP 公司签订协议，根据预测的需求量和价格，保障未来产品或服务的市场需求，当实际需求量比预测量增加或减少的幅度超过一定比例时，其超过部分的损益由政府和项目公司共同承担；预测的产品 / 服务的需求量在特许期内还可分为若干调整期。运营期补偿模式中，政府一次性投入少且支出均匀，并且政府和项目公司合理共担风险和收益，有效降低了项目公司的收益风险，同时避免其获得超额的垄断利润。

（3）资源补偿模式是指将准经营性 / 非经营性项目和与之紧密联系的经营性项目的建设和运营捆绑起来“搭售”，比如污水处理厂 BOT 项目捆绑配套管网的投资和运营、市政道路和公园等无收入基础设施项目与周边关联地块捆绑开发，用周边土地产生的收益来补贴基础设施项目。

3. 经营性项目

对社会资本方而言，尽管经营性 PPP 项目具有较强的市场化运作特征，但其依赖市场化运作实现投资回报的前提往往是政府政策支持，包括特许经营期限、收费机制、项目唯一性等。因此，这类项目需要政府通过授予特许经营权的方式，采取“建设—运营—移交”（BOT）和“建设—拥有—运营—移交”（BOOT）等模式推进。城市基础设施经营性项目具有一定的公益性、竞争性和非排他性等特点，资产具有一定的收费基础，收费机制在资产的使用过程中存在竞争性，但资产的使用具有非排他性，由于项目具有一定的公益性，因此，价格调节机制市场化程度较低，政府根据成本—收益的关系对价格进行调节。

目前，智能城市项目盈利模式主要分为三大类。一是积累用户，流量变现，通过智能旅游、智能教育等项目积累大量用户；通过提供增值服务，促使流量变现，如腾讯携手政府打造智能景区项目，依托大量的游客信息和资源，计划开发“旅游分期付”“旅游贷”等项目。二是基于合同管理，收益分成。例如，由企业投资改造的智能路灯项目，政府将省下来的电费分期偿还给企业，合同管理到期后，智能路灯再无偿转交给政府。这种政府零投资的模式有效解决了改造资金不足的问题，实现政府省钱、社会节能、企业盈利的“三赢”局面。三是数据脱敏，有限经营。例如，将智能城市中积累的不涉及隐私的数据脱敏后租给企业，企业进一步对数据潜在的商业价值进行挖掘，拓展形成新商机，实现政企双赢合作。例如，某地级市在建设运营智能校园项目中，把校园内监控、校园周边监控、校车监控等数据整合起来，通过城市综合运营平台开放给专业运营公司，面向政府、学校、家长提供有偿运营服务，家长可以通过 App 了解孩子的活动轨迹。

针对智能城市领域中不同类型的项目，结合其实际特征，给出不同类型的模式建议，见表 11-1。

表 11-1 智能城市项目建设运营模式建议

项目大类	项目小类	特征	模式建议
基础设施类	城市公共数据库、公共信息平台、数据平台	涉密要求高，智能城市核心基础平台	政府投资或融资建设运营模式，如BT模式
	城市数据中心	涉密、运营维护要求高	政府投资或融资建设和运营，如BT模式； 政府租赁或购买服务模式，如BLT模式
	视频感知网	整合性强、专业中等、运营维护中等	政府投资或融资建设运营模式，如BT模式
	基础网络设施	专业性强、运营维护要求中等、部分项目可运营	政府租赁或购买服务模式，如BLT模式； 政府特许市场化运作模式，如BOT模式、BOO模式、BOOT模式
智能应用类	政务服务类应用	投资规模、维护要求中等，多为公益性项目	政府投资或融资建设和运营，如BT模式； 政府购买服务模式，如BLT模式
	城市管理类应用	业务繁多、专业性强、投资规模较高、维护要求中等	政府投资或融资建设和运营，如BT模式； 政府租赁或购买服务模式，如BLT模式； 政府特许市场化运作模式，如BOT模式、BOO模式、BOOT模式
	民生服务类应用	业务内容庞大、投资规模不一、维护要求高、直接面向公众用户	政府特许市场化运作模式，如BOT模式、BOO模式、BOOT模式
	产业促进类应用	投资规模中等、维护要求中等	政府特许市场化运作模式，如BOT模式、BOO模式、BOOT模式； 政府融资政府运营模式，如BT模式、BLT模式

Smart City

第 12 章

立体高效保障体系

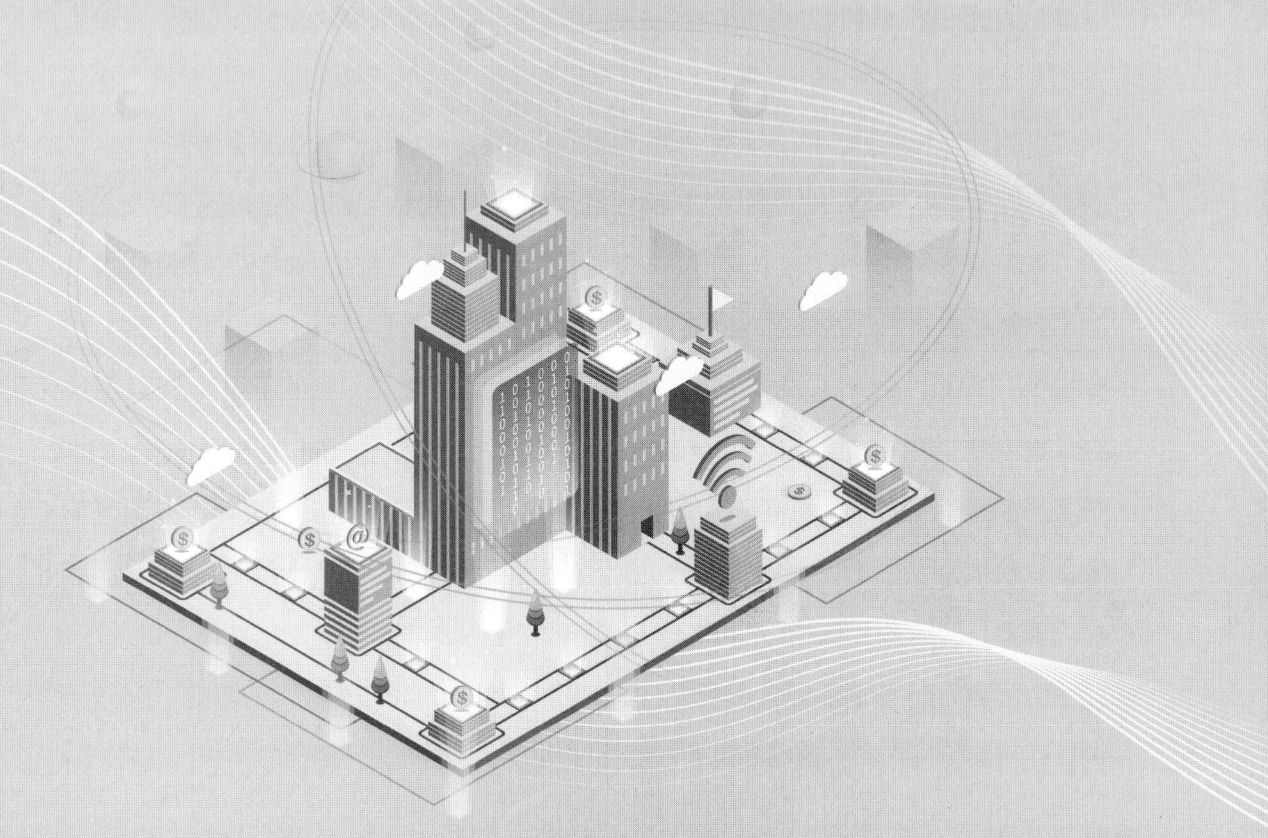

智能城市规划建设是一项庞大而复杂的系统工程，要加强组织领导、强化决策咨询、拓宽投资渠道、完善法规政策等。

12.1 加强组织领导

强化智能城市建设规划与城市总体规划的对接，确保智能城市建设与国土空间规划相符，推进多规合一，实现一张蓝图干到底。重点改革现有规划管理部门设置，推动服务型政府建立，按照大部制改革要求，将原来涉及规划的国土、住建、规划及环保等部门进行整合重建。推动智能城市规划与城市总体规划衔接，经过外部专家评估，在向公众完成公示后，写入地方规划法案，作为指导地方规划发展的最高效力文件。加强后期管理与服务，推动审批手续、验收和备案流程简化，让数据多跑路，公众少跑路。同时，以新的"合一"规划为蓝图，以"人"为本，发展智能城市事业，加强人力资源的整合与培养，整合部门领导的选拔，推动领导自身能力不断提高。

完善组织体系，健全运行机制，强化保障措施，及时解决重大问题。政府要为公众提供一站式、一条龙、靶向精准服务，向无缝隙政府转变。虽然不少地方和政府已经构建了统一的政务服务中心，实现"一窗一号一网"等一站式服务体系，理论上降低了公众跑手续的次数，但是手续的数量依然并未减少。这也要求进行大部制改革。取消分权管理，整合相关部门，成立独立统一的强力部门，对于现行的多部门扁平化管理现象，可通过大部制改革由一个部门管理妥当。跨部门、跨系统沟通，可通过部门整合转化为部门内部流程，逐次跟进、流水配合，条理清晰，无论是内部还是外部的文件档案传递都能一贯而终，既方便体制外的办事人员，又便于后期查询与追责。

探索建立首席信息官（CIO）制度，强化智能城市建设统筹协调。构建从战略到法律再到职能的首席信息官制度整体安排。由于政府 CIO 需要正式的任职职位，其制度选择可考虑公务员分类中的专业技术类。同时，CIO 不仅应该来自技术专业，还应是熟悉政府业务流程的业务专家，能使用信息技术支持和固化政府业务流程，解决各政府、各部门间信息化协调的问题，变革政府的传统管理体制。CIO 还应是政府的高层管理者和决策者，是拥有丰富管理知识的管理专家，CIO 为政府机构的主要官员，能够指挥和协调各政府部门的领导，能顺利地解决城市信息化过程中所出现的组织机构和流程的优化和再造问题。

制订监督考核体系和风险评估机制，将智能城市建设作为政府绩效考核的重要内容，加大推进力度，促进智能城市建设不断跨上新台阶。首先，要对绩效考核的内容加以具体完善，提高评估指标体系的科学性和可行性，建立完善、科学的智能城市绩效考核体系，明确各建设项目的责任单位及部门；要根据各单位承担的责任制订相应的具体绩效评估考核标准，实施过程考核、结果考核，将群众生产生活方便程度的提高情况、智能城市项目建设的覆盖率和精细化程度、各建设项目的效能发挥情况、行政效能进步状况、信息系统建设情况及效益反馈纳入考核指标体系；可以根据每个部门在特定的时间内对目标的完成情况进行相应的奖励或惩罚。其次，强调量化考核的作用，从而构建相对正确的政绩导向，可以借助定性及定量方法，通过网上评议及座谈评议相结合、日常考核同会议评议相结合等方式进行评议，从而寻找差距，找出不足。最后，在进行干部任用选拔以及去留升降、惩戒奖励的过程中充分考量对相关人员的绩效考核结果，从而解决过去“干好干坏一个样”的问题。

12.2 强化决策咨询

加强智能城市研究智库建设，建立专家决策咨询机制，邀请国内外专家对智能城市的规划建设、政策制订等进行可行性论证咨询。智能智库联盟既是城市软实力的重要体现，又能发挥智能城市“外脑”的功能。智库联盟建设是适应社会转型发展升级的内在需求，特别是面对智能城市建设的攻坚克难关键时期，在解决建设过程中“城市病”、智能城市顶层设计、智能城市群之间沟通难等问题上，智能城市智库联盟线上组织和运行既能给智能城市建设提供及时、针对性的信息服务和决策建议，又能将智能城市群有效地连接起来，突破体制障碍，达到智能城市的全面、可持续发展。由于智能城市建设过程中需要政策咨询和决策建议的内容范围很广，因此，所需智库也应是综合性、多样性的。目前，现有的智库联盟是由多个机构及专家学者共建的非营利性学术团体，其智库成员的组成要根据实际情况进行动态灵活的组合，为满足智能城市的各类需求进行决策咨询和智力支持。

鼓励社会广泛参与智能城市决策、城市运营标准、平台及应用技术等方面研究，为智能城市建设提供持续的技术和决策支持。在智能城市建设和运营过程中非常重要的是公众参与，必须尊重公众身份，从宏观和微观上充分发挥公众的作用。总的来说，智能城市智能治理须建立一个以公民为基础、以需要为基础、以服务为基础的公共组织网络。在这个网络中，政府的管理只是手段，为公民服务才是核心。同时，在政府治理过程、智能城市建设过程中引入公私部门的合作，用“公私部门互动”的理念取代“公共部门主导”和新公共管理时代的“私人部门主导”理念，以更好地取长补短，发挥两个部门的效能，信息的扁平共享提高信息的流动性，使社会各个主体能够自由地获取信息，并且根据自身的情况做出决策。在这个过程中，政府可以通过授予相对应的企业或组织一定的权限，鼓励它们根据自身的情况参与政府的决策过程。通过主体间的互相补充，智能城市打破政府作为单一制度供给体系的局面，唤起了公众参与管理的意识，也为各利益主体参与制度供给体系的建设创造了条件。

12.3 拓宽投资渠道

创新机制，充分发挥市场作用，完善以政府投入为引导、吸引社会资金广泛参与的多元化投资与运营模式，制订支持智能城市发展的专项扶持政策，统筹使用产业转型升级、信息化建设、战略性新兴产业发展和重点科研计划等专项资金，引导企业加大关键技术研发和应用项目建设投入。智能城市建设涉及的行业、领域众多，在相关 PPP 项目融资中应进行多渠道融资。一方面，通过智能城市产业投资联盟国开金融土地储备股权投资、房地产基金、财政投入筹措资本金；通过发行市政债券、中期票据、保险公司长期资金、经营性物业银团贷款安排长期债权资金；通过保险公司资金、短期融资券、银行理财资金（含信托及证券资产管理计划）租赁和流动资金银团贷款安排拟融资短期资金。另一方面，根据不同项目的特点，开发和设计不同的融资方案，构建专项资金管理平台。例如，在资金募集期和资金回笼期限通过理财方案的设计和滚动发行（或发行专项理财方案），平滑资金供给和需求，降低融资成本；通过短期借款额度确保理财产品的兑付和平稳发行；准备专项信贷资产用于供资金管理平台使用及为资产证券化预留平台等。

12.4 完善法规政策

建立健全智能城市法规政策体系，探索数据权属、开放、流通、交易等法规制度，加强数据全生命周期监督管理制度和安全运行机制建设，探索建立统一有序的数据交易机制，建立维护个人数据和隐私权的保护机制，充分释放数据资源价值。数据已成为国家主权的战略基石、社会权利的重要来源，引起世界经济格局、利益格局和安全格局发生前所未有的深刻变革。我们正翻开数字经济、数字政府、数字社会架构的文明新篇章，数字文明的开启有赖于数权制度的安排与推动、数权法律的包容与明确，完善我国数权立法刻不容缓。在理念上，数权立法要平衡保护与利用的需要，同时，以“保障和促进”性取代传统“义务和惩治”的法律规范，确立“权属、权利、利用与保护”四位一体兼具权利、促进和责任功能的立法架构。不同类型的数据有不同的权属，处于数据生命周期不同阶段的数据也有其不同的归属，在立法中应划清数据的边界，包括政府数据的开放边界、企业数据的商用边界以及个人数据的隐私边界。在立法中，应当赋予数据主体相应的权利，如数据知情权、数据更正权、数据被遗忘权、数据采集权、数据可携带权、数据使用权、数据收益权、数据共享权、数据救济权等不仅要有数据的所有权人控制、使用、收益等权利的规定，还要有他人利用数据的权利的规定，如用益数权、公益数权、共享权等。在坚持“数尽其用”原则的前提下，开发数据政用、商用、民用价值，维护公共利益和公共安全，促进个人数据的自由共享，公民让渡一定程度的数据权利。利用各种技术手段加强数据保护，在数据采集、存储、传输、使用等环节强化安全治理，防止数据被攻击、泄露、窃取、篡改和非法使用。

探索无人驾驶管理规范、人工智能伦理道德规范，完善智能城市建设、管理运行机制。近年来，基于数据智能的智能化生活已初见端倪，在智能化的解析社会中，通过数据智能可以对社会和人进行最大限度的解析，形成观测、监视、预测、评价、诱导等全新的智能化控制手段。要克服机器掌控世界和智能化鸿沟等可能给人类文明带来的风险，必须认真审视人类在智能系统中的地位和作用。为了从根本上抑制自动智能系统可能带来的风险，应考虑引入若干促进人机相互理解与协同的策略。第一，将人与机器之间的相互理解作为自动智能系统的基础和前提，其中既应包括理性层面的认知方式与知识表达层面的人机相互理解，又应包括人与机器之间的共情关系和同理心的构建。第二，一些重大决策和执行系统如果采用自动智能系统，就应该有多个备份和功能类似的替代性系统，以防范系统风险。第三，构建人工智能应用“特区”，在有条件的科技创新中心的部分地区，广泛、深入、充分地展开人机互动试验，探索面向未来人机共生社会的创新文化。

加强数字经济发展、技术创新、人才吸引、知识产权、安全保障等相关配套政策措施的支撑保障，快速有序推进智能城市建设。加强配套政策构建，支持技术创新文化氛围，创新人力资源发展。通过经济和法律等政策手段弥补市场机制不足，对资源配置进行合理的调整。创新激励机制将具有良好的发展前景的企业作为资助目标群体，主要激励产品及工艺的发展，具体的激励政策主要有财政政策、税收政策、金融政策等。创新人力资源发展，人才是创新的主要动力，因此，国家应加强对创新性人才的培养，充分发挥人才在创新中的作用，进而提升智能城市的创新发展。创新文化环境应充分结合传统文化，对于不利于自主创新的传统文化，应突破束缚；对于有利于自主创新的传统文化，应大力弘扬，进而促进创新文化发展。

缩略语

5G	5th Generation	第五代移动通信技术
CT	Communication Technology	通信技术
OT	Operational Technology	控制技术
PPP	Public Private Partnership	政企合作
SDN	Software Defined Network	软件定义网络
MEC	Multiple Edge Computing	多接入边缘计算
V2X	Vehicle to Everything	车对外界信息交互
P2P	Peer to Peer	点对点
CDN	Content Delivery Network	内容分发网络
VR	Virtual Reality	虚拟现实
AR	Augmented Reality	增强现实
MR	Mixed Reality	混合现实
eMBB	Enhanced Mobile Broadband	增强移动宽带
mMTC	Massive Machine Type Communication	海量机器类通信
uRLLC	ultra Reliable & Low Latency Communication	低时延高可靠通信
SDN	Software Defined Network	软件定义网络
NFV	Network Functions Virtualization	网络功能虚拟化
RS	Remote Sensing	遥感
GPS	Global Positioning System	全球定位系统
GIS	Geographic Information System	地理信息系统
RFID	Radio Frequency Identification	射频识别

BIM	Building Information Modeling	建筑信息模型
CIM	City Information Model	城市信息模型
TOD	Transit-Oriented Development	以公共交通为导向的开发
Ecode	Entity code for IoT	物联网统一标识体系
OID	Object Identifier	对象标识符
ISLI	International Standard Link Identifier	国际标准关联标识符
CSTR	Chinese Science and Technology Resource	中国科技资源代号
LoRa	Long Range Radio	远距离无线电
MQTT	Message Queuing Telemetry Transport	消息队列遥测传输协议
COAP	Constrained Application Protocol	受限应用协议
LwM2M	Light weight Machine to Machine	轻量化的物联网协议
XMPP	Extensible Messaging and Presence Protocol	可扩展消息与存在协议
RTOS	Real-Time Operating System	实时操作系统
FOTA	Firmware Over-The-Air	空中下载软件升级
UHF	Ultra High Frequency	特高频无线电波
NB-IoT	Narrow Band Internet of Things	窄带物联网
AI	Artificial Intelligence	人工智能
BI	Business Intelligence	商务智能
NLP	Natural Language Processing	自然语言处理
ETL	Extract Transform Load	提取-转换-加载
SR	Segment Routing	分段路由
FlexE	Flexible Ethernet	灵活以太网
F-OFDM	Filter Orthogonal Frequency Division Multiplexing	滤波正交频分复用
CP-OFDM	Cyclic Prefix-Orthogonal Frequency Division Multiplexing	循环前缀正交频分复用
DFT-OFDM	Discrete Fourier Transform-Orthogonal Frequency Division Multiplexing	傅里叶扩频正交频分复用
RAT	Radio Access Technology	无线接入
NOMA	Non-Othogonal Multiple Access	非正交多址接入

SCMA	Sparse Code Multiple Access	稀疏编码多址接入
MUSA	Multi-User Shared Access	多用户共享接入
TDM	Time Division Multiple	时分复用
VPN	Virtual Personal Network	虚拟专网
AAU	Active Antenna Unit	有源天线处理单元
DU	Distribute Unit	分布式单元
CU	Centralized Unit	集中式单元
NFVI	Network Function Virtualization Infrastructure	网络功能虚拟化基础设施
SBA	Service Based Architecture	基于服务的架构
TOA	Time of Arrival	基于到达时间
TDOA	Time Difference of Arrival	基于到达时间差
FDOA	Frequency Difference of Arrival	基于到达频率差
AOA	Angel of Arrival	基于到达角
RSS	Received Signal Strength	基于信号强度
TI	Tactile Internet	触觉互联网
TPU	Tensor Processing Unit	张量处理单元
BPU	Branch Processing Unit	分支处理单元
QoS	Quality of Service	网络服务质量
PUE	Power Usage Effectiveness	能源效率
SDS	Software Defined Storage	软件定义存储
ICN	Information-Centric Networking	信息中心网络
NoSQL	Not only SQL	非关系型数据库
MPP	Massively Parallel Processing	大规模并行处理
HTAP	Hybrid Transaction and Analytical Process	混合事务/分析处理
OLTP	On-Line Transaction Processing	联机事务处理
OLAP	On-Line Analytical Processing	联机分析处理
MMS	Mobile Mapping System	移动测量系统
INS	Inertial Navigation System	惯性导航系统
DMI	Digital Measurable Image	可量测实景影像
CAGD	Computer Aided Geometric Design	计算机辅助几何设计

CG	Computer Graphics	计算机图形学
SLAM	Simultaneous Localization And Mapping	实时定位与制图
LBS	Location Based Service	移动位置服务
RSU	Road Side Unit	车路协同路侧单元
MaaS	Mobility as a Service	出行即服务
PLC	Programmable Logic Controller	可编程逻辑控制系统
CAM	Computer Aided Manufacturing	计算机辅助制造
CAPP	Computer Aided Process Planning	计算机辅助工艺规划
O&M	Operations & Maintenance	委托运营
BTO	Build–Transfer–Operate	建设–移交–运营
BTL	Build–Transfer–Lease	建设–移交–租赁
DBFO	Design–Build–Finance–Operate	设计–建设–融资–运营

参考文献

[1] 德勤.超级智能城市：更高质量的幸福社会[R].

[2] 阿里研究院从“互联网+”到“智能+”——智能技术群落的聚变与赋能[R].

[3] 大数据战略重点实验室.块数据4.0：人工智能时代的激活数据学[M].北京：中信出版集团.

[4] [2017—2019]Gartner战略技术趋势一览[EB].

[5] 毕马威，阿里研究院.从工具革命到决策革命——通向智能制造的转型之路[EB].

[6] 中国信息通信研究院.数字孪生城市研究报告（2018年）[EB].

[7] 洪学海，汪洋，郭树盛.边缘计算技术研究报告[EB].

[8] 边缘计算产业联盟（ECC），工业互联网产业联盟（AII）.边缘计算与云计算协同白皮书（2018年）.

[9] 施巍松，刘芳，孙辉，等.边缘计算[M].北京：科学出版社，2018:185.

[10] 中国信息通信研究院，华为，BOE.虚拟（增强）现实白皮书[EB].

[11] 赛迪智库电子信息研究所，虚拟现实产业联盟，虚拟现实产业发展白皮书（2019年）[R].

[12] 大数据战略重点实验室.块数据3.0：秩序互联网与主权区块链[J].领导决策信息，2017.

[13] 李兴东.从腾讯新总部大楼浅析计算机技术在未来智慧空间中的运用[J].数字技

术与应用，2018.

[14] Gartner. Top 10 Strategic Technology Trends for 2019[EB].

[15] 龚思乐. 浅谈智能家居的机遇与挑战[J]. 南方农机，2020:251.

[16] 黄宇，黄蕾. 智慧社区建设与治理相关问题及对策研究——基于国内72篇核心期刊论文的统计分析[J]. 中国管理信息化，2018，36（12）：188.

[17] 中国信息通信研究院. 量子信息技术发展与应用研究报告（2018年）[EB].

[18] 中国信息通信研究院. 新型智慧城市发展研究报告[EB].

[19] 中国信息通信研究院. 数字孪生城市研究报告（2018年）[EB].

[20] 中国信息通信研究院. 数字孪生城市研究报告（2018年）[EB].

[21] 德勤. 超级智能城市：更高质量的幸福社会[EB].

[22] 中国信息通信研究院. 数字孪生城市研究报告（2018年）[EB].

[23] 中国信息通信研究院. 数字孪生城市研究报告（2019年）[EB].

[24] 张小飞，徐大专. 6G移动通信系统：需求、挑战和关键技术[J]. 新疆师范大学学报（哲学社会科学版），2020，41(2):105-107.

[25] 陈亮，余少华. 6G移动通信发展趋势初探[J]. 光通信研究，2019,0(4): 5-6.

[26] 王海明. 6G愿景：统一网络赋能智慧城市群[J]. 中兴通讯技术，2019,（6): 55-58.

[27] 边缘计算产业联盟（ECC），工业互联网产业联盟（AII). 边缘计算与云计算协同白皮书（2018年)[EB].

[28] 中国信息通信研究院. 云计算发展白皮书（2019年)[EB].

[29] 李莹，张乐，徐晓蕾，等. 面向5G的云网融合发展探讨[J]. 电信工程技术与标准化，2019.

[30] 中国信息通信研究院. 数字孪生城市研究报告（2019年)[EB].

[31] 中国信息通信研究院，CCSA TC601大数据技术标准推进委员会. 城市大数据平台白皮书（1.0版)[R].

[32] 中国信息通信研究院. 大数据白皮书（2019年）[R].

[33] 中国信息通信研究院. 区块链赋能新型智慧城市白皮书（2019年）[R].

[34] 姚中进. 论政府CIO制度对我国政府信息化建设的促进作用——一项基于制度视角的分析[J]. 学习月刊，2010（6）:21.